設計プロセスの現場

# 設計プロセスの現場


Hideyuki Nakayama
Jun Igarashi
Yo Shimada
Yoshinari Kimura
Naoko Matsumoto
Koichi Futatsumata
Shunichi Furuya
Kentaro Yamazaki
Souhei Imamura

中山英之
五十嵐淳
島田陽
木村吉成＋松本尚子
二俣公一
古谷俊一
山﨑健太郎
今村創平（解説）

目次


設計プロセスという創造行為　今村創平 …… 006

1 中山英之 Hideyuki Nakayama …… 008

弦と弧 …… 010

2 五十嵐淳 Jun Igarashi …… 046

House in Hokkaido …… 048

3 島田陽 Yo Shimada …… 084

白川の住居 …… 086

4
木村吉成＋松本尚子 Yoshinari Kimura + Naoko Matsumoto 112
house H / studio H 114

5
二俣公一 Koichi Futatsumata 136
Whale Brewing 呼子クラフトビール醸造所 138

6
古谷俊一 Shunichi Furuya 160
7 ARHITECTURE in MIZONOKUCHI 162

7
山崎健太郎 Kentaro Yamazaki 200
52間の縁側 202

建築データ 235

クレジット 238

# 設計プロセスという創造行為

今村創平

「速度」に対するミースの衝動は、彼のドローイングに見られるフリーハンドの直線の中にはっきりと現れている。その速さのためには、「定規」など邪魔なのだ。「手」ですらもどかしい。神経を逆なでする音さえ聞こえてきそうなペン先の苛立ちは、「手」がその速度をいつも捉え損ねているかのようではないか。

鈴木了二「物質戦線上のミース」[*1]

設計のプロセスとは、建築家が建築の構想を少しずつ確かなものとする行為である。着手時には完成形は不明であり、試行錯誤がなされる。それはより高みをめざす試みであり、いかなるプロセスを経ればすぐれた建築を創造しうるのか、建築家は逡巡する。手段はいろいろありうるが、まだ見ぬ建築を求めるためには、それは開かれたものである必要がある。最晩年まで旺盛に創造活動を続けた村野藤吾は、こう述べている。

たえずスケッチをして手を動かすようにしています。まず物理的に手が自由にならないといけないですね。だからいつも手を動かして柔軟にしておくことです。芸術をやる人は皆そうしています。(中略)手を動かすということは頭をつかうということでもあるわけで、やっているうちに手を通じて平生の蓄積が頭から出てくるのです。[*2]

スケッチは、古くからある簡便な方法であり、いまでも多くの建築家が親しんでいる。アルド・ロッシ、アルヴァロ・シザ、磯崎新といった建築家の、スケッチやドローイングは魅力的である。そこには、建築家の息吹、情熱、迷いが認められる。私たちはドローイングを通じて、建築家の思考のプロセスを追体験する。

スケッチを重ねるうちに、いつしか具体的な像が浮かび上がってくる。そうした設計のプロセスにおいては、自在な発想を制約しない方法が好ましい。新しいデジタルツールなどは、目新しいことが魔術のように

*1 鈴木了二『非建築的考察』p.120 筑摩書房 1988

*2 『別冊新建築 日本現代建築家シリーズ⑨ 村野藤吾』p.6 新建築社 1984

*3 20年ほど前、アーキグラムのメンバーが来日した際、そのメンバーの一人(デヴィッド・グリーンだったか)が、「パワーポイントは、発想を制約するので使うべきではない」と発言していた。ドローイングの描写方法を自ら発明していた彼らからすると、すでにアウトプットのテンプレートが用意されたツールは、避けるべきと考えたのであろう。

できるようでいて、実は表現や発想が、既成のプログラムによってあらかじめ設定済の傾向がある。*3

たとえば、今日模型材料としてもっとも馴染みのあるスチレンボードは、モダニズムのような白い箱の建物にはふさしいが、そうではない建物の検討には不向きである。村野藤吾や吉阪隆正は、粘土での模型製作を好んだ。粘土は建築家の微妙な指の感触を、そのまま写し取る。コンピュータによるモデリングも、熟達すれば自在に形状を操作できるのだろうか。

与条件やクライアントの要望を織り込み、スタディを重ね、少しずつ前に進む。このあたりの心情を原広司はこう記している。

> 建物を設計する場合、きっと誰でも表現者であれば同じなのだろう、画き続けるスケッチは、今度こそ終わらないのかもしれないという不安におちいる。しかし、必ずいつかは終結をみる。*4

設計プロセスには定型はなく、毎度手探りとなる。そうした場当たり的な状況を打破すべく、設計プロセスそのものをテーマとする提案もされてきた。詳細は省くが、菊竹清訓の「か・かた・かたち」、磯崎新の「プロセス・プランニング論」、藤村龍至の「超線形設計プロセス」などがある。*5

建築家の設計プロセスが残されているのは、ルネサンス以降である。レオナルド・ダ・ヴィンチには、完成を見ていない〈集中式の建築〉のスケッチ(1487ー90年頃)などがある。ミケランジェロの建築案のドローイングを、われわれは見ることができる。なぜ、ルネサンス以降なのか。それは、よくいわれているように、建築家が登場したのがルネサンスだからである。それまでは、建築は共有知であり、実現のプロセスは協働作業であった。建築に限らず、ルネサンス以降、芸術は個人の創作行為となった。そして、個人による〈創作のプロセス〉が生まれることとなる。〈創作のプロセス〉は、近代になり作家性がより求められる中で重要度を増し、今日に至っている。

建築資料の保存においても、以前は最終的な図面や模型などが対象であったが、いまでは設計の過程で生まれるありとあらゆるもの——スケッチ、スタディ模型、手紙、メモなど——をアーカイブの対象とすることが増えている。後年、建築家の創作を検証する際、さまざまな証拠の有効性が理解されはじめている。そこには、設計の秘密を解くカギが秘められている。

もし設計案のみが必要であれば、設計プロセスは不要である。昨今の生成AIのトレンドに見られるように、与条件から瞬時に最適解を導き出すこと、それは、技術的には時間の問題かもしれない。しかし、少なくとも現状では、最終的に何を求めるかを的確に指示しないと解は出てこない。だが、この〈求めている何か〉を私たちは前もって知らず、そこに建築家が関与し、可能性を検討することの意味が生じる。建築家が、設計プロセスにおいて検討を繰り返すこと、そのことが建築の創造行為である。

*4 原広司『空間〈機能から様相へ〉』p.3 岩波書店1987
だが、この終結はいかなるものか。明瞭な輪郭が生まれ、確固たる手応えとともに設計作業を終えることが理想である。条件に伴う妥協や、迷いのまま時間切れとなることもままあるだろう。「仕上げようなどという気持ちで仕事をすれば、それこそすべてがむだになる」は、彫刻家ジャコメッティの言葉。

*5 菊竹清訓『代謝建築論—か・かた・かたち』彰国社1969(2008再版)
磯崎新「プロセス・プランニング論」『磯崎新建築論集3 手法論の射程—形式の自動生成』岩波書店2013所収(初出1965)
藤村龍至「超線形設計プロセス論—切断から履歴保存へ」『批判的工学主義の建築 ソーシャル・アーキテクチュアをめざして』NTT出版2014

**今村創平**(いまむら・そうへい)
建築家
1966年 東京生まれ
1989年 早稲田大学建築学科卒業
AAスクール、長谷川逸子・建築計画工房を経て、アトリエ・イマム主宰
現在、千葉工業大学創造工学部建築学科教授
ブリティッシュ・コロンビア大学大学院 兼任教授、東京大学大学院、法政大学大学院、明治大学大学院にて非常勤講師を歴任

1

# 中山英之

Hideyuki
Nakayama

中山英之（なかやま・ひでゆき）
建築家

–

1972年　福岡生まれ
1998年　東京藝術大学建築学科卒業
2000年　同大学院修士課程修了
2000年　伊東豊雄建築設計事務所
2007年　中山英之建築設計事務所設立
現在、東京藝術大学教授

–

主な受賞にSD Review 2004 鹿島賞、第23回吉岡賞、Red Dot Design Award、第17回環境・設備デザイン賞優秀賞、2019年度グッドデザイン賞金賞、2019年度日本建築仕上学会 学会賞　作品賞・建築部門など

# 弦と弧 (2017)

## 物が住む家

グラフィックデザインを軸足に、アートディレクター、絵本や旅行記などの作家活動の他、数千冊の蔵書や旅先で集めたコレクションをもつ夫妻から、仕事場を兼ねた住宅の依頼を受けました。聞くと、それまで別々だった住居と仕事場を一つに束ねたいと考えたとき、見て回った物件はどれも希望に沿うものではなかったそう。居間には本棚、複数のベッドルームにそれぞれのクローゼット。物たちは室ごと、あるいは人ごとに分類されるのが前提で、それがどうもしっくりこないのだ、と。

仕事上必要な書類やアーカイブ、出版物の在庫、蒐集した本や漫画。それらは「紙の束」として同じ棚にまとまっていればそれでよし。二人分のワードローブも、種類ごとに分類すれば一緒で構わない。つまりスペースは人ではなくむしろ物に与えられていて、私たちはそれらが気持ちよく配置された空間を行き来します。

## 物と部屋（多面体案）

これは、そんな要望を受けてごく初期に作成した案。主として集団規定に依拠した斜線等で、容積ボリュームを里芋の面取りのようにカットしてできる多面体と、それによって生じる尾根線をなぞるように配置した仕切りによる、物のための室の集合体。

紙の室、ワードローブの室など、物本意に仕分けられた室が立体的に配置され、あいだあいだに挟まれたがらんとした室にそれらが随時引き出されることで生じるレシピが、生活や仕事としての様相を都度、現す。

**多面体案**

多面体の切り取り方によって、建物全周に妻とも平ともつかない立面が現れる。同時に、室内に求められる高さや広さ、それぞれに異なる部屋の個性などが定義されることになる

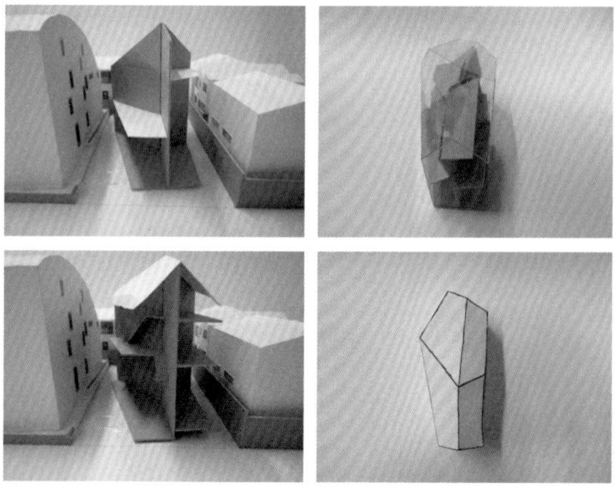

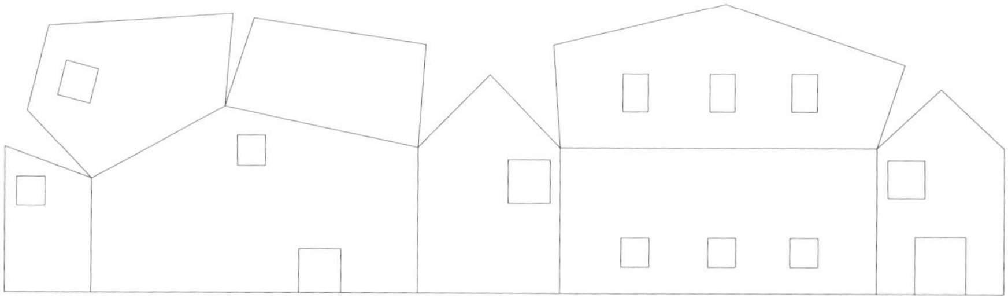

外皮展開図

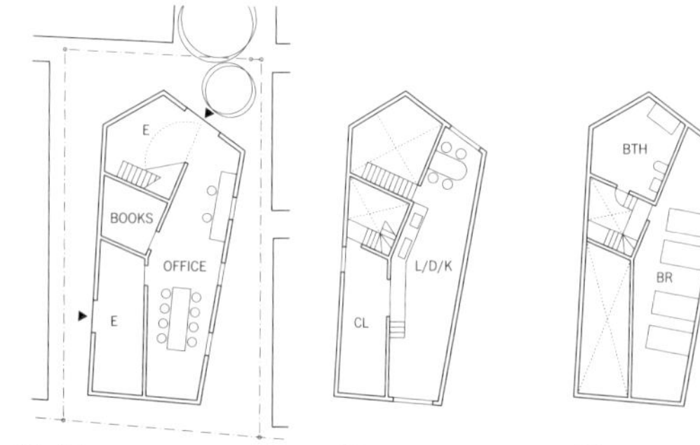


1F　2F　3F

plan　S=1/300

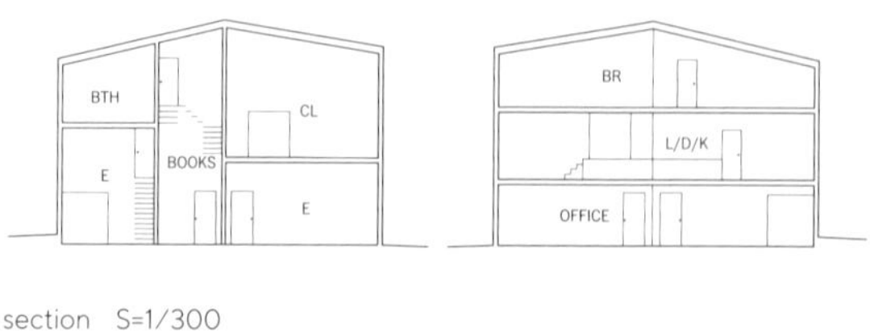


section　S=1/300

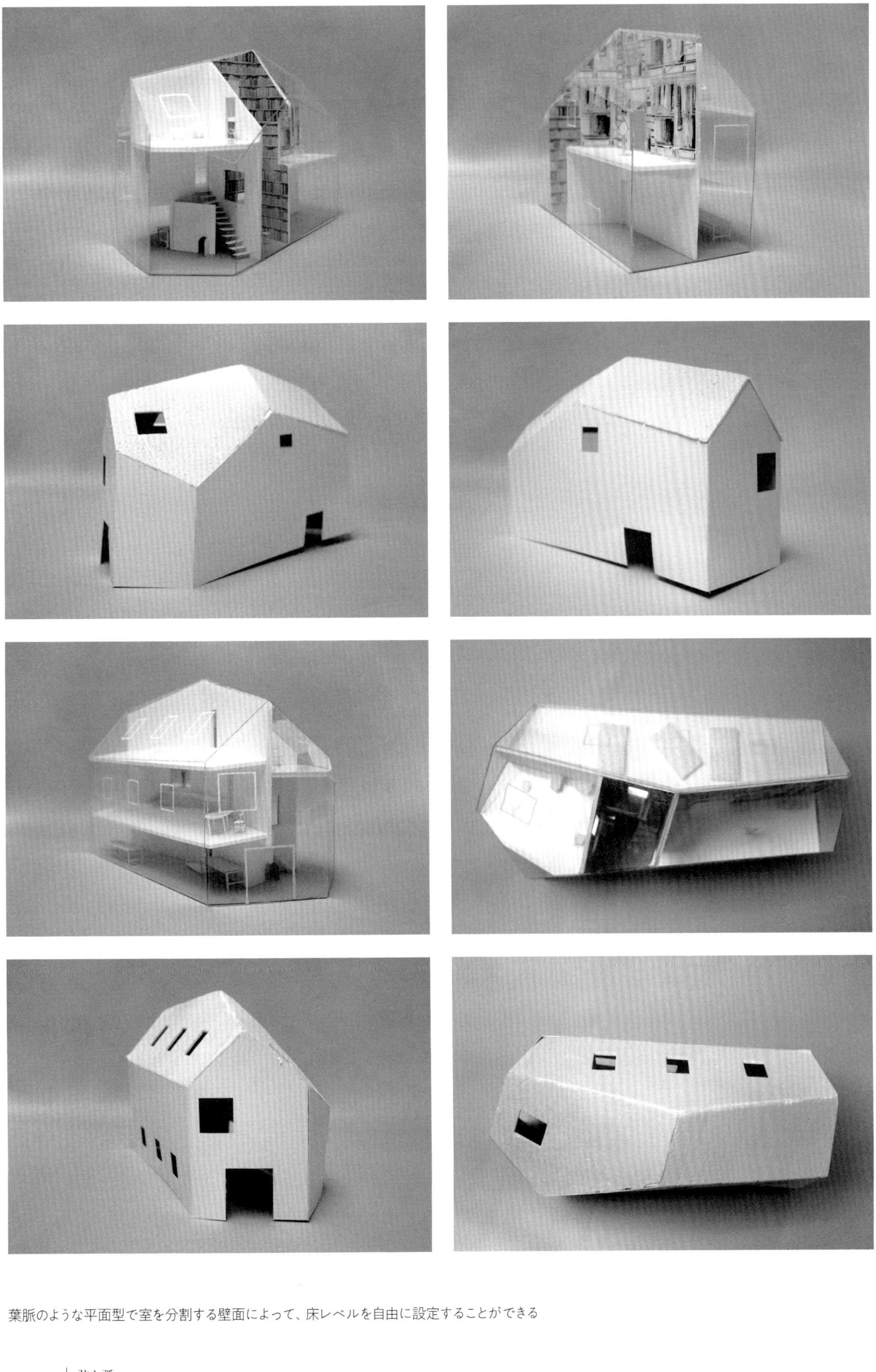

葉脈のような平面型で室を分割する壁面によって、床レベルを自由に設定することができる

# 多面体案

四周を書棚に囲まれた階段室、ワードローブを一望できるクローゼットなど、
物のレイアウトが規定する空間と何もない空間、その立体的な市松配置

## ヴォールト案

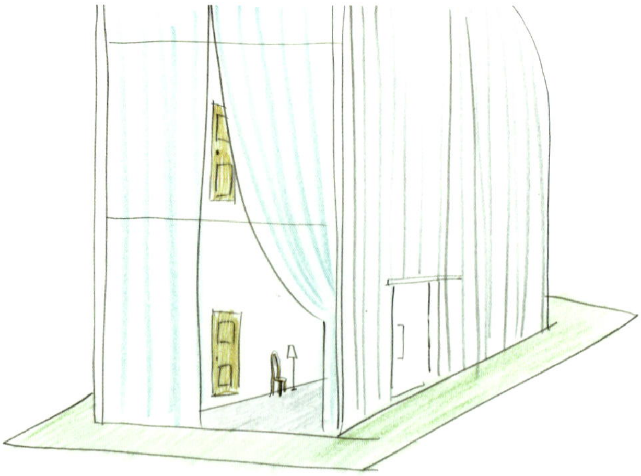

**ヴォールト案のスケッチ**

窓が一つ、街に置かれたような立面。カーテン越しに行き場のないドアが浮かぶ室内

# ひとつの窓　ひとつの棚（ヴォールト案）

多面体案の対局にある、あらゆる物を一つの大きな棚に集約する案。物や設備などが納められた「棚」によって、空間は大きく「棚側」と「背側」に分割される。背側には、ダイニングセットやデスク、大きなテーブルなどが置かれているが、棚側から何を引き出すのかによって、その用途は仕事場にも、生活の場にも変わる。そのため、家具の置かれた床は、棚側の物に接続するためスライド機構となっている。

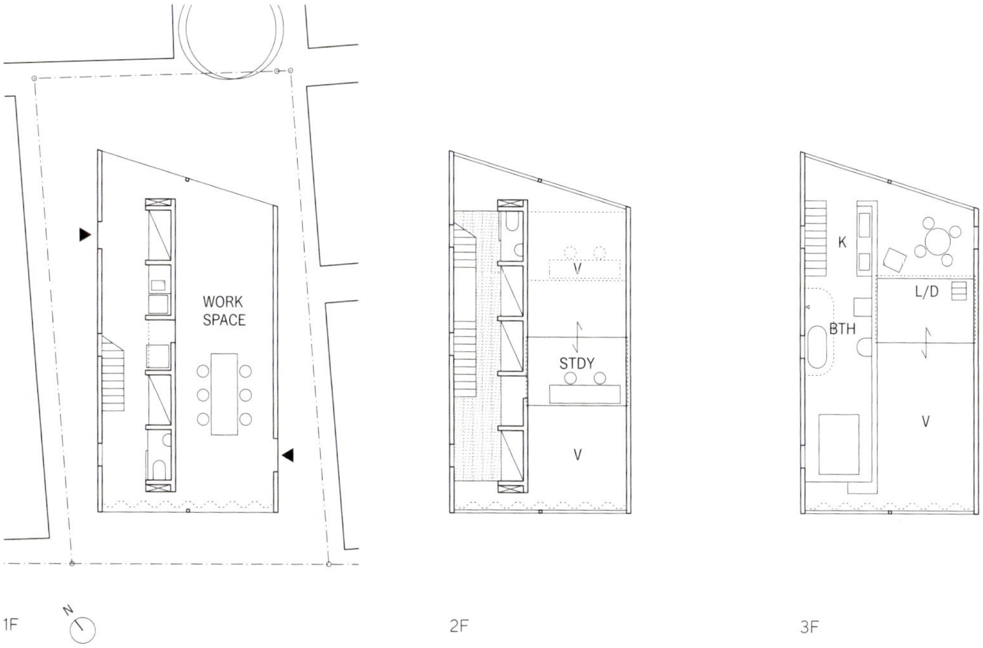


1F　2F　3F

plan　S=1/250

ヴォールト屋根によって天井の稜線が消去され、奥行きのない場が生まれる。最上階の床のみ固定され、大きな棚に水平力を伝達する

# ヴォールト案②

床ではなく、棚が動く案の検討。既成の集密可動棚を、通りと平行に敷いたレールに配置する。書架には書類だけでなく、ワードローブなどすべての物が納められ、棚の位置によって、奥行き方向への導線や視線が多様に変化する。

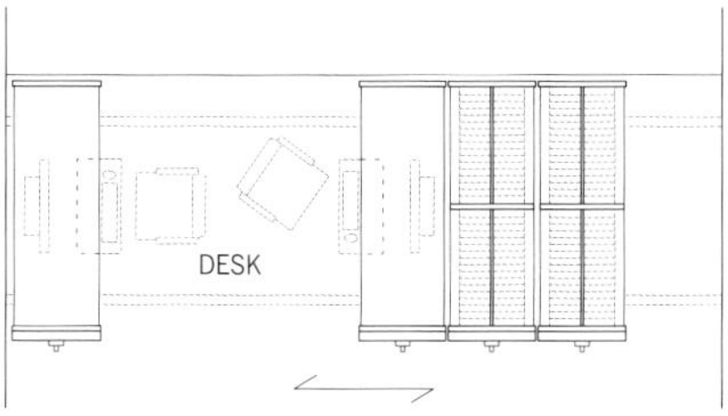


1F 可動棚部
plan　S=1/100

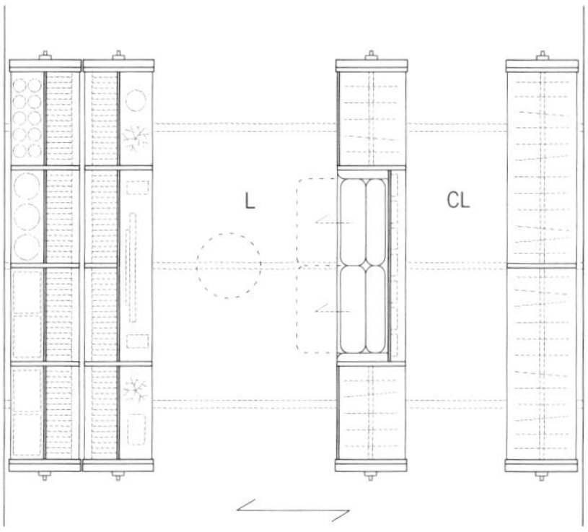


2F 可動棚部

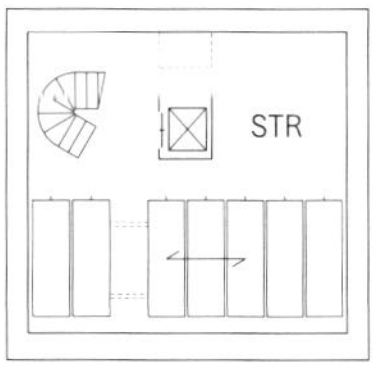


B1F

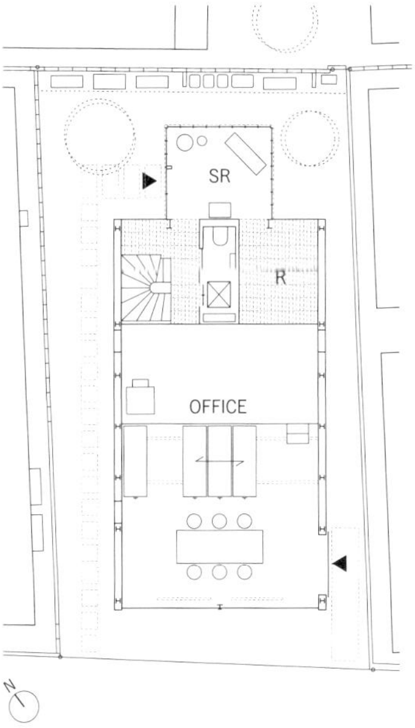


1F

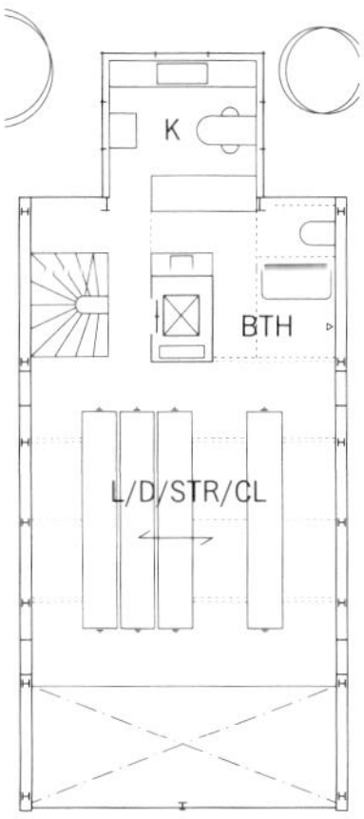


2F

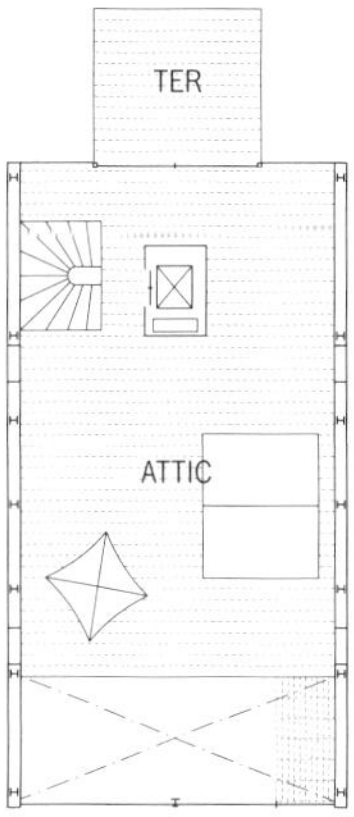


3F

plan　S=1/250

# 船型案

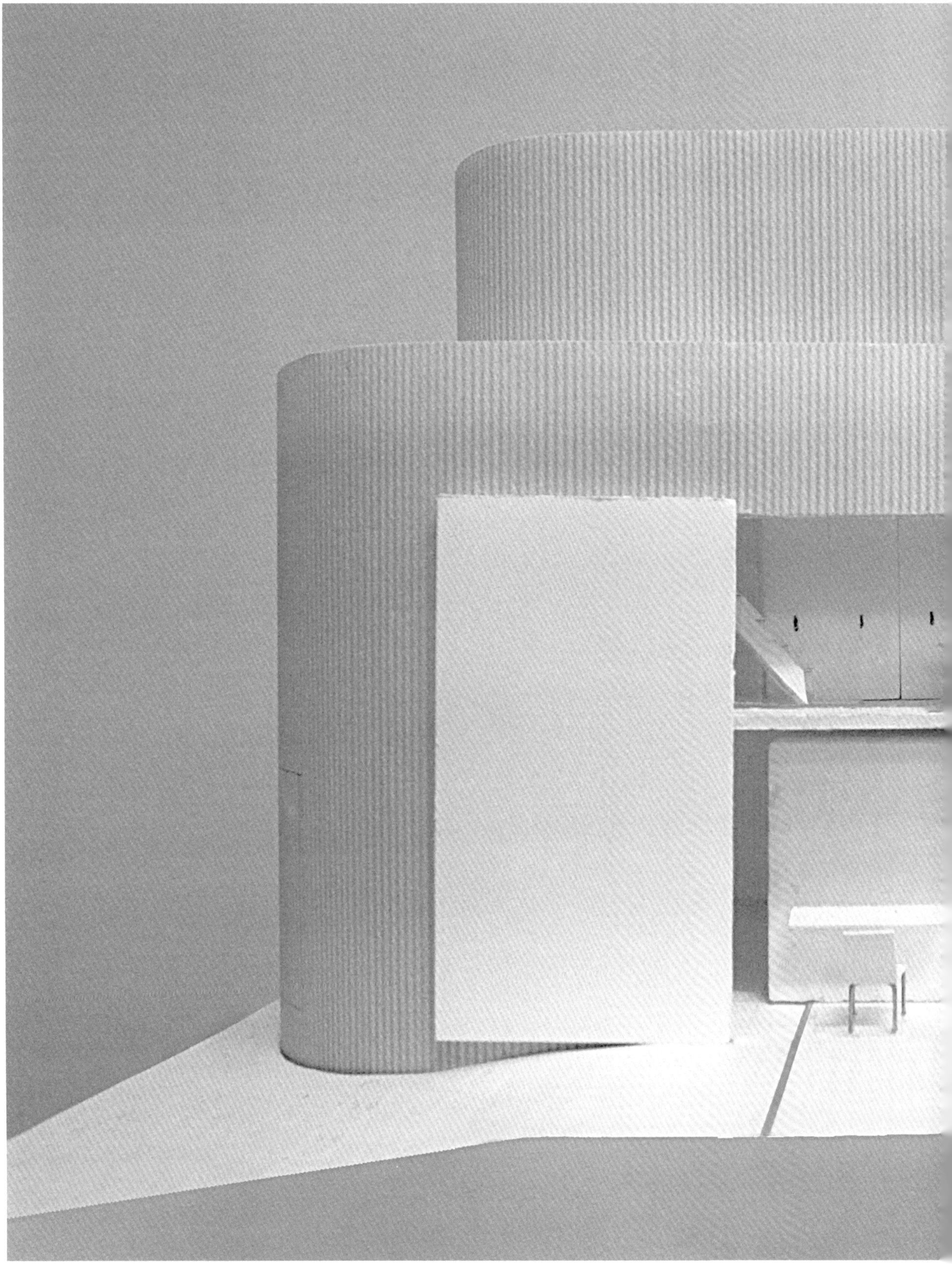

中心に置かれた物の集積を周辺に引き出しながら、
仕事と生活の場が生まれたり、消えたりする

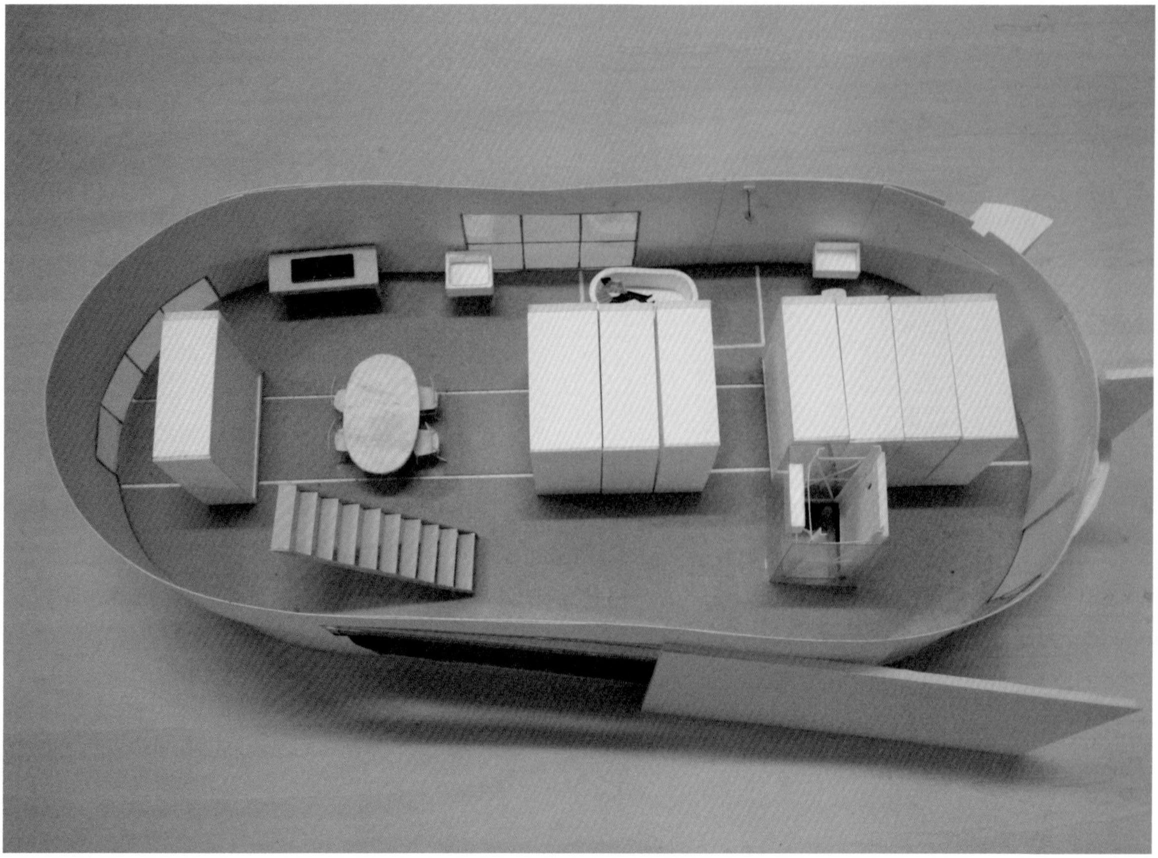

# 窓のそと　家のうち（船型案）

3階建てとした際に必要となる規定を複数検討した上で、ヴォールト案の検討を停止。そこから、可動棚をＸＹ方向にクロスして重ねる、複数の方向性をもった平面形状を試す。ヴォールト案のような角のない屋根ではなく、角のない壁によって、奥行きの曖昧な場の真ん中にレールと棚だけが抽象的に置かれた場と、その積層による建築の検討。

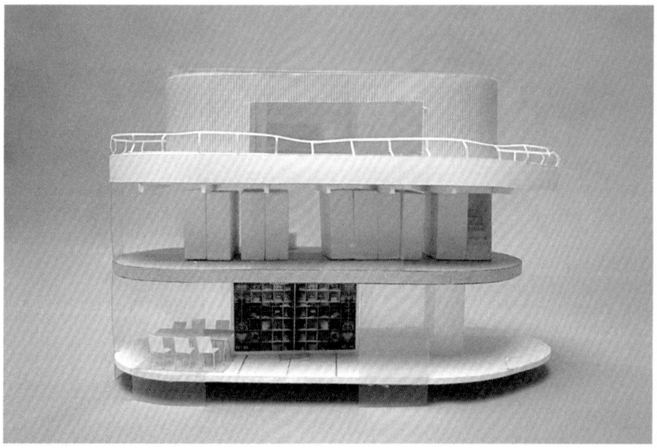

可動棚の寄せ方と、そこに立面として現れる物たちと、置き家具の配置との関係によって、平面に無数の場所性が生じる

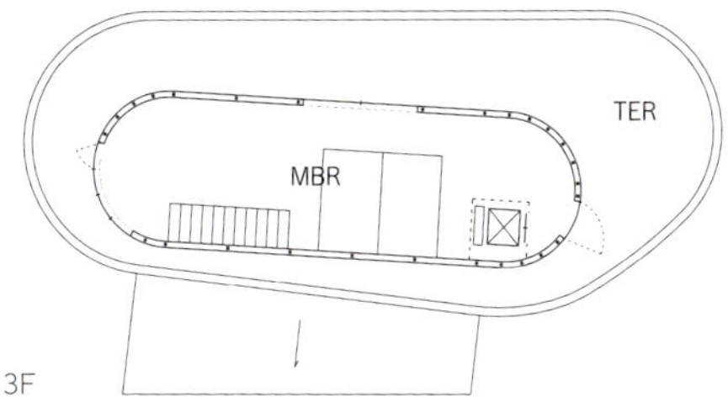


3F

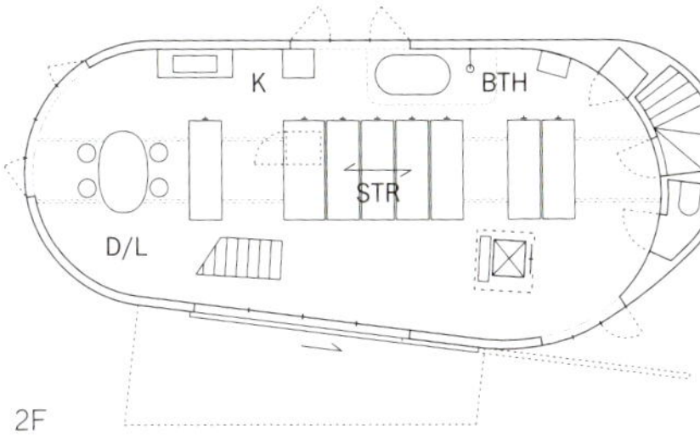


2F

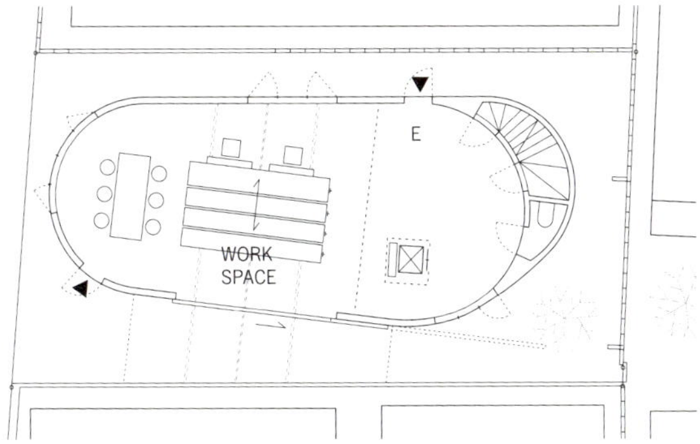


1F

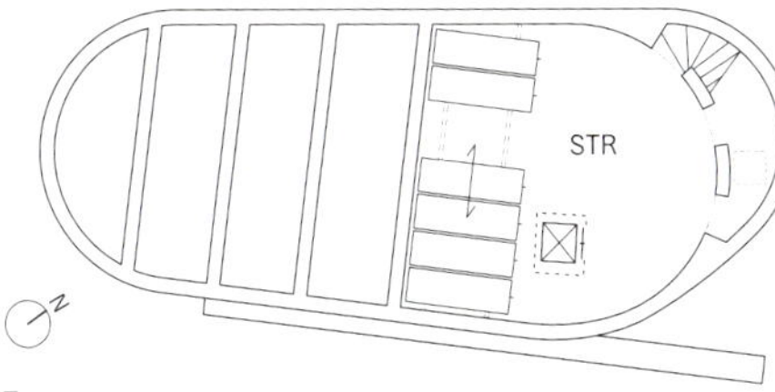


B1F

plan S=1/250

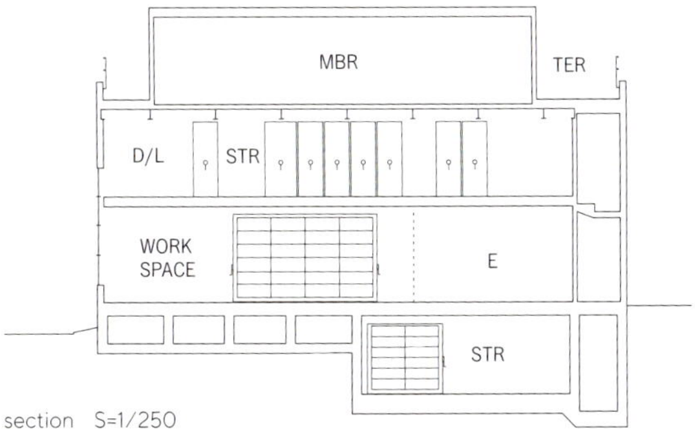


section S=1/250

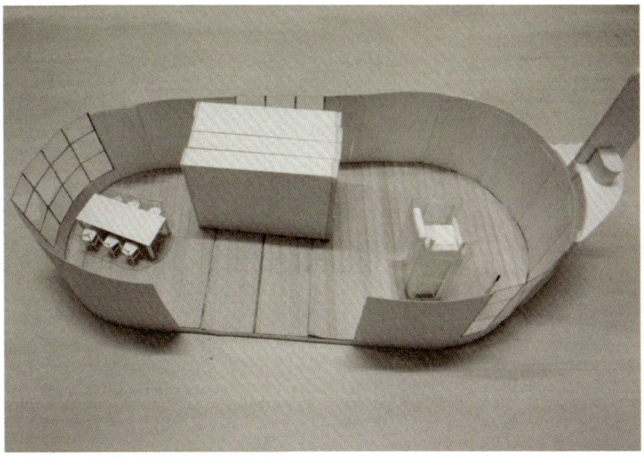

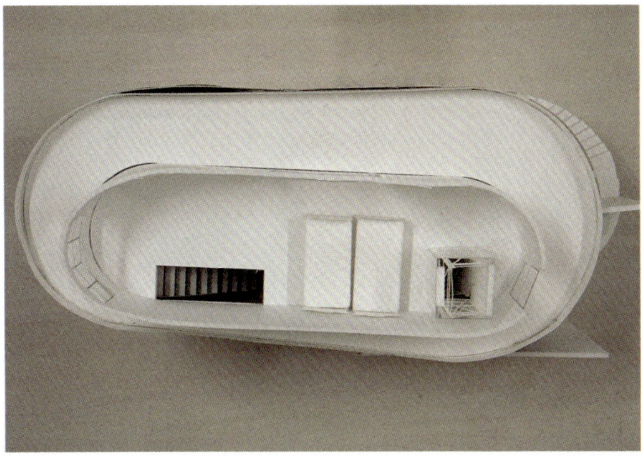

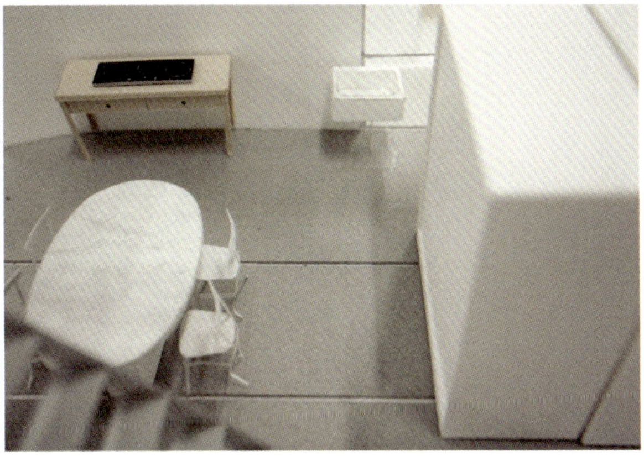

## 船型案②

スラブによって、各階と同時に仕事と生活が明確に分断されることを解消するために、壁面を2層重ねる検討。円グラフのように層を区切ることで吹き抜けを設け、外部を引き込んだり、レールを延長して屋外に棚を引き出したり、外周と内周の壁をオーニングでつないだり、この形態のもつ可能性を全方向に展開してみる。

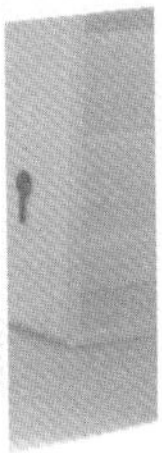

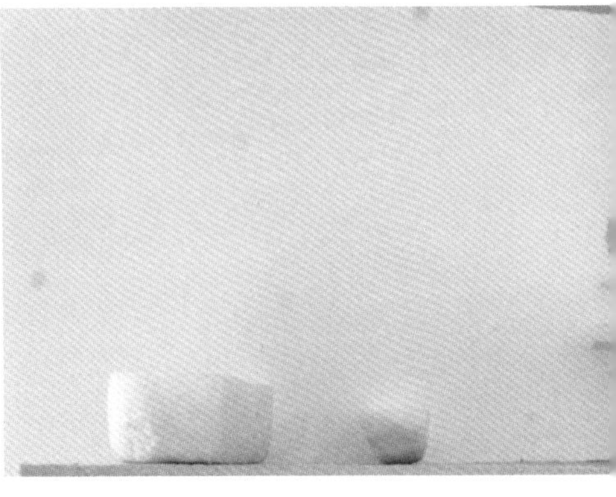

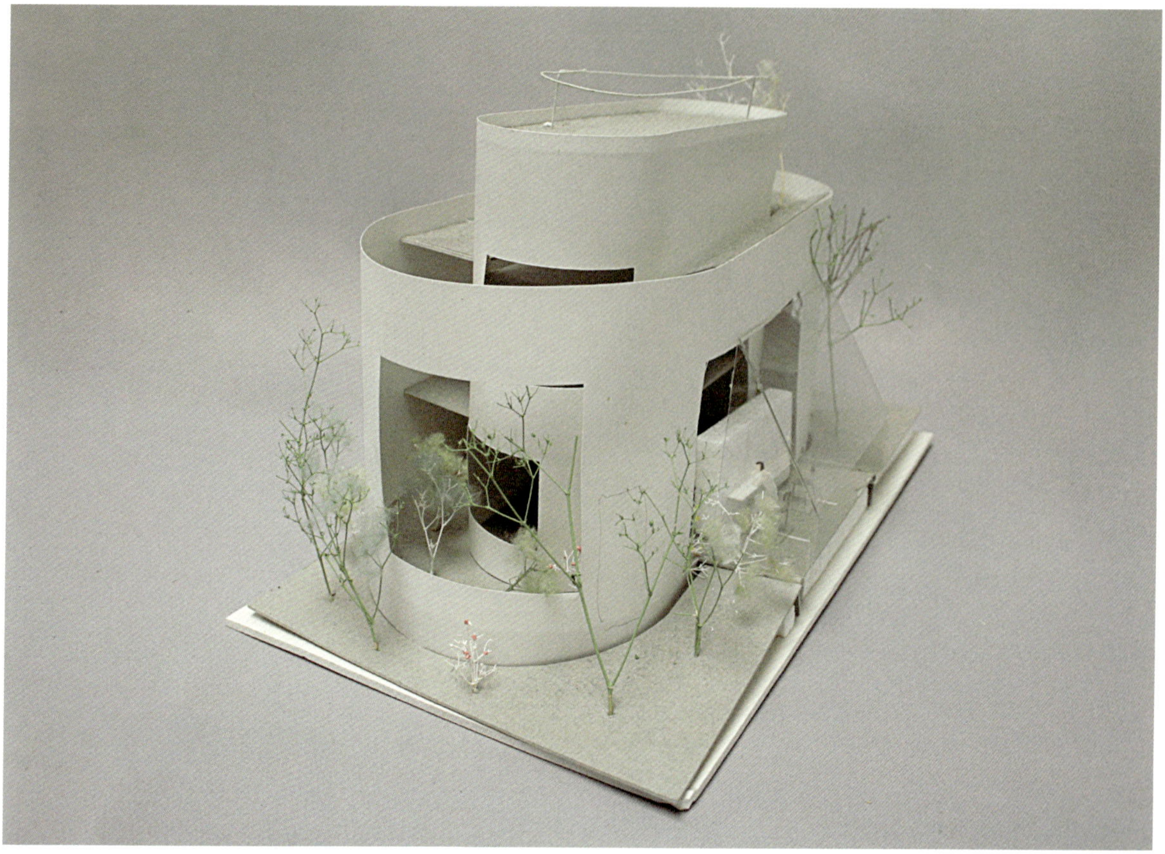

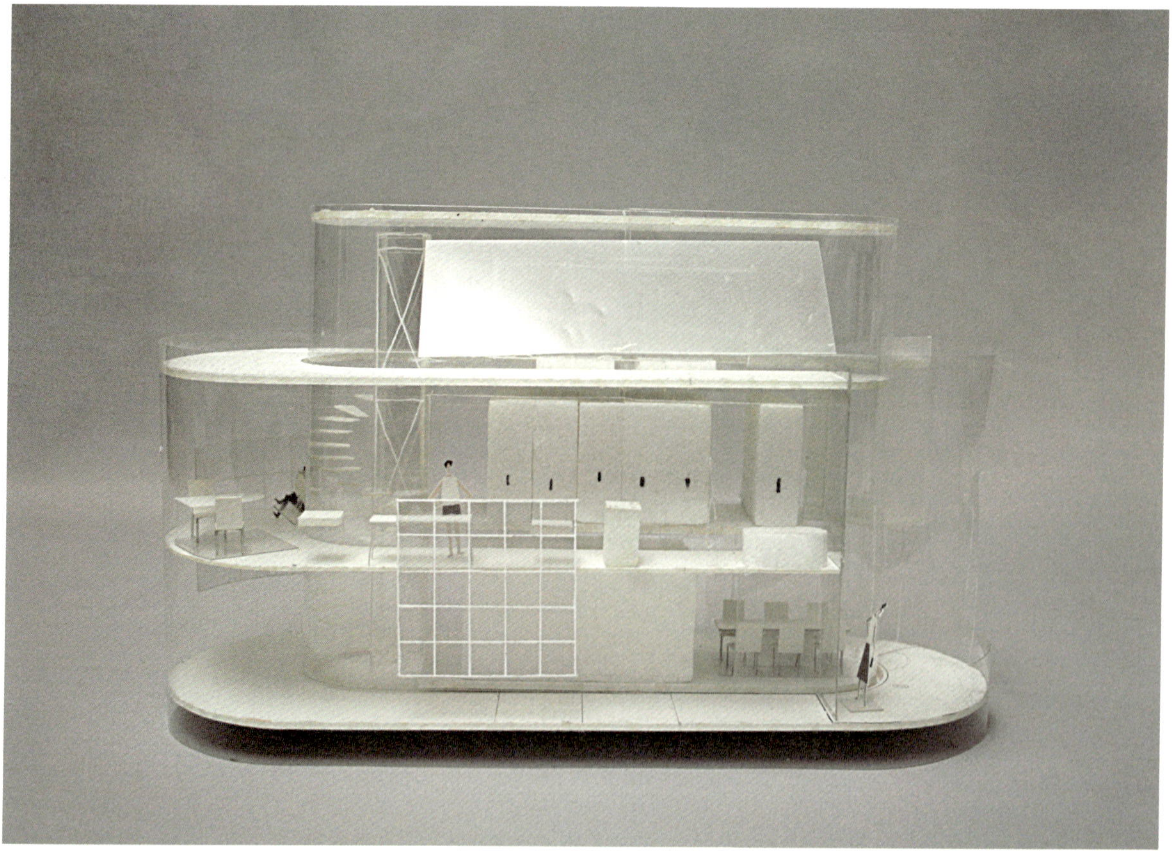

開口の中に外部があったり、外壁の外の家具が現れたりする

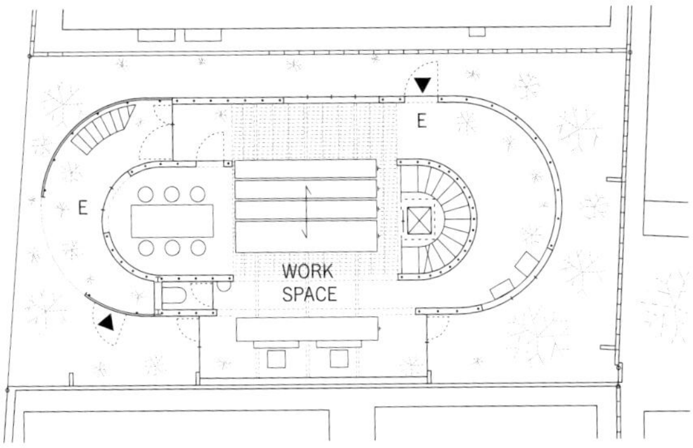


1F

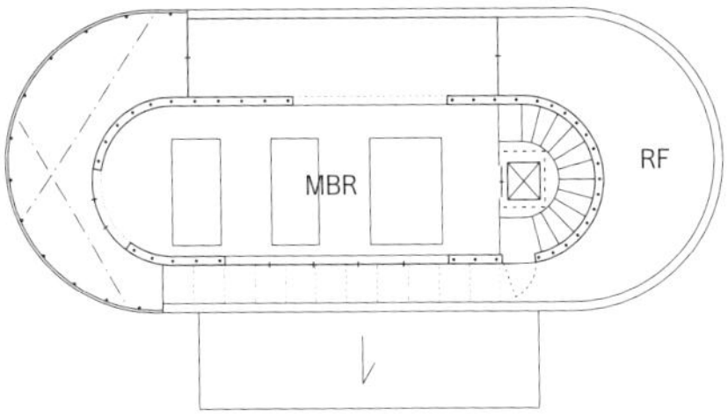


3F

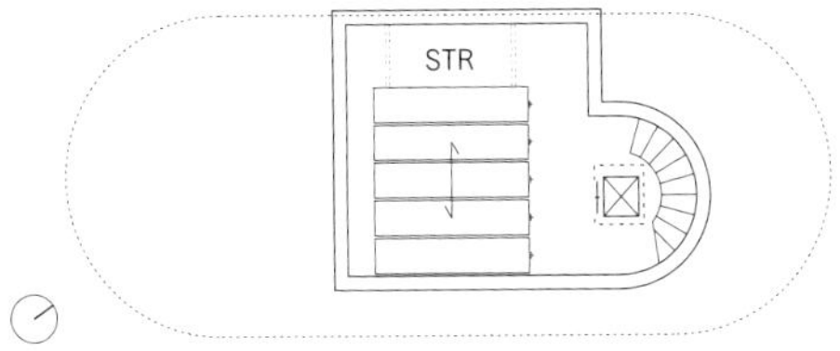


B1F

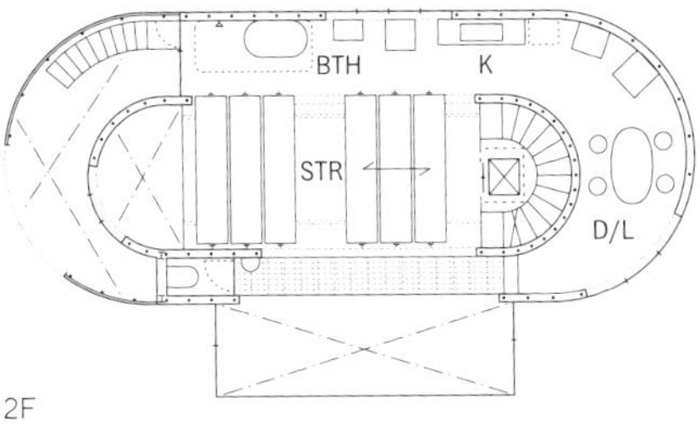


2F

plan　S=1/250

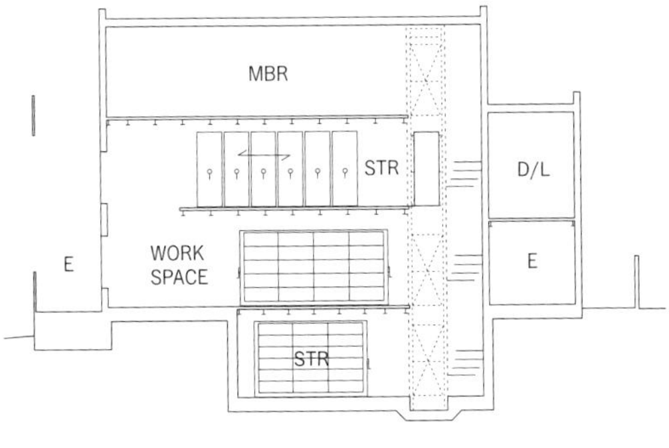


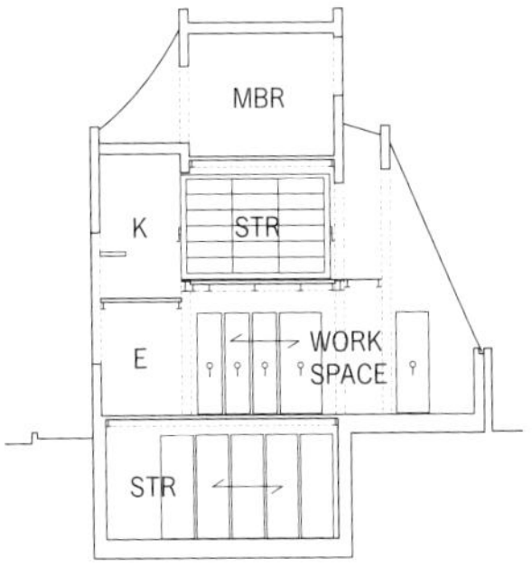


sections　S=1/250

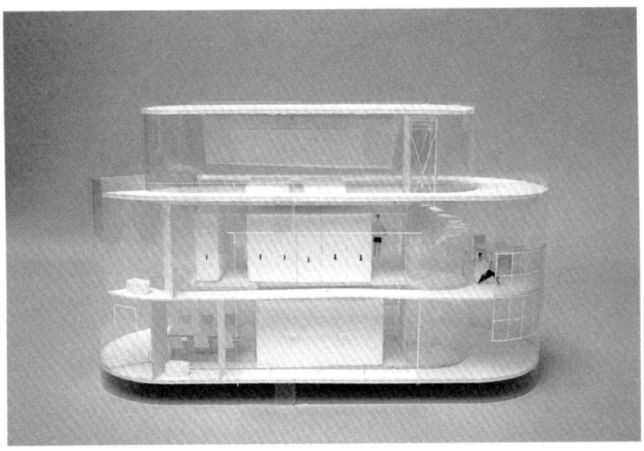

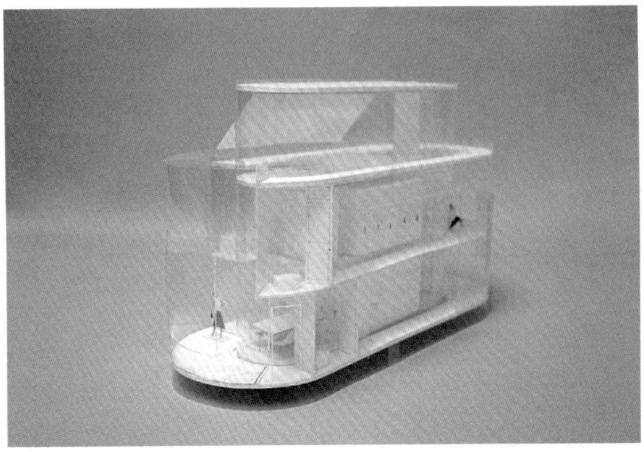

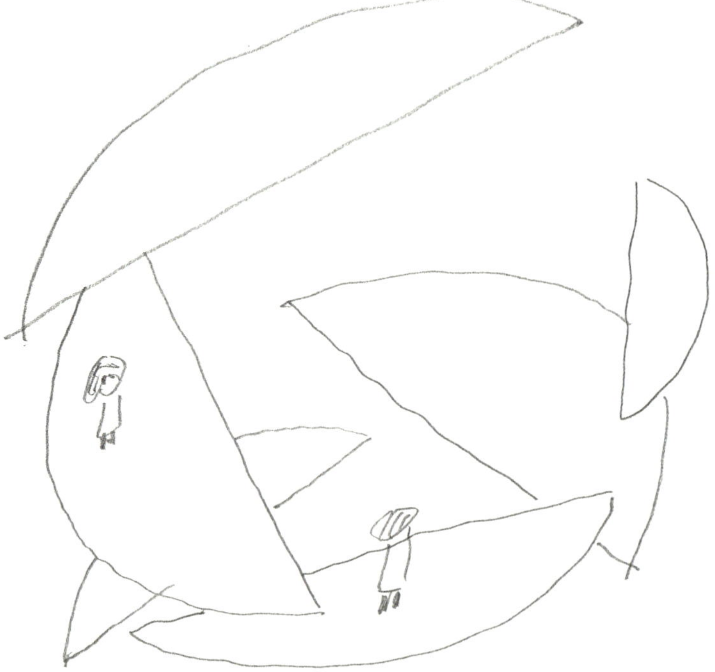

# 家の中の空（弦と弧案）

ヴォールト案にあって多角形案になかった空間の全体性に、船型案での検討を重ね合わせたいと考えたとき、突然生まれた実施案。サークル状の外壁（弧）にランダムに引かれた直線（弦）がつくり出す、三日月型のスラブの積層による建築。建物外壁とバルコニーの関係を内向きに丸め込んだような、空に抜ける不連続な吹き抜けを共有する多様な場所たち。

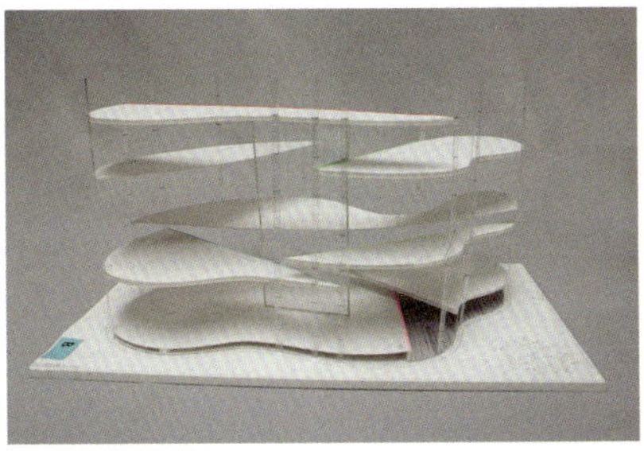

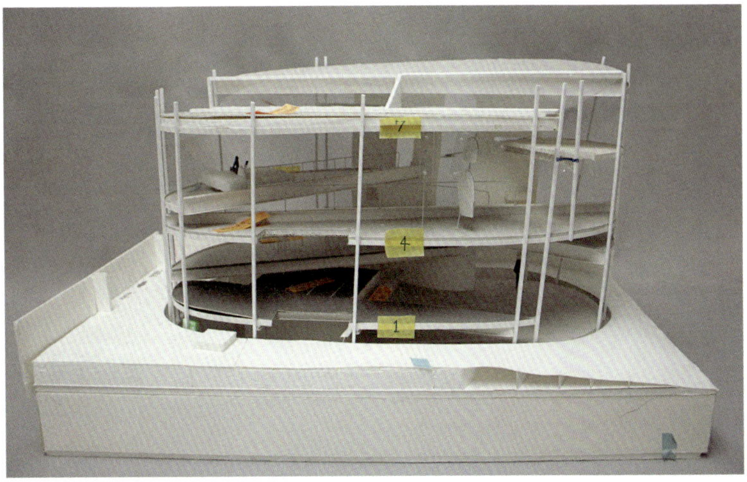
7
4
1

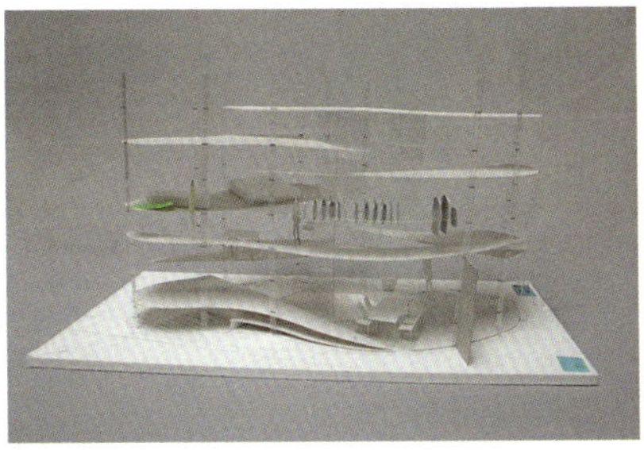

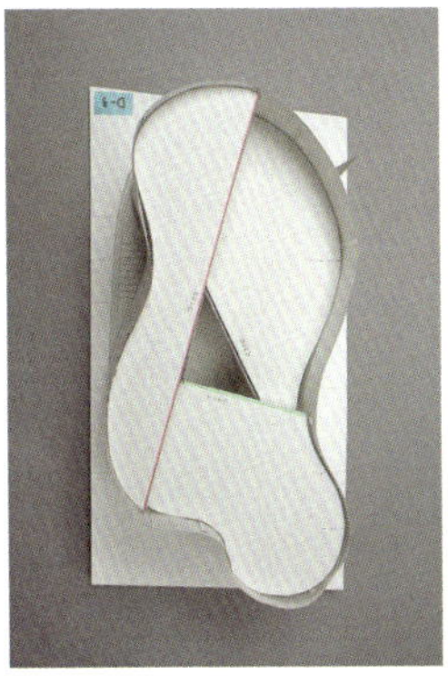

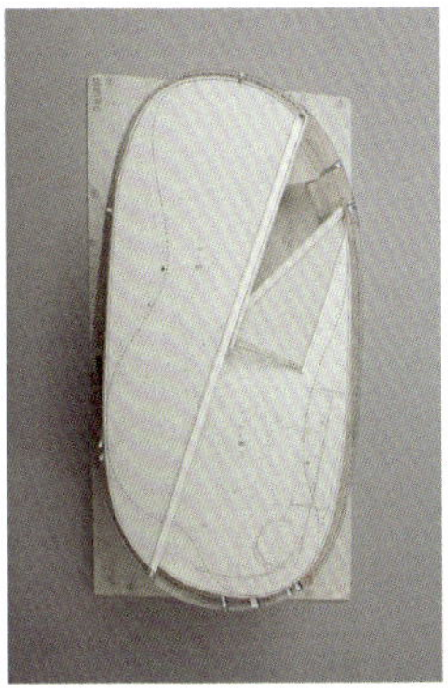

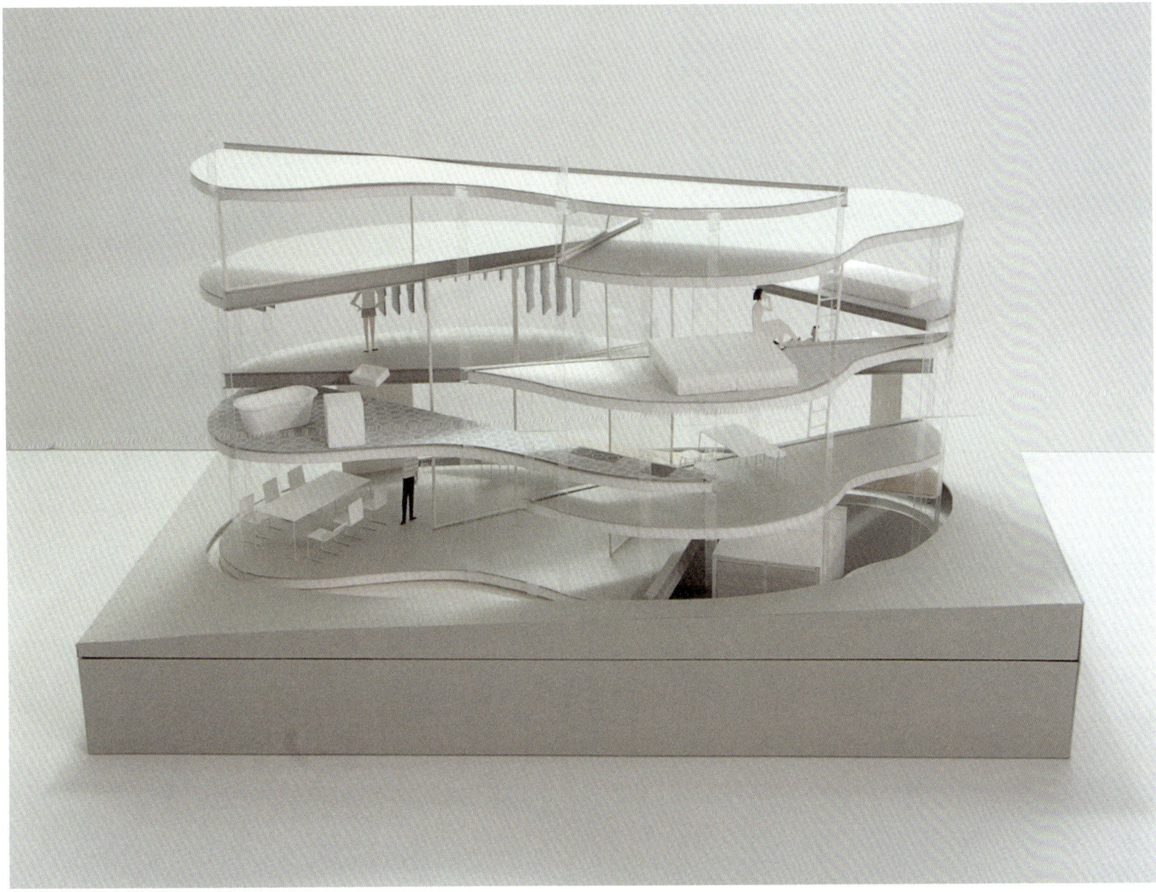

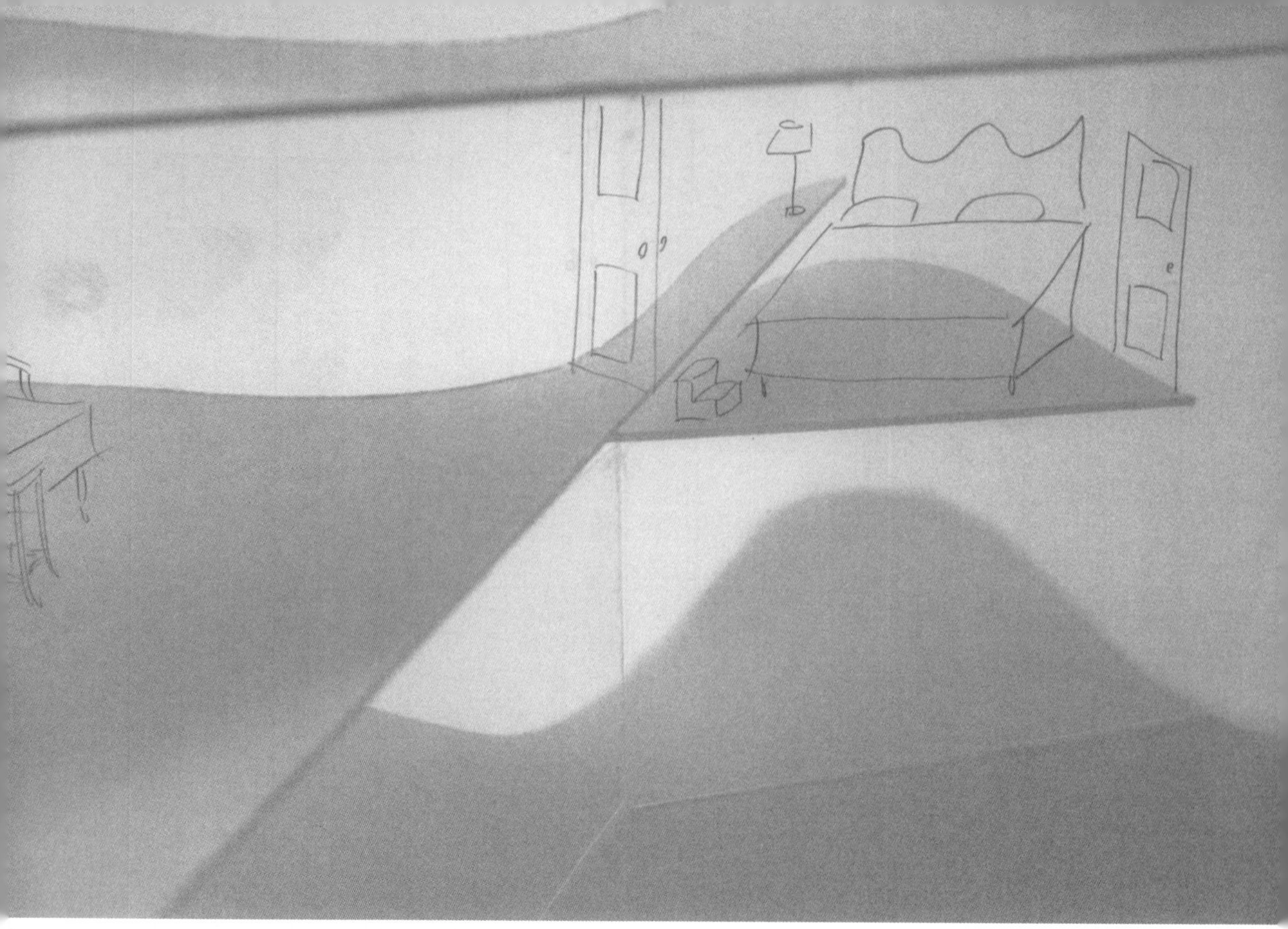

スラブに置かれた物たちが、あるときは床として、あるいはテーブルやベンチとして、互いに関係性を持ち合いながら積層するイメージの模型を用いたスケッチ

# 直感のレコーディング

弦と弧のレベルと形、それらの関係がつくり出す無限のバリエーションを直感的に書き出し、記録するために生み出されたスタディ・モデルたち。

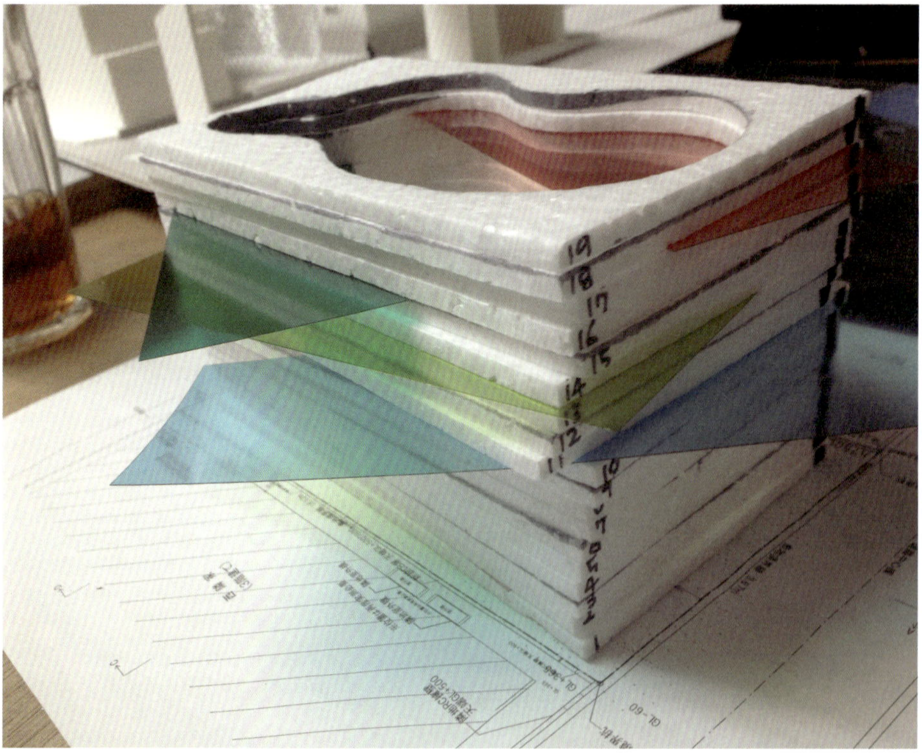

250mmピッチにスライスされた平面形をくり抜いたボリュームと色セロハンによる、積層された平面とその関係のスタディ

メッシュ状の金属板と着色した角材による、
立体的なラインドローイングによるスタディ

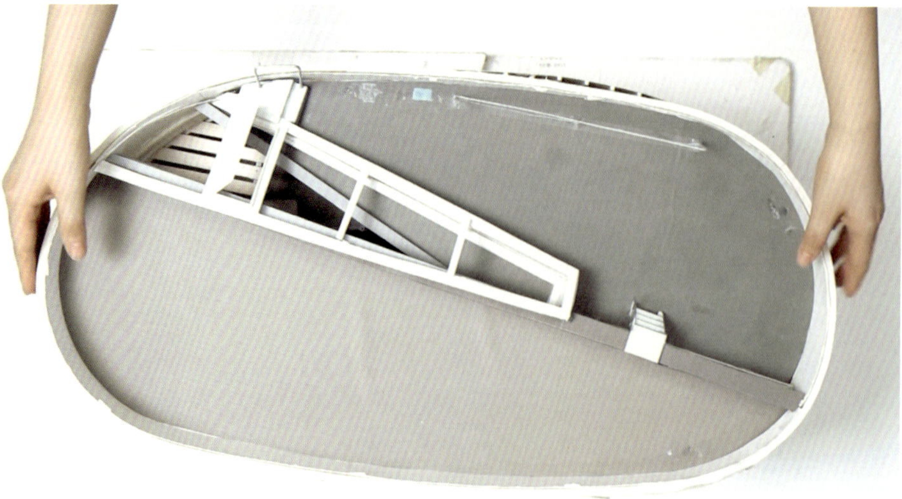

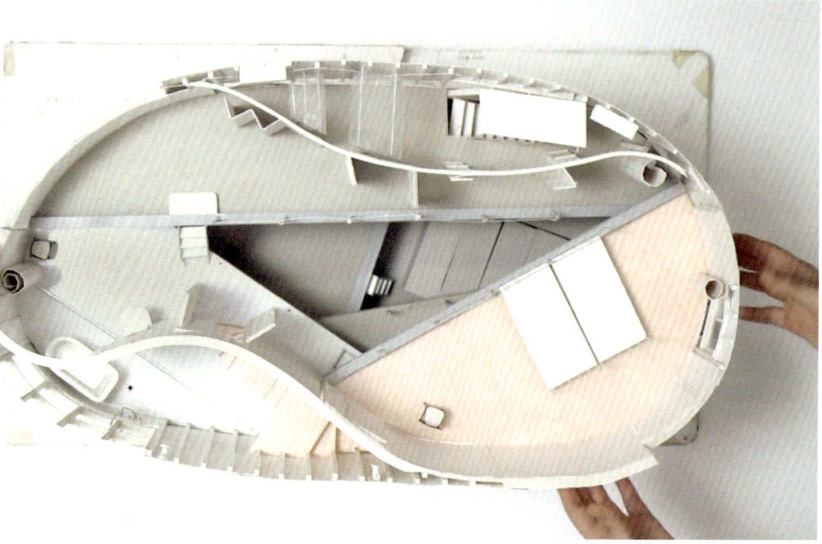

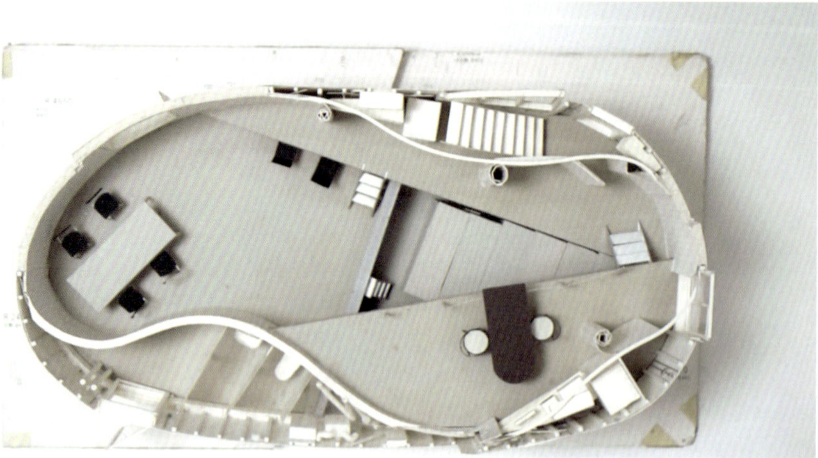

**1／20模型**

サークル状の外壁に対して、内壁の仕上げが水泡状に膨らむことで、中央の吹き抜けに対する物や導線、設備機器や開口サッシなどの現れが適宜調整される

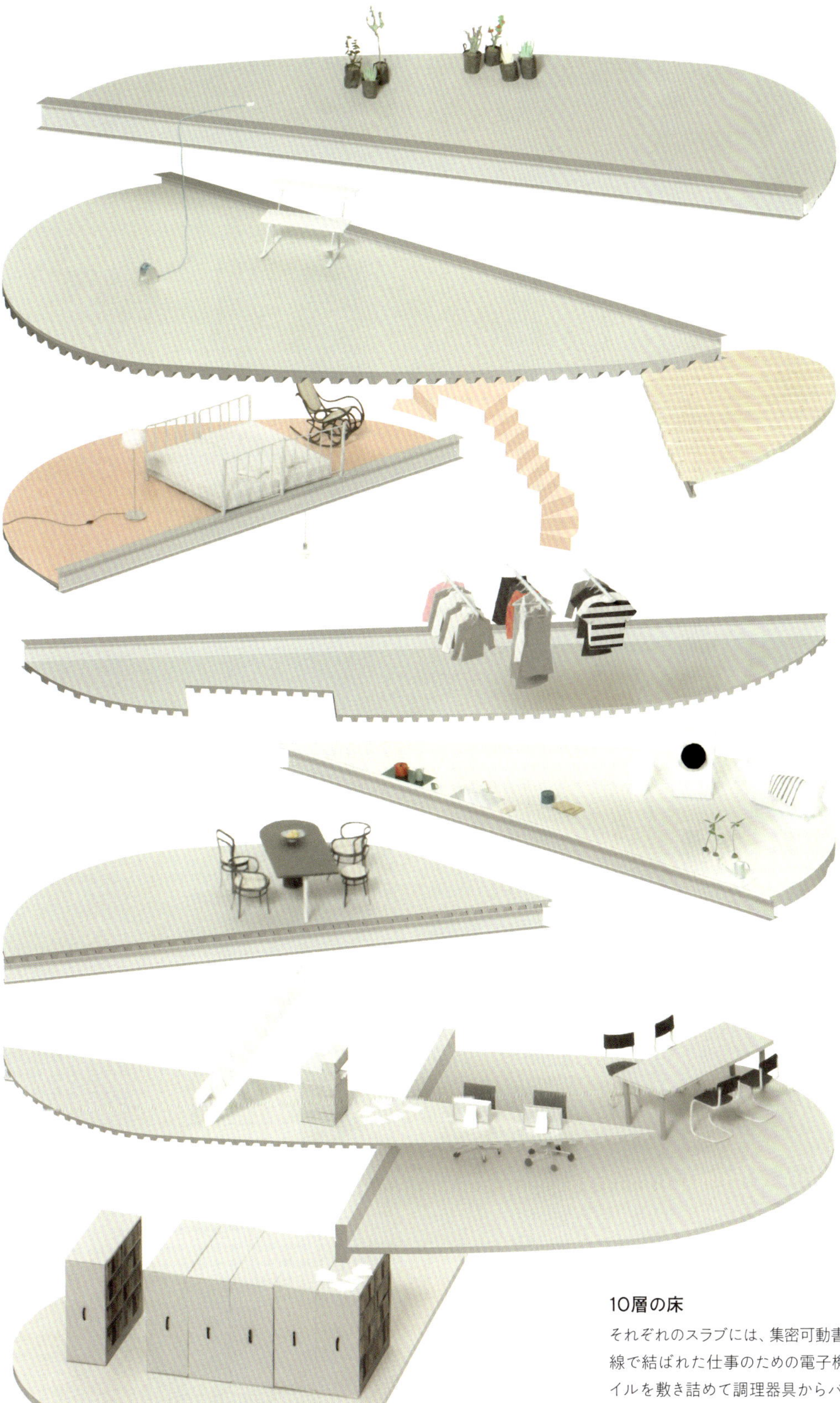

### 10層の床

それぞれのスラブには、集密可動書架、有線で結ばれた仕事のための電子機器、タイルを敷き詰めて調理器具からバスタブまで、水にまつわるあらゆる物たち、すべてのワードローブ、カーペットとベッドなど、属性ごとにまとめられた物や、それに基づいた単一の仕上げが与えられる

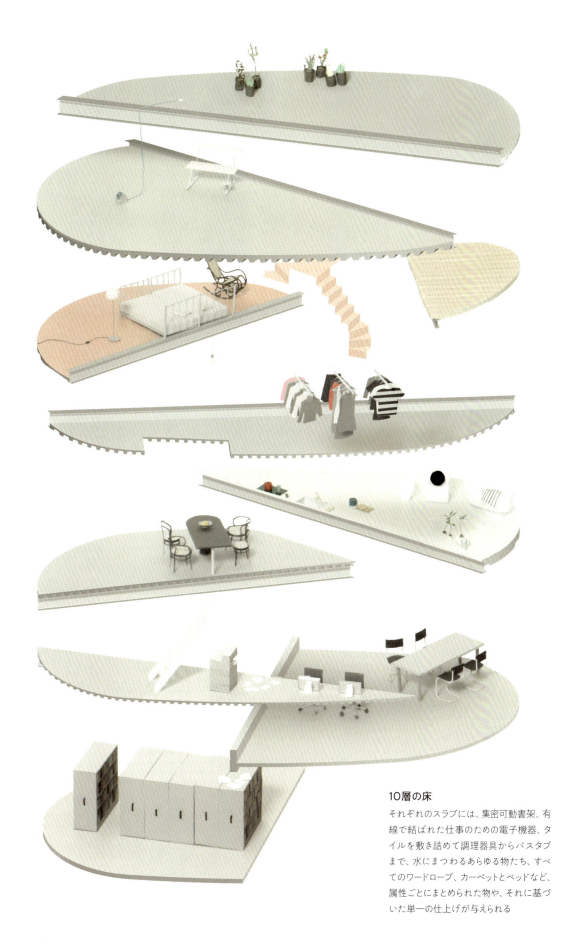

The Black Issue
DESIGN ARCHITECTURE
Life Style Bruce Mau
PIET HEIN EEK

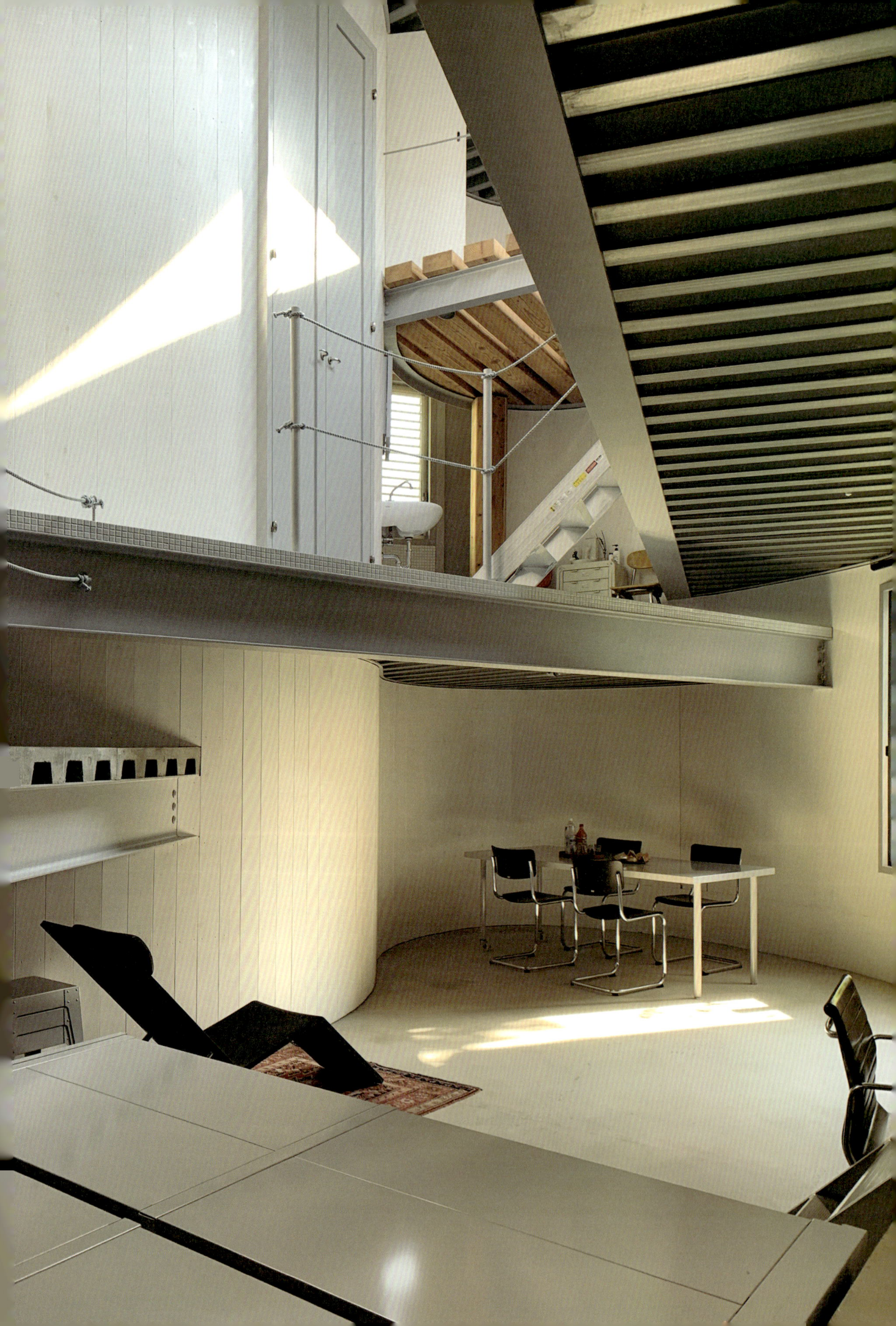

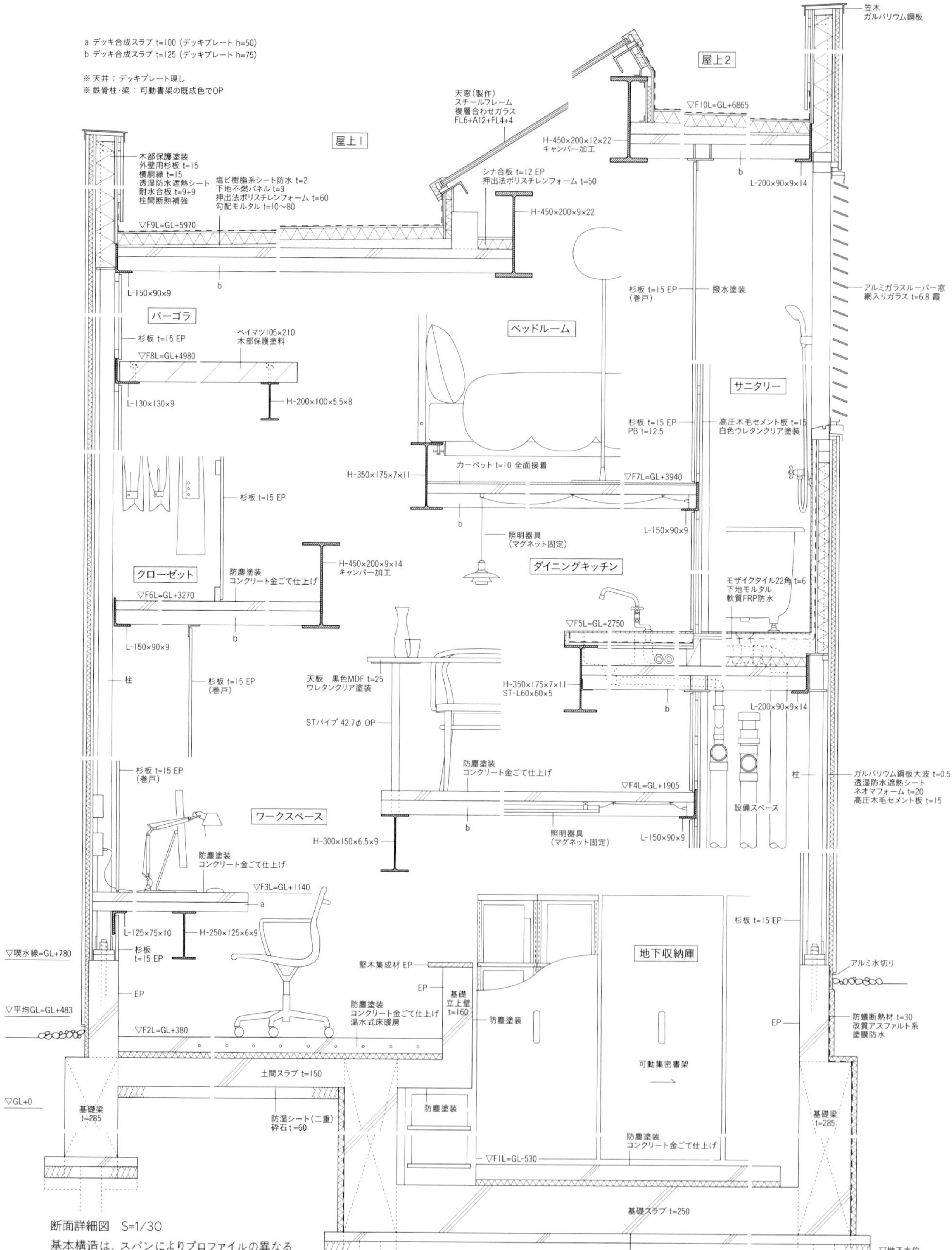


断面詳細図　S=1/30
基本構造は、スパンによりプロファイルの異なるH鋼（弦）と、外周に巡らされた鉛直材に面付けされたアングル材（弧）にデッキプレートを架け渡し、RCを打設することで形成される

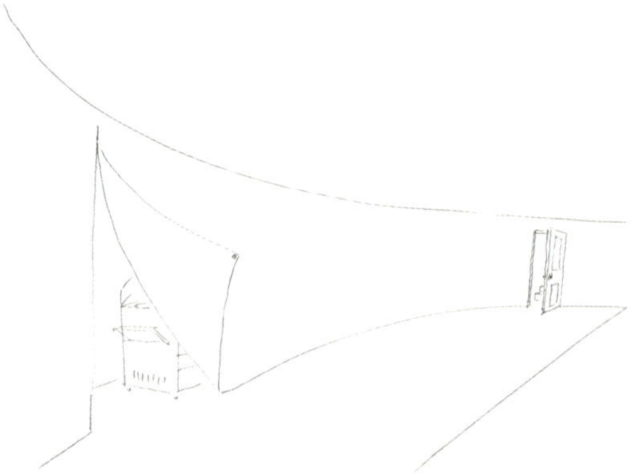

片面のみ白く塗られた杉材を縦貼りした内壁。カーテンをめくるように開くと、さまざまな物たちが構造体や導線、風や自然光とともに現れる

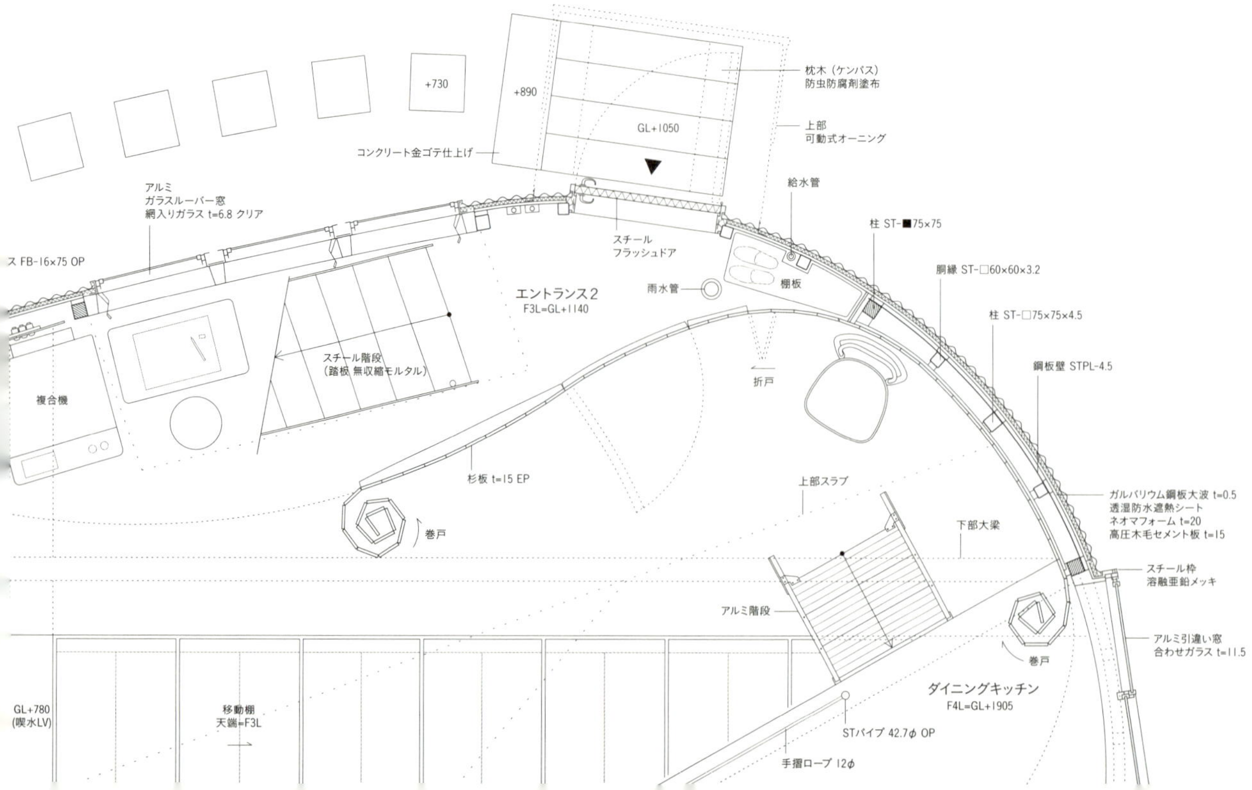

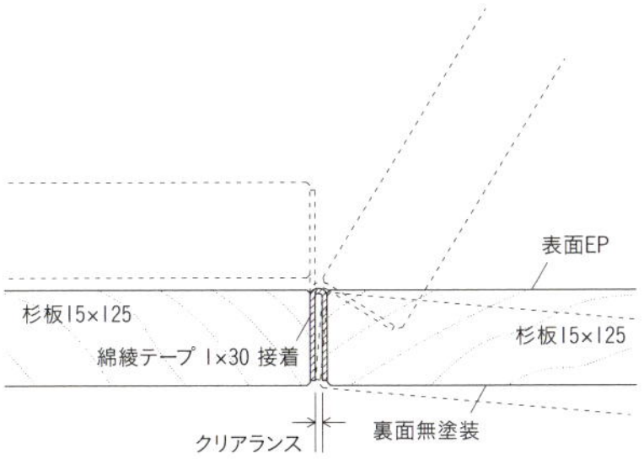


巻戸 布丁番
平面図　S=1/2

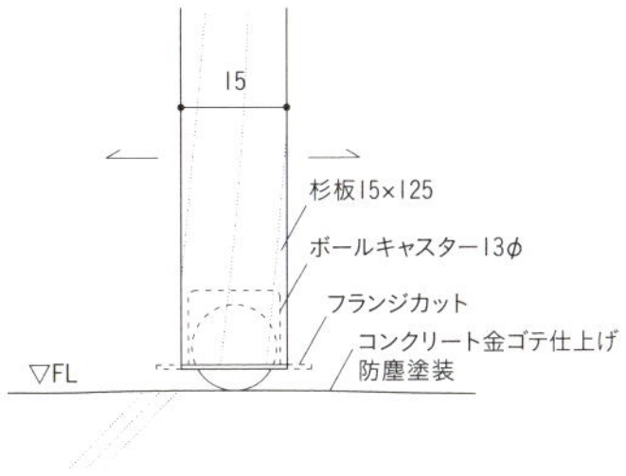


巻戸 ボールキャスター部
断面図　S=1/2

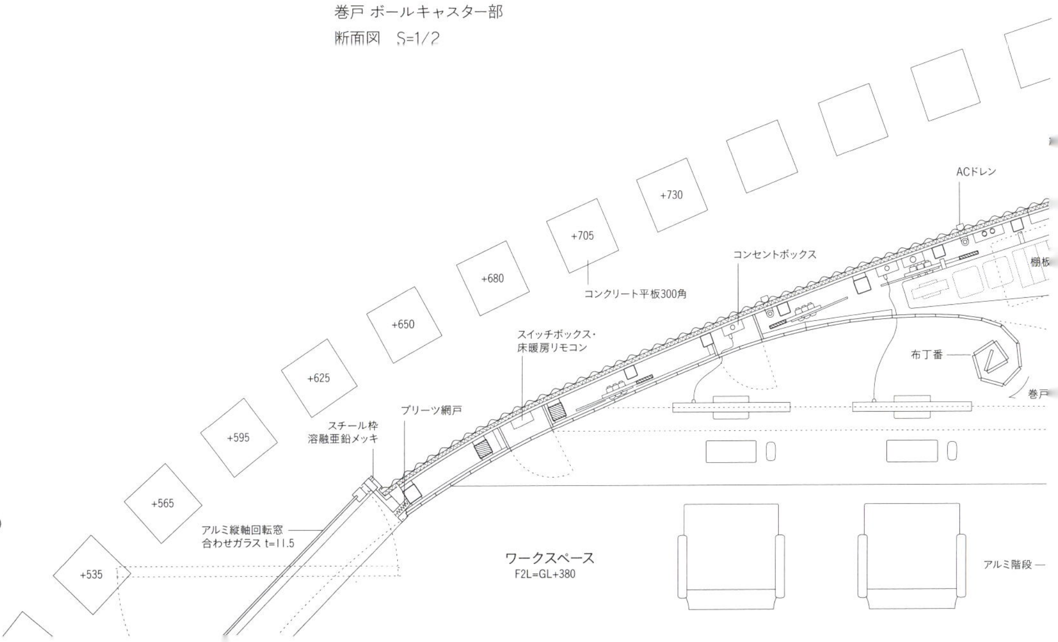


部分平面詳細図　S=1/40

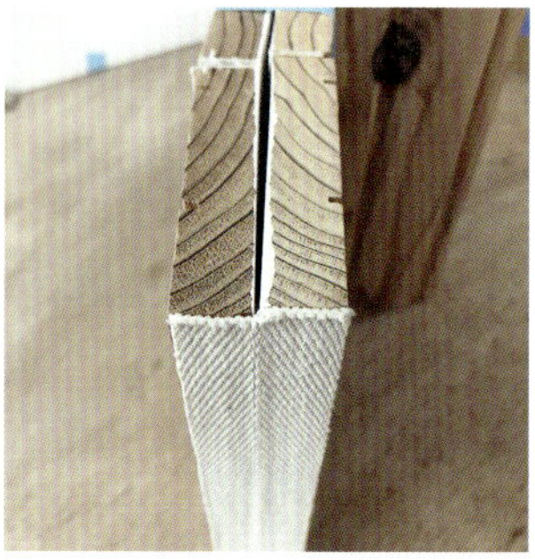

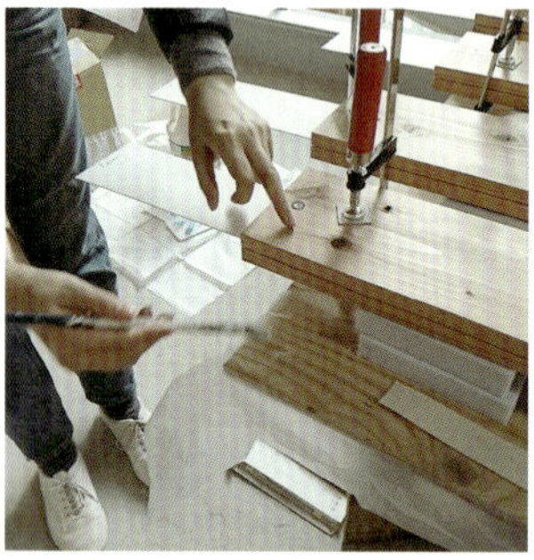

ロールケーキのように可動する杉板、小口に接着した布テープによるヒンジ。作業を効率化するための治具の制作は設計事務所による

連続的に奥行きの変化する空間に、バスタブや冷蔵庫から、グラスや設備機器まで、さまざまな大きさの物たちがそれぞれの居場所を見つけるように納まる

ここに掲載されたスタディの変遷は、一つの建築に対する仕事とするには不釣り合いな質量と、その多分に不器用なとりとめのなさを理由に、これまで表に出すことのなかったものを多く含んでいます。設計という思考の連なりに、自分たちにしか生み出し得ない新しい文法と、自分たちにとってもっとも自然に感じられる語感を、それとわからない霧中から模索する過程を、どこかに記録しておくこと。それが、それでも今回これらを提示することにした理由です。それは同時に、長い逡巡の時間を辛抱強く、そしていつも最大限にたのしみながら並走してくださった施主の賜物です。

よく見るといくつかの案にホームエレベーターの検討を認めることができるように、スタディの多くは、垂直方向に展開する物の分布としての建築に向けられたものでした。長い設計と施工期間を終えて、ついに引っ越しを済ませてからしばらく、物の居場所が定まるまでの間、とめどない上下移動に疲労困憊で夜を迎えた日々について、後日聞かされました。

いまではあるべき物があるべき場所に流れ着くように居場所を見つけた空間を、天体と天候のおおらかな運動を常に感じながら行き来する術を会得して、その領域は建築の内外にまで広がっています。扉ページ（pp.10–11）にある円環状の地面は、そこが敷地である以前に地球の表面であるかのように生き生きとしています。最上階は菜園になって、屋上スラブを行き来するためのベンチを兼ねた階段が追加制作されました。

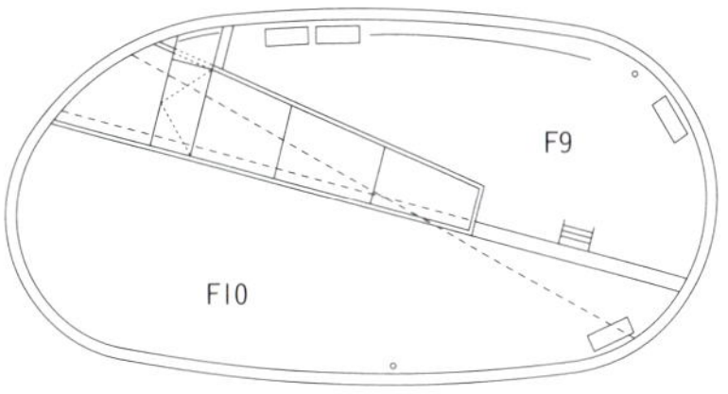


F9, F10

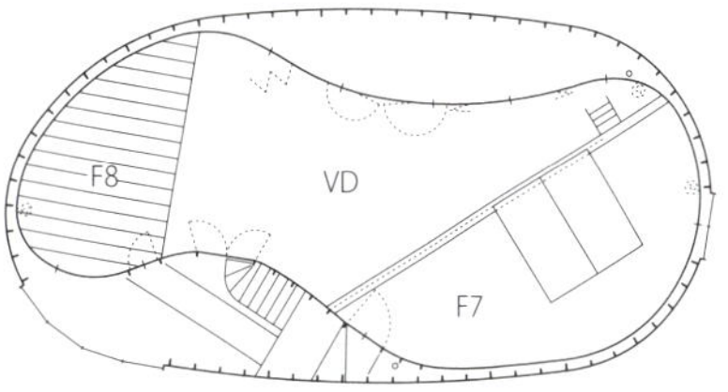


F7, F8

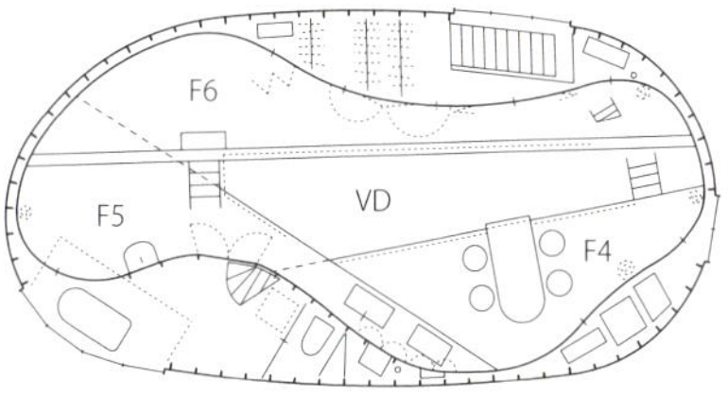


F4, F5, F6

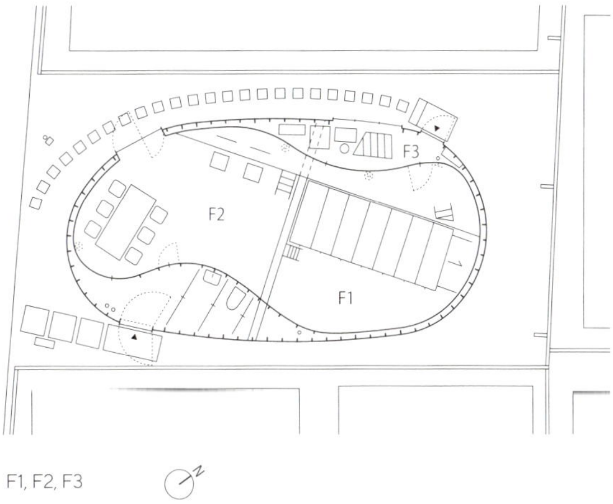


F1, F2, F3

平面図　S=1/250

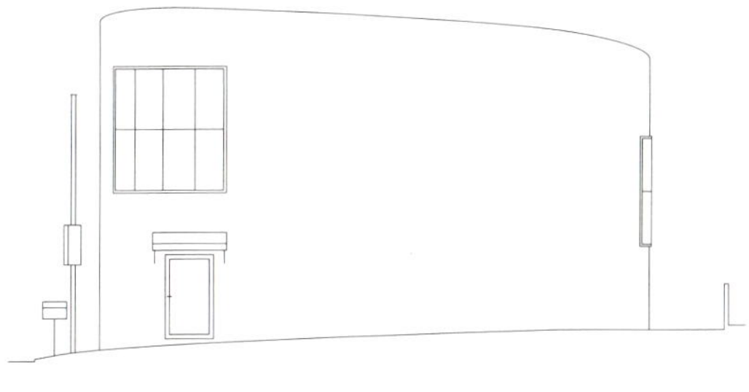

立面図　S=1/250

2

# 五十嵐淳

Jun
Igarashi

五十嵐淳（いがらし・じゅん）
建築家

–

1970年　北海道生まれ
1997年　株式会社五十嵐淳建築設計事務所設立
2012年　オスロ建築大学客員教授など

–

主な受賞に第19回吉岡賞、第21回JIA新人賞、2018年日本建築学会賞教育賞、大阪現代演劇祭仮設劇場コンペ最優秀賞、BARBARA CAPPOCHIN ビエンナーレ国際建築賞グランプリ（イタリア）、AR AWARDS2006（イギリス）、グッドデザイン賞、日本建築学会北海道建築賞、Dedaro Minosse国際建築賞審査員特別賞（イタリア）など

五十嵐淳の建築は、北海道の風土や気候条件・風景との共生を前提としながらも、建築の普遍的な価値を問いかけている。それは建築単体の存在を超えて建築のはじまりの姿にまで思いを馳せながら、常に「人間の原初的な居場所」という「状態」を模索し続けている。北海道の環境を読み解きながらも豊かで独自の空間を生み出している

# House in Hokkaido (2023)

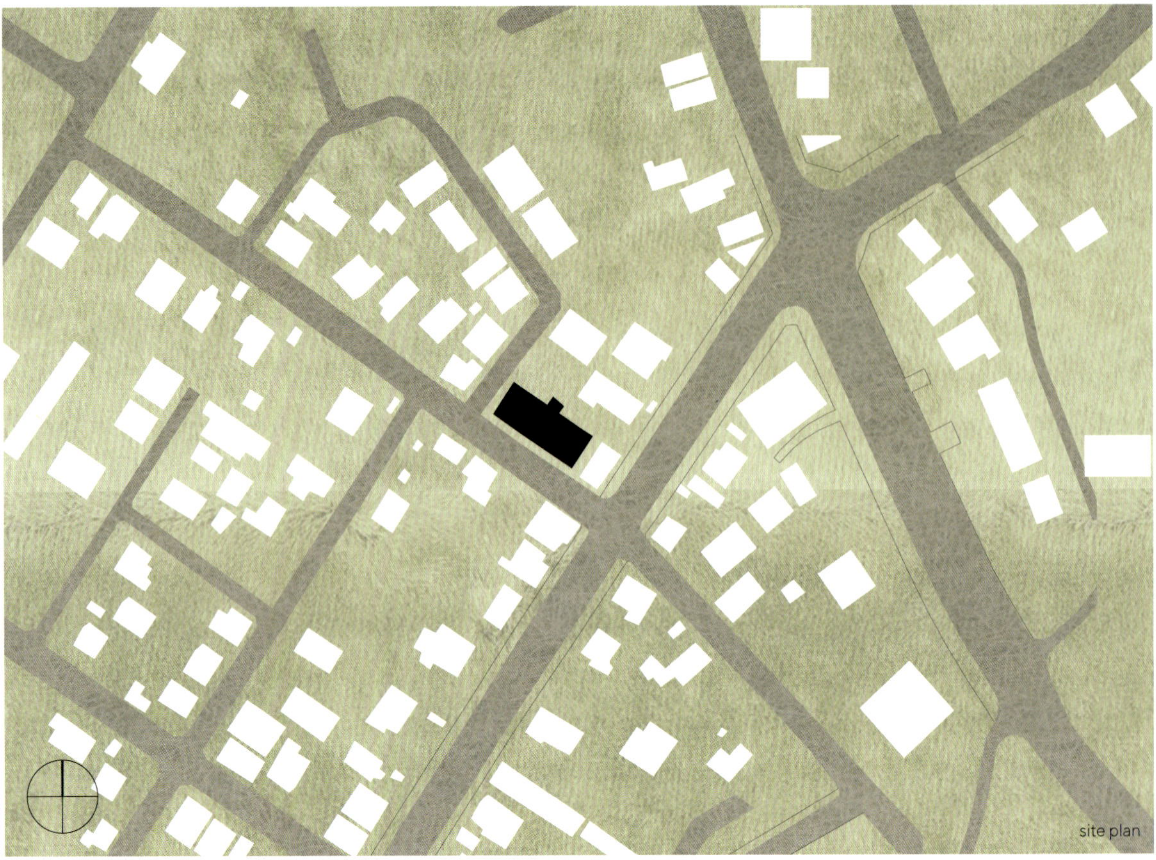

site plan

# ローカリティの必然性と普遍性

現代の慣習から生まれるローカリティの必然性と普遍性について考えた北海道の地方に建つ住居のプロセスである。

住居は暮らしの延長に現れ、その形式が暮らしの在り方や風土と結び合いつつも、暮らしの変化に応答できる空間を考えていたとき、安田登さんの著書『日本人の身体』を知り、「境界はラインではない」と書かれたテキストに感銘を受けた。

境界は「線」ではなくもっとおおらかな空間であり「そこらへん一帯」のことで、物理的な空間も質量ももっており、れっきとした場所が「界隈」であり、分けることを主眼とはしておらず、境界を共有することを前提とした「あわいの空間」であり、縁側や軒下を真っ先に思い出すと書かれている。そして「あわいの空間」は、居住者など内部空間に関係する人と庭師などの外からの人では呼び名も視点も働きかけも変わる、自他の境界をおおらかに、そして曖昧にしている空間であると。

そこで、ここでは敷地全体が「そこらへん一帯」となるような、多様な視点と働きかけに応答できる曖昧な居場所、おおらかな空間をめざした。

平面は建ぺい率を超えて敷地いっぱいに空間をつくり、一部の屋根をくり抜き建ぺい率を調整したが、約250㎡の「そこらへん一帯」のワンルーム空間が生まれた。この空間では視点や働きかけによって室名らしきものが出現するが、時間の経過や慣習の変化によって都度、視点や働きかけも変化し室名らしきものも移ろい変わる。

この空間は現代的にいえばプログラミングを書き換えることが可能な空間であるし、建築が必ず向き合うさまざまなローカリティに応答しながら解きつつも獲得した、普遍性のある建築なのである。

1 広間1
2 物置1
3 風除室
4 外の広間1
5 外の広間2
6 外の広間3
7 トイレ
8 洗面室
9 浴室
10 広間2
11 寝室
12 納戸
13 書斎1
14 書斎2
15 物置2

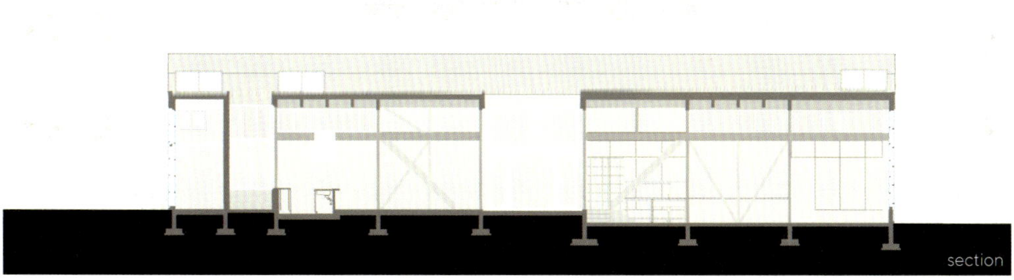


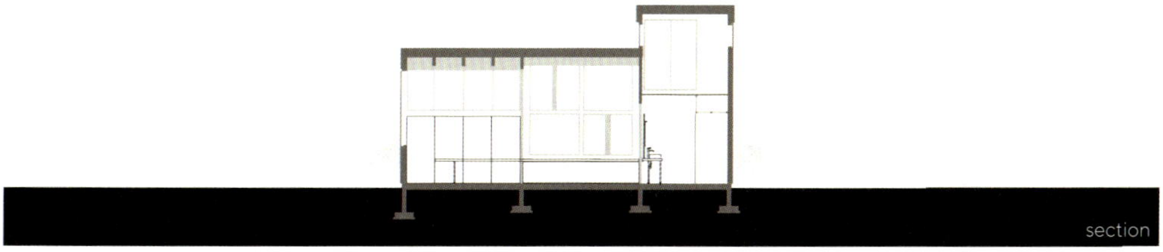

# 平面の初期スタディから実施案へ

2021
09/23

「そこらへん一帯」となるような居場所をグリッドにより敷地全体に拡げる。初期段階から北側にバットレス壁の配置を考えつつ屋根の抜き方も思考する

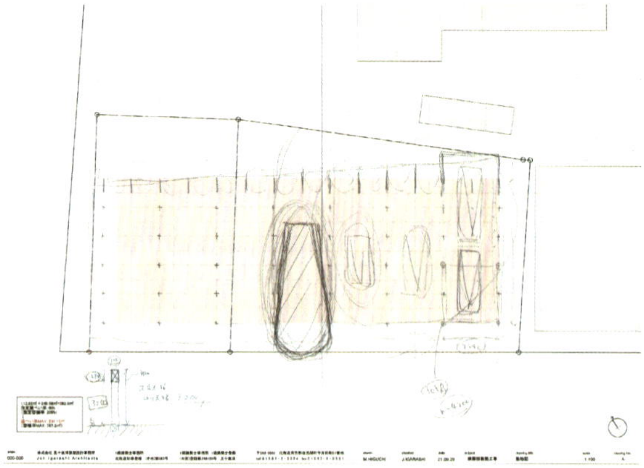

2021
10/20

不定形だった屋根の抜き方がグリッドに合わせるようになっていく。敷地の高低差による内部断面を思考しつつ段数や外部からの動線を思考している

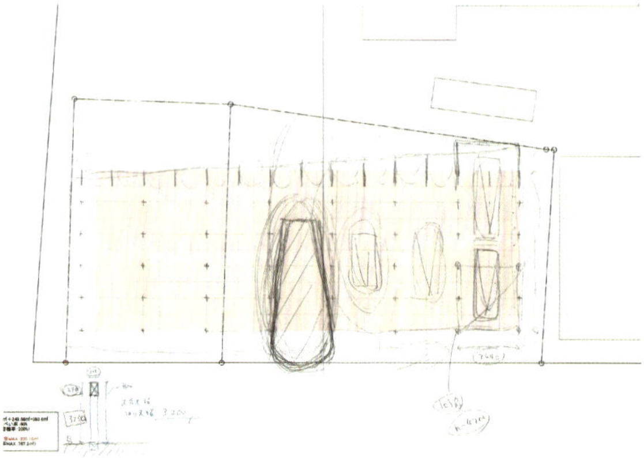

2021
10/26

3640mm角のグリッドと3640mm×2730mmグリッドの組み合わせによる「そこらへん一帯」が生まれている。壁の配置と入口の動線スタディが続いている

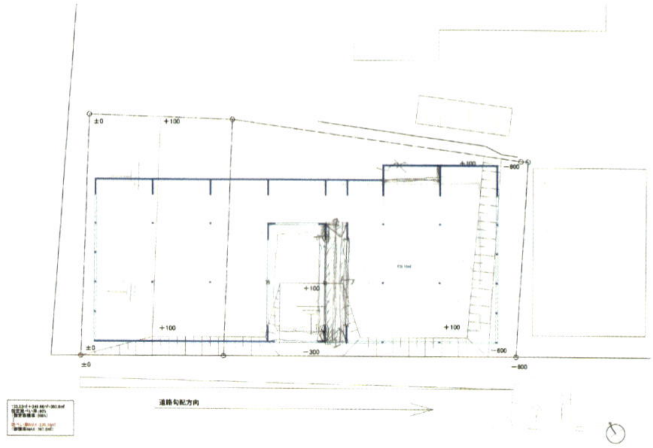

2021
11/15

建ぺい率の検討し屋根の抜く場所を新たに2箇所検討する。グリッドの中に室名らしきものが現れはじめる。同時に入口動線の検討が続く

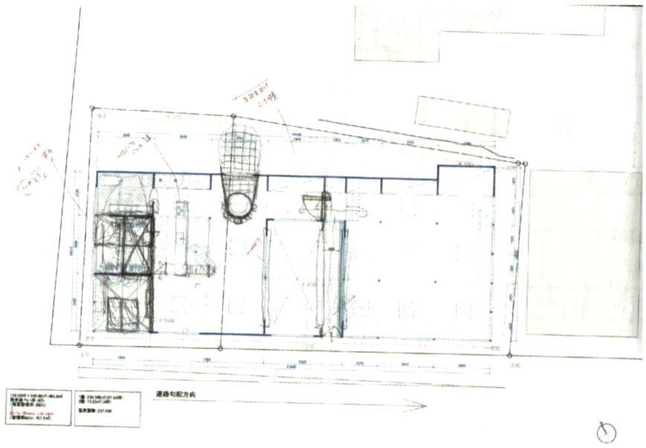

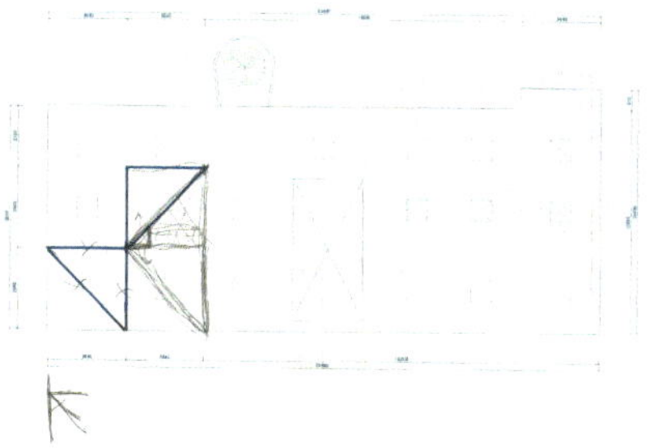

2021
11/20

1階の「そこらへん一帯」空間との関係性を思考しつつ、2階に小さな三角形の空間配置の検討をするが「おおらかさ」や構造の合理性に欠けることに気づく

2021
11/24

2階はどうしても「おおらかさ」が少なくなる。それを回避できないかの検討が続く。構造の合理性やさまざまな予件により細長い空間になるが、約25m見通せるように調整

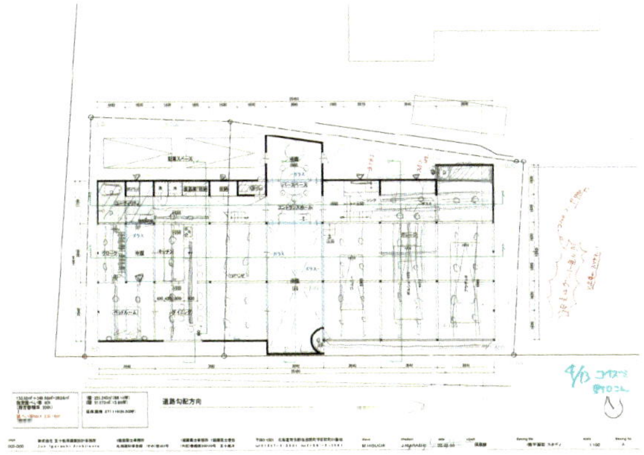

2022
01/27

当初は曖昧だった室名らしきものに明確な暮らしのイメージと居場所が生まれてくる。「そこらへん一帯」の空間配置が見えてくる

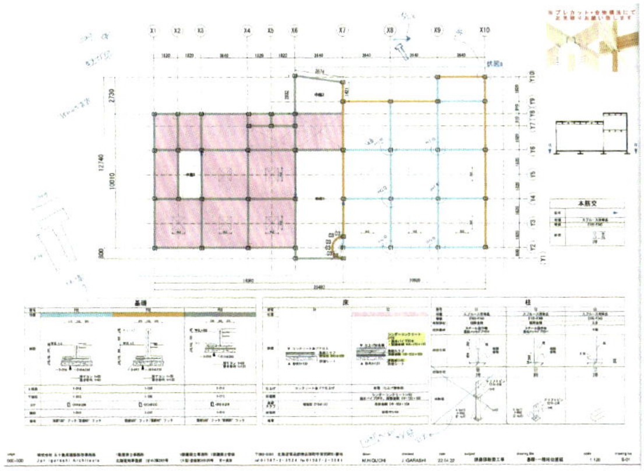

2022
04/22

平面の検討をしつつ構造家との対話が続く。おおらかな「そこらへん一帯」をどのような構造架構で合理的に解けるか。コスト検討と構造検討が同時に進む

# 実施案決定時のスケッチ

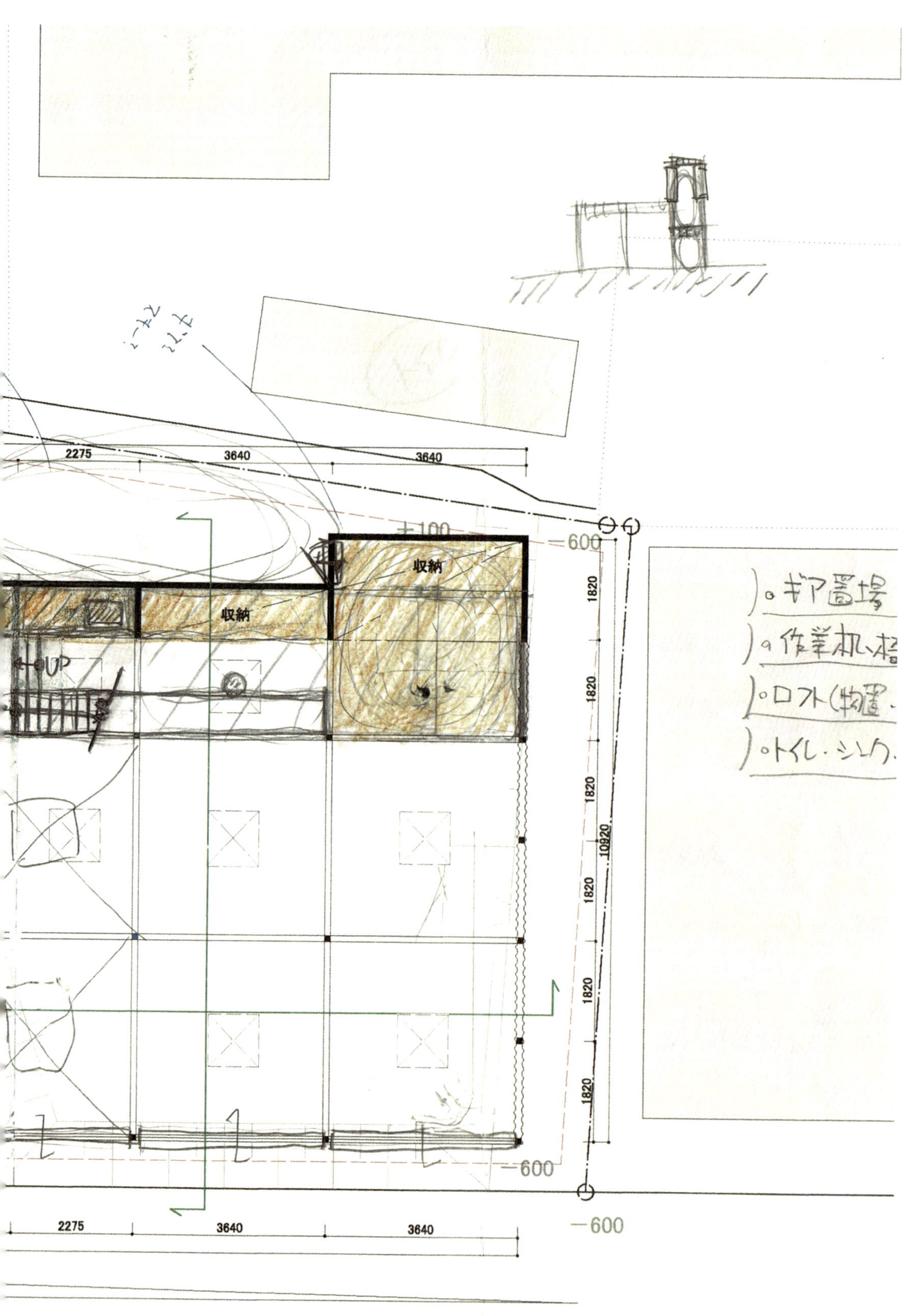

2021
11/24

「そこらへん一帯」という朧げな空間の思考を継続しつつ、現在の慣習や視点や働きかけによって室名らしきものが、より詳細に出現してくる。所調機能のような用途は合理的に解いていけるが、最後の最後まで「そこらへん一帯」空間と外部空間をつなげる入口のあり方を悩み続ける

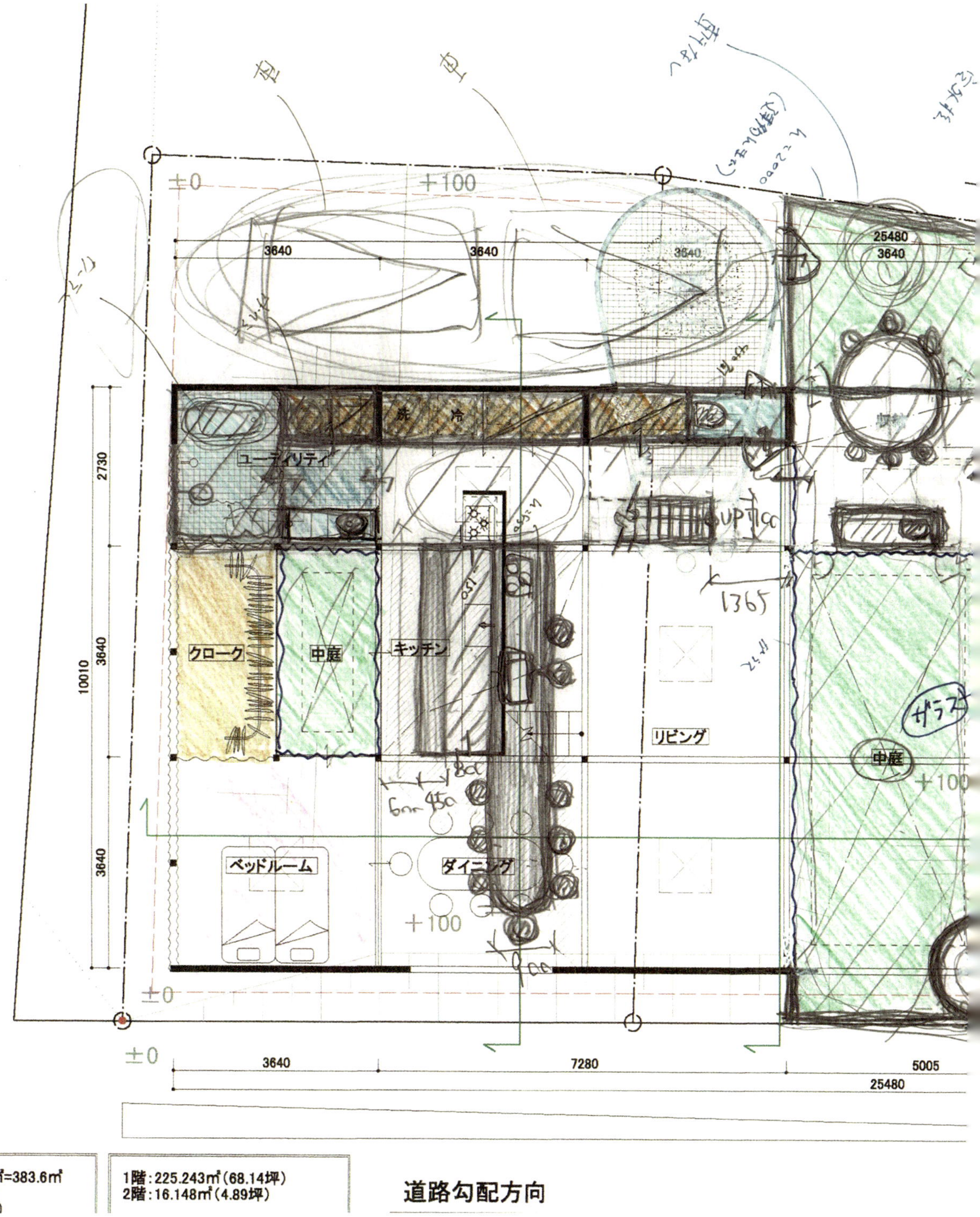

# 実施案決定後も建物完成まで延々と続くスタディ

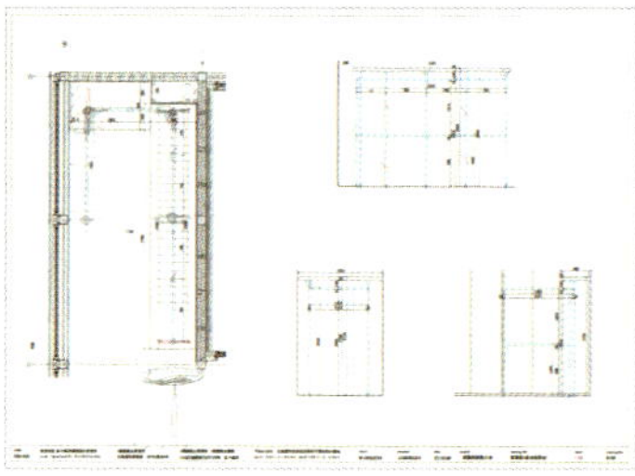
2022/10/08

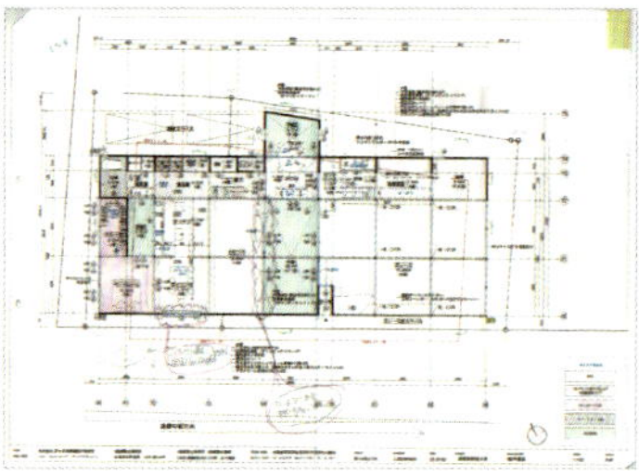
2022/08/02

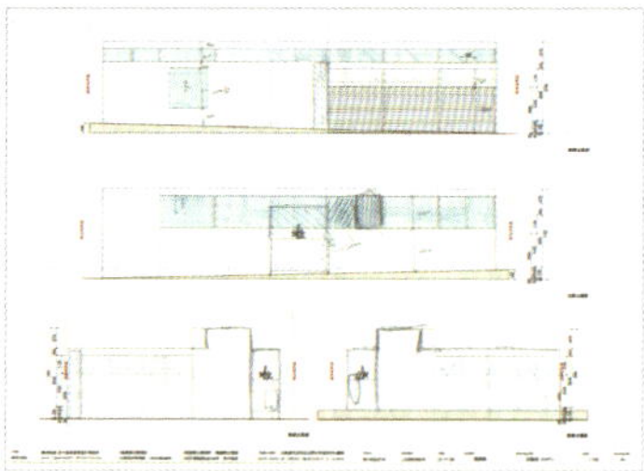
2021/11/24

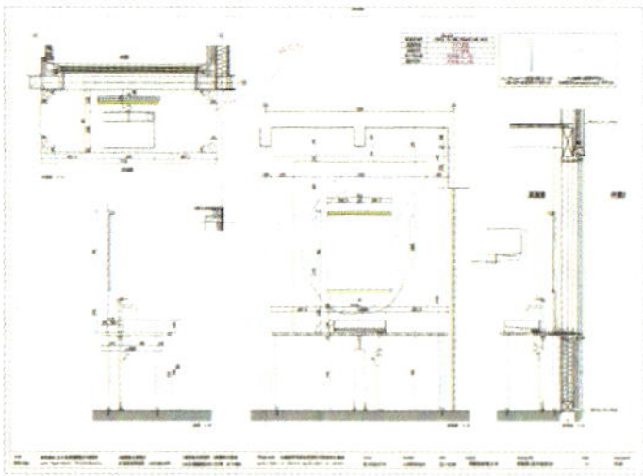
2022/10/08

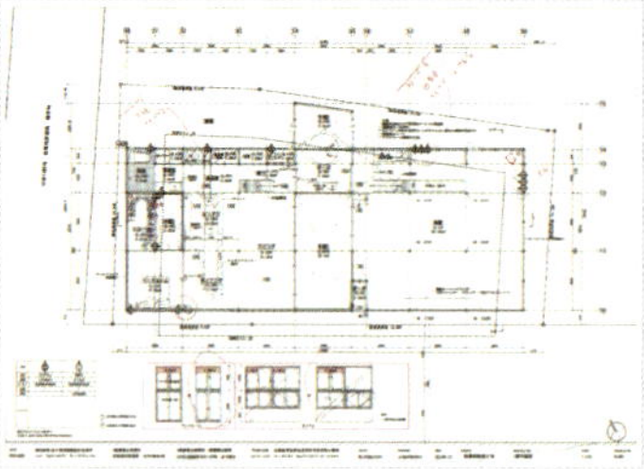
2022/08/12

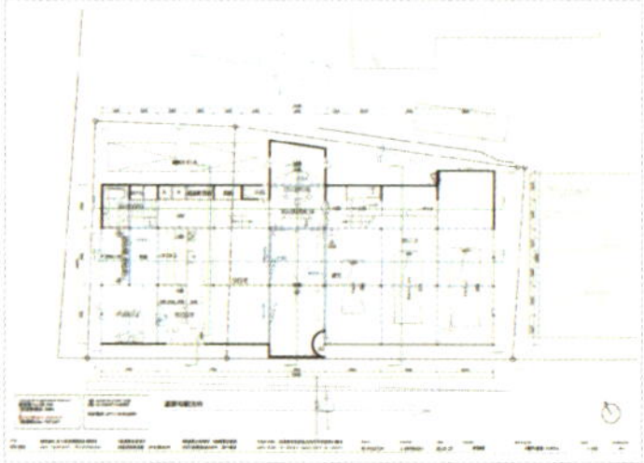
2022/01/27

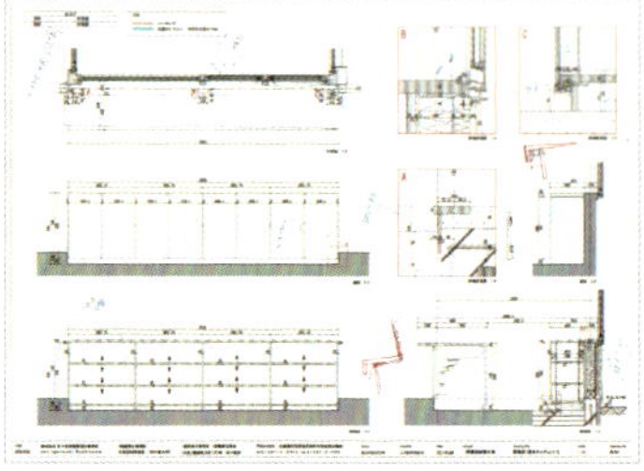
2022/10/08

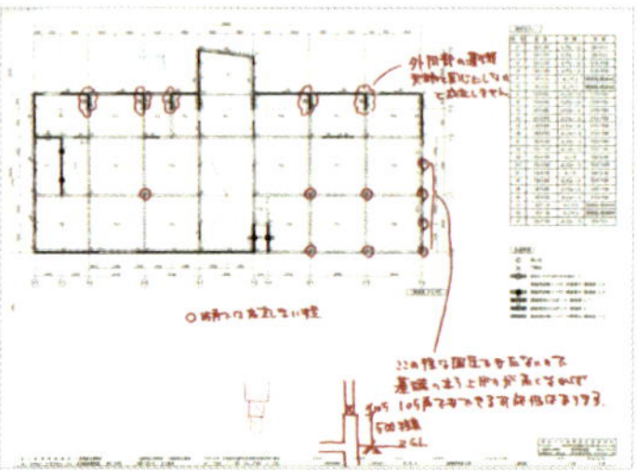
2022/09/10

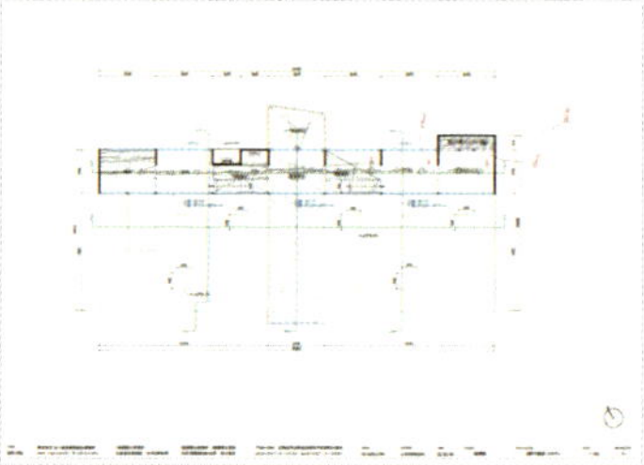
2022/02/03

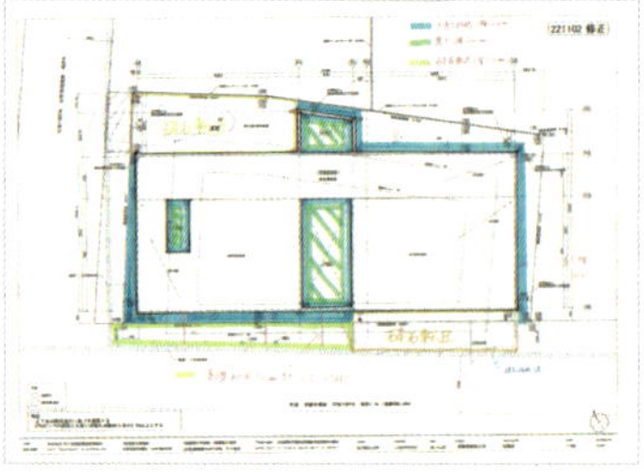
2022/11/02

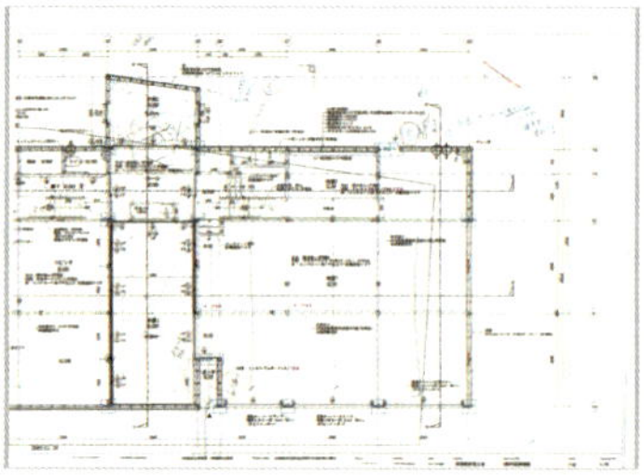
2022/10/05

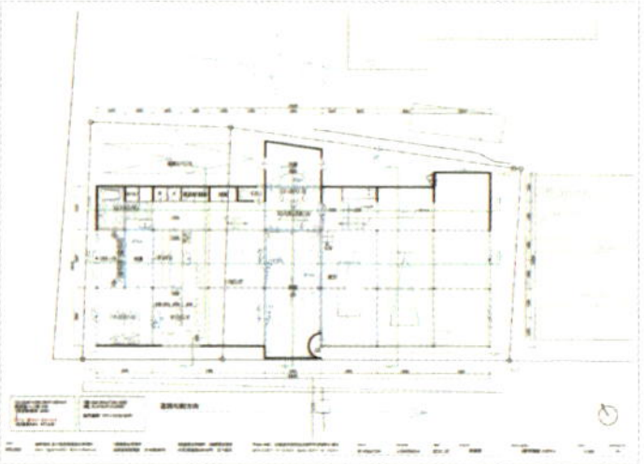
2022/02/03

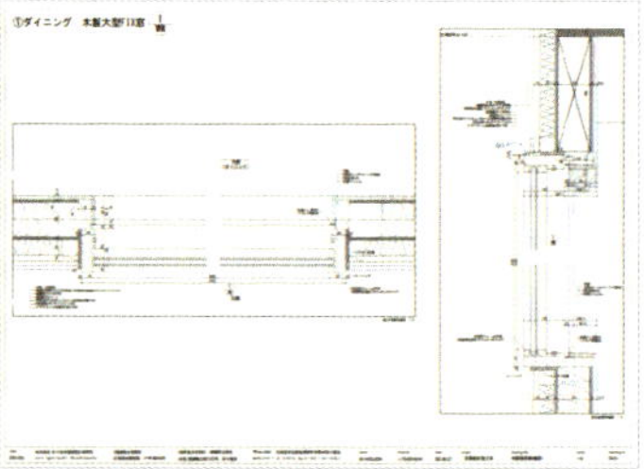
2023/06/07

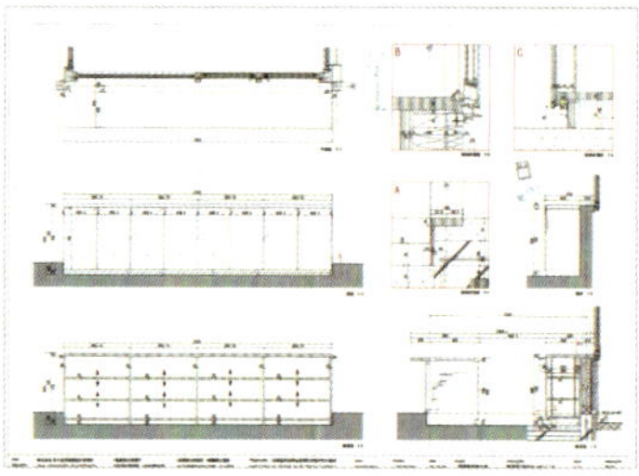
2022/10/08

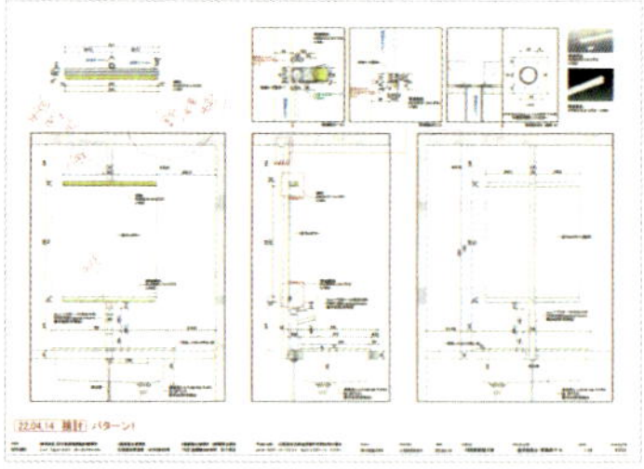
2022/04/14

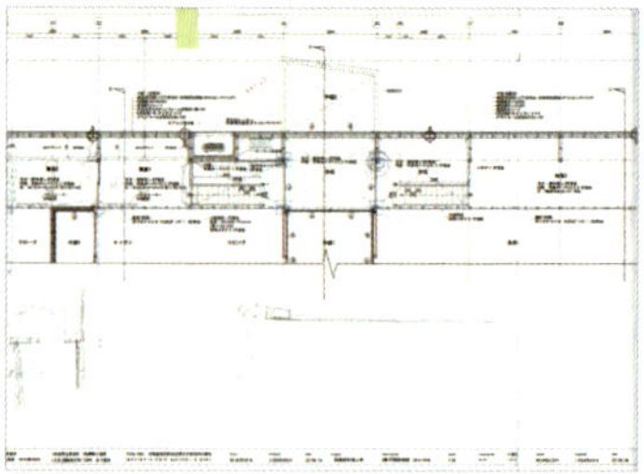
2023/06/10

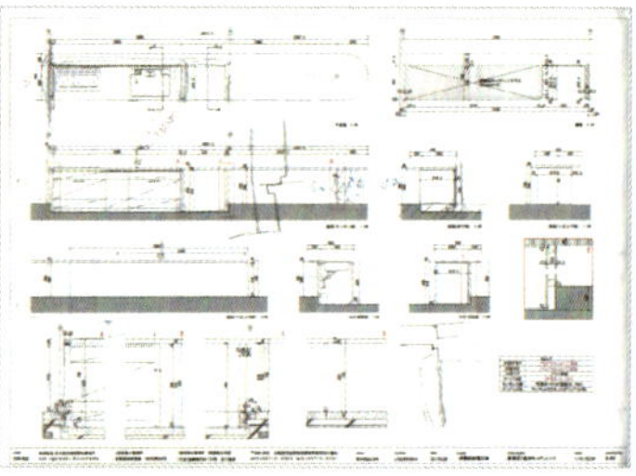
2022/10/08

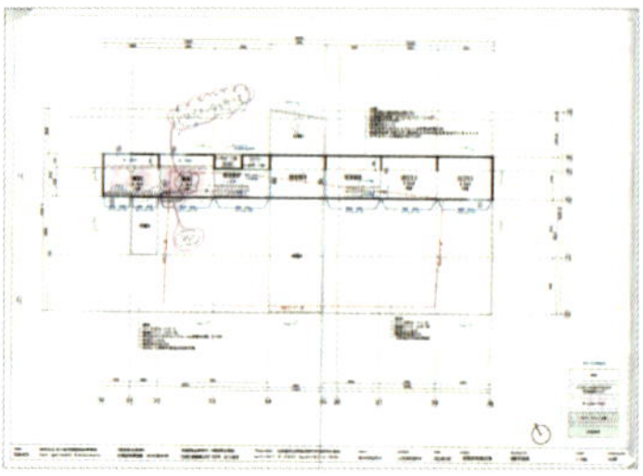
2022/08/02

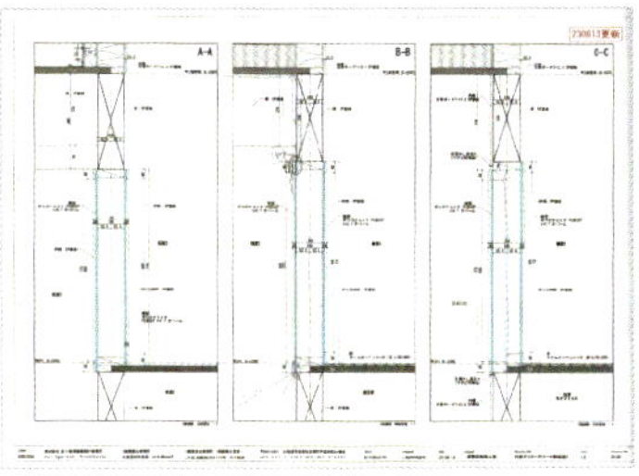

2023/08/13

2023/07/25

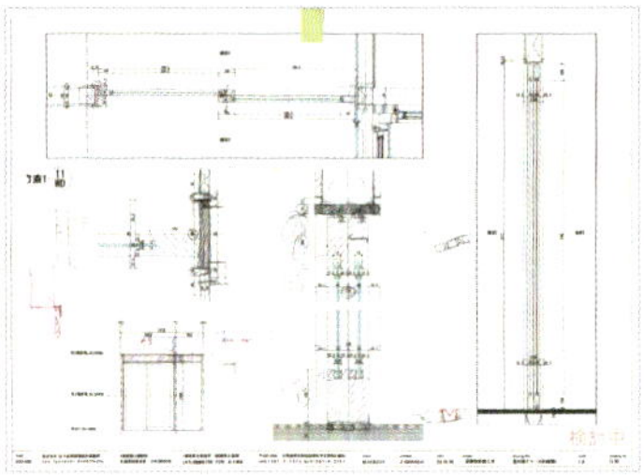

2023/06/26

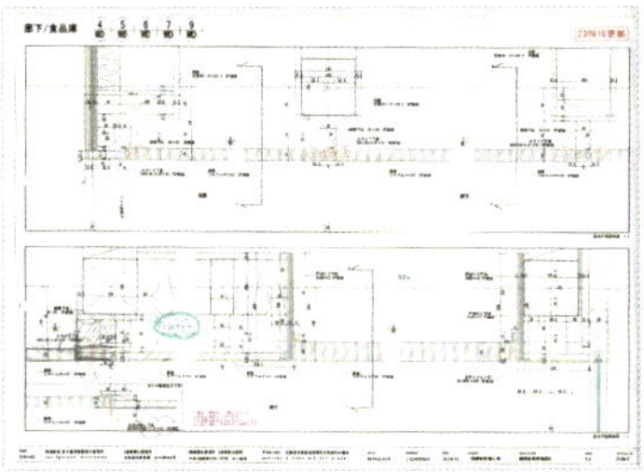

2023/08/15

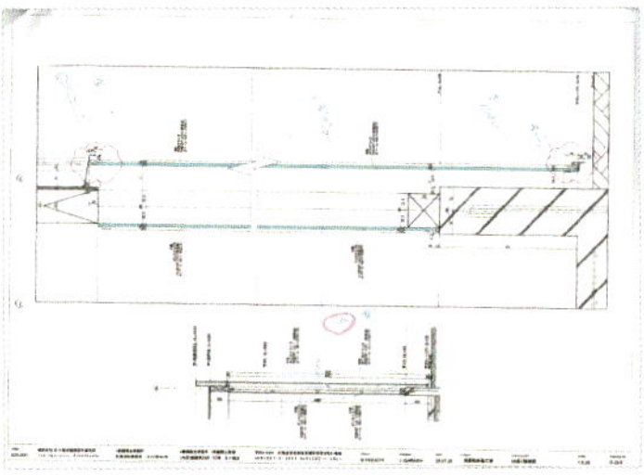

2023/07/25

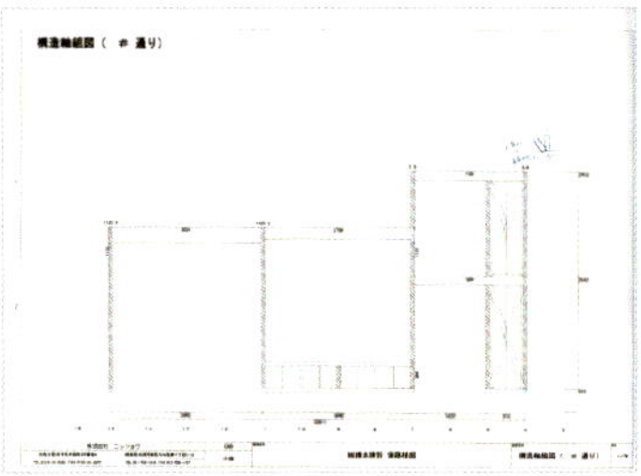

2023/06/26

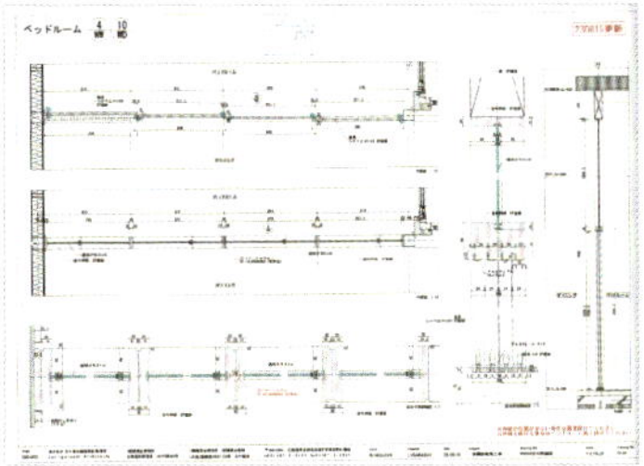

2023/08/15

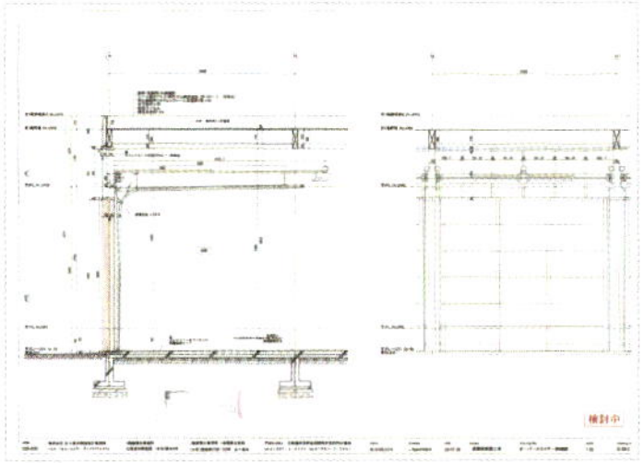

2023/07/25

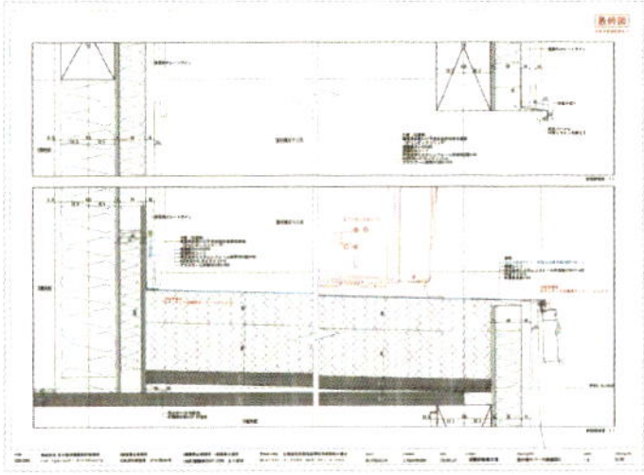

2023/06/27

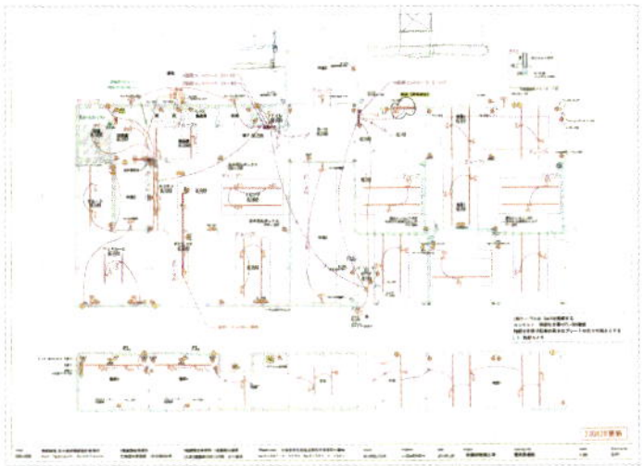

2023/08/28

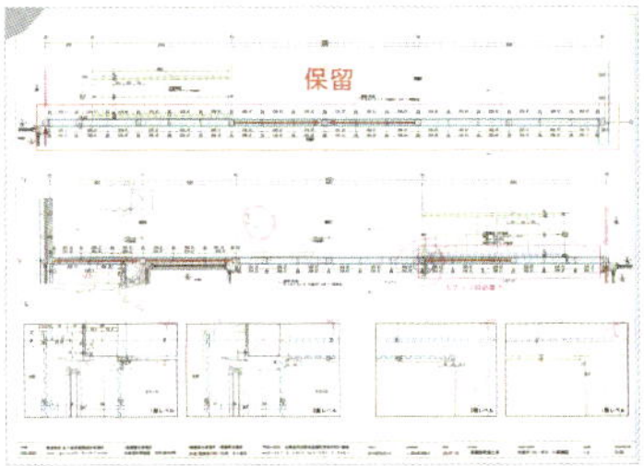


2023/07/25

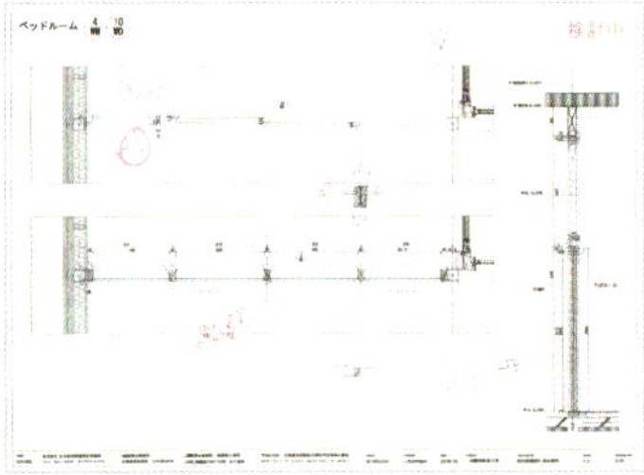

2023/06/28

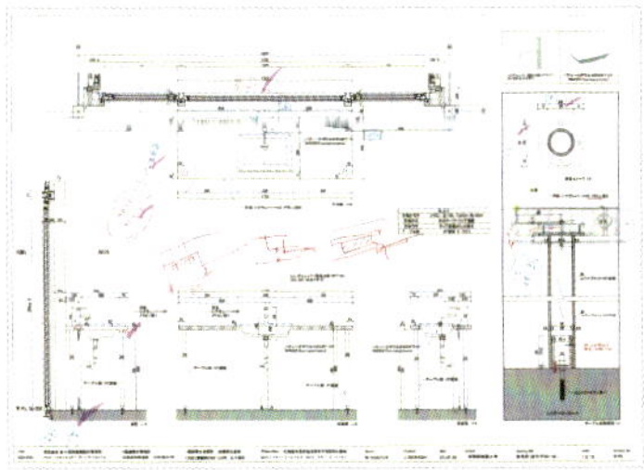

2023/08/29

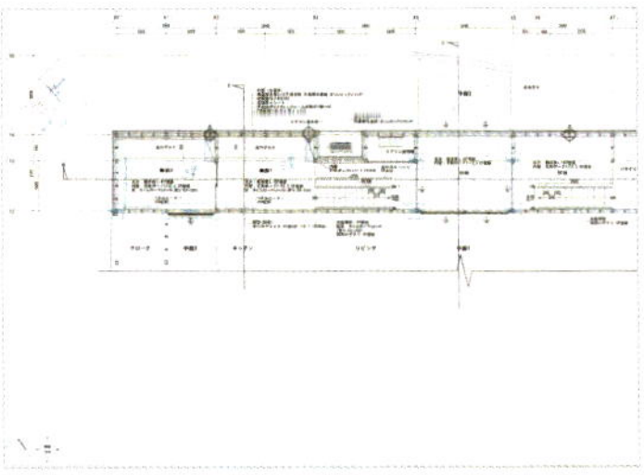

2023/07/25

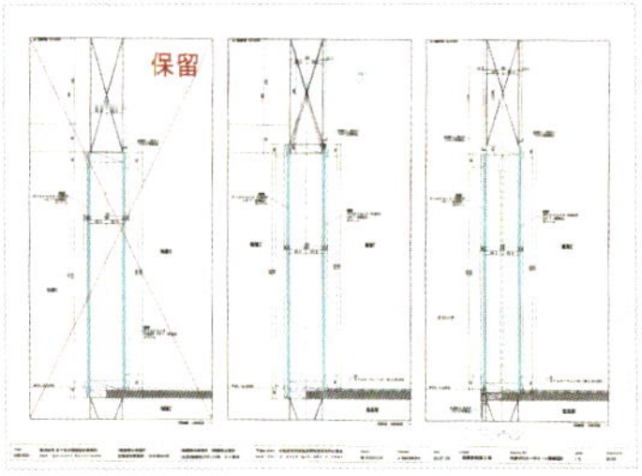


2023/07/25

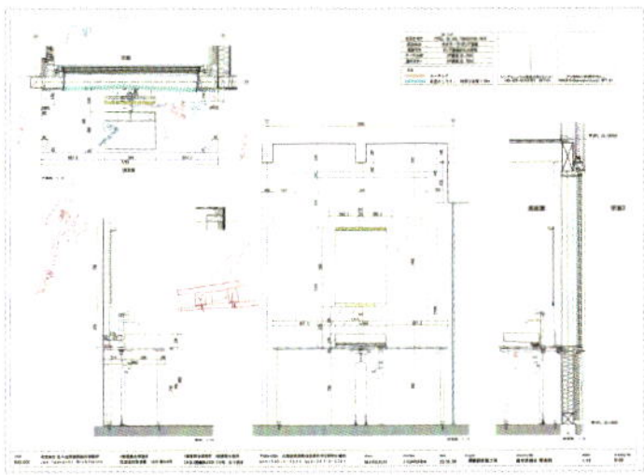

2023/08/30

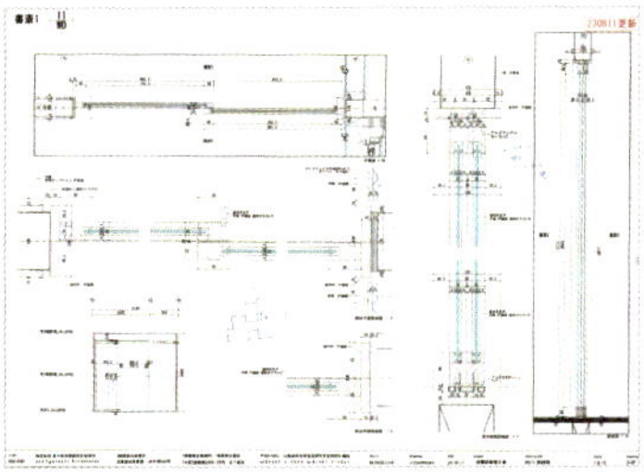

2023/08/11

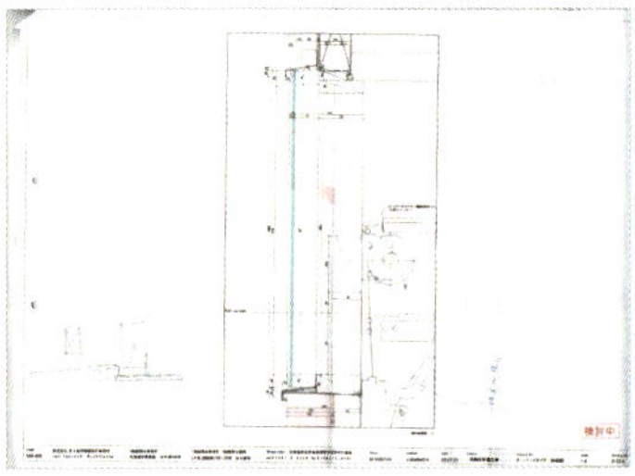

2023/07/25

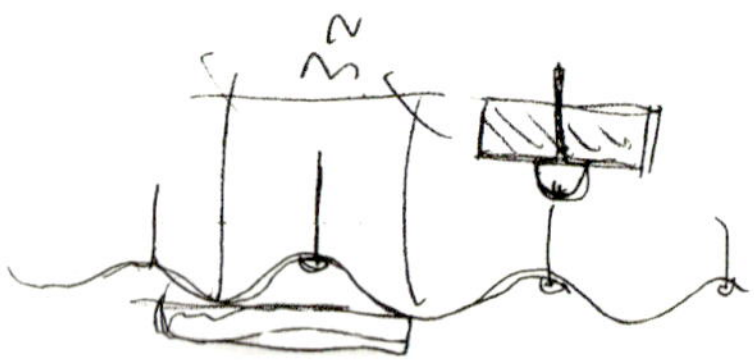

乳白色FRP製オーバースライダー上部壁はツインポリカーボネート乳白色の予定がコストによりポリカーボネート波板に変更によるディテール検討

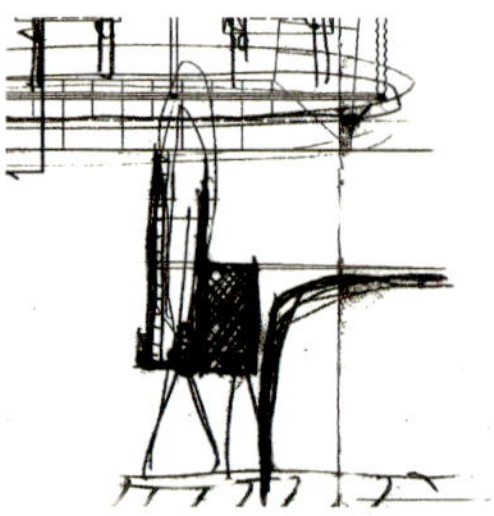

大型の開口部はコストや耐久性や気密性により造作開口とするのは困難な場合が多い。そうすると既成品との取合いや見え方に気を使う。初期検討スケッチ

コンクリート土間の角の納まりを書き留めたスケッチというよりはメモ書き。まったく難しいディテールではないが、目視できる箇所の寸法は気になるところ

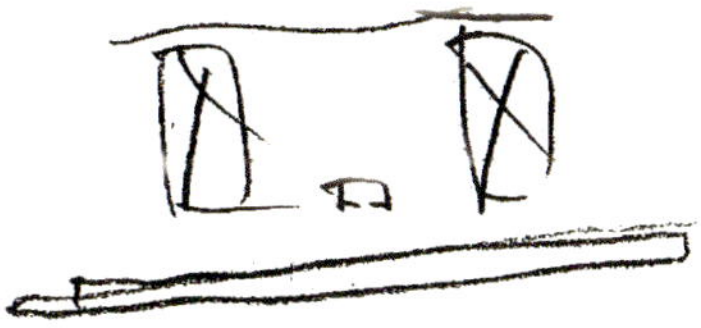

ポリカーボネートを留める下地の検討スケッチ。少し透ける素材を使う場合、仕上がる面と、その奥のレイヤーの設計を同時にイメージすることになる

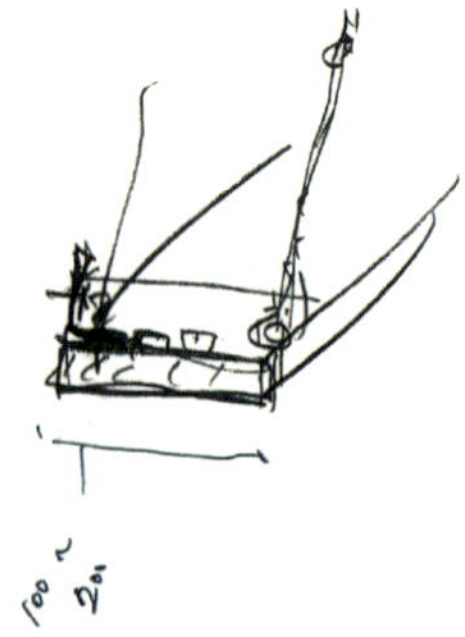

天井電気配線のルートの見え方を少し軽くしたいのと梁などの構造と分離したいと考え、構造用合板をボルトで吊る方法を検討するスケッチ

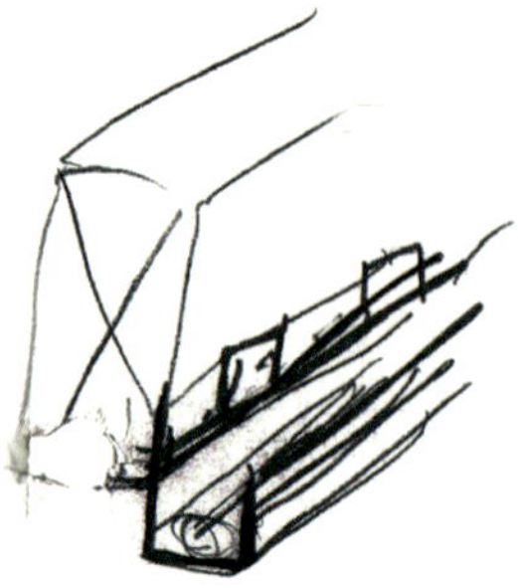

木造の外断熱工法による建築の場合、電気の配線ルートを見える形で設計する必要がある。断面がコの字の既成部材で検討したが、梁との関係が重たい

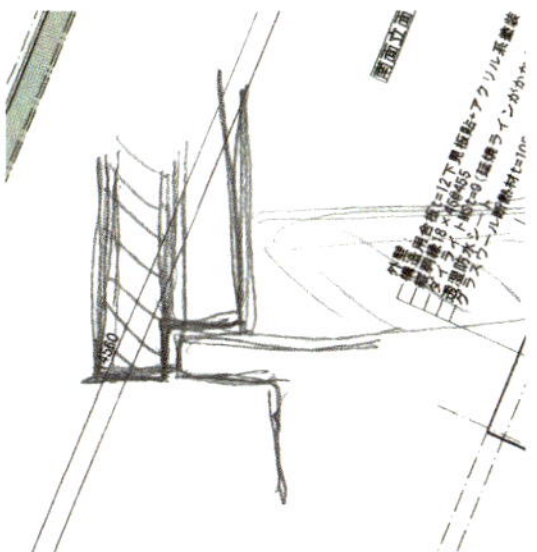

ギリギリまで寸法を詰めた外部から内部への入口の谷のような空間の天井と外壁の取合いスケッチ。雨仕舞いを考えながらの走り書き

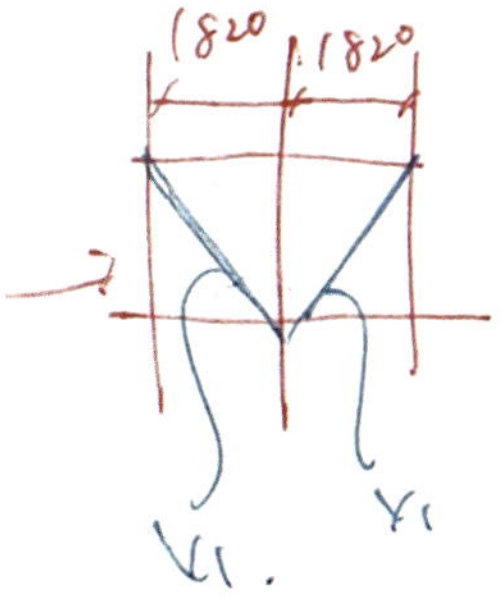


筋交いは構造力学が目視できているようで昔から意匠として意図的に設計している。構造家と合理的な筋交いの入れ方を対話しているときのメモ書き

木構造を現したまま空間をデザインする場合、部材と部材の取合い箇所が気になる。このスケッチは柱と筋交いがコンクリート床に取り付く金物の検討

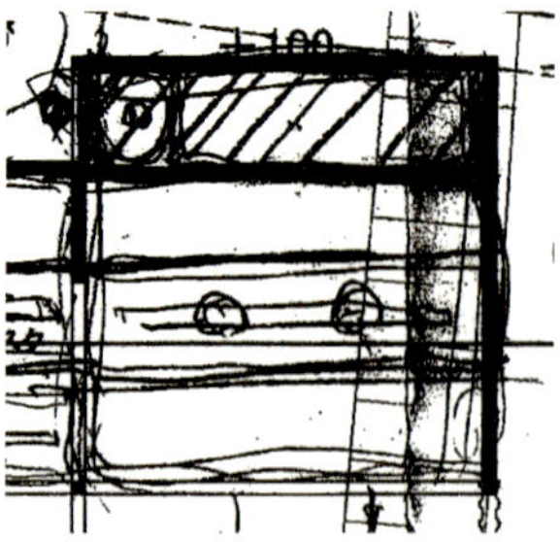

倉庫の平面にシャワーとトイレを検討しているスケッチ。多様な使い方が想定される倉庫空間に水廻りが加わると、さらに使い方の可能性が広がる

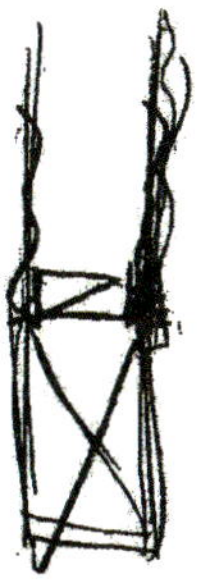

ポリカーボネートの断面や小口の取合い検討のスケッチ。平たい素材はディテール検討しやすいが、波形状の素材は少し難易度が上がる。とくに小口の納まり

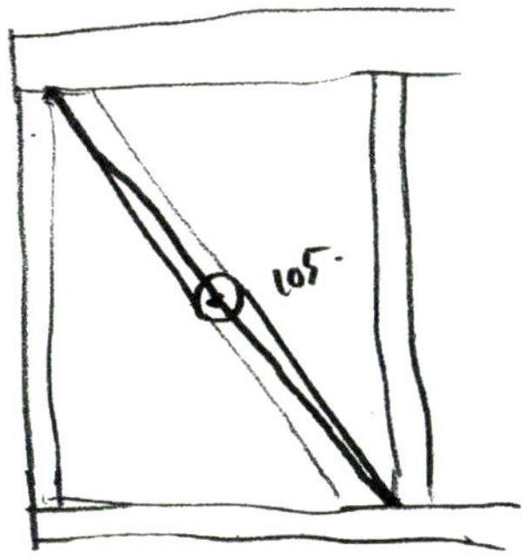


構造家とのやりとりスケッチ。木造の軸組が空間デザインと直結する場合、構造家の存在はとても重要。柱と筋交いの支点の結び目についての対話スケッチ

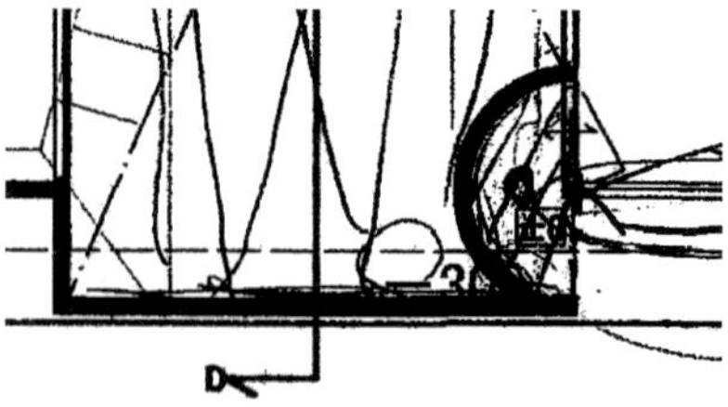

外部から空間への入り方を実施ギリギリまで迷いながら検討するが、防犯面や荷物の出し入れなど物理的な要件より方向性が決まり、実施案に至る

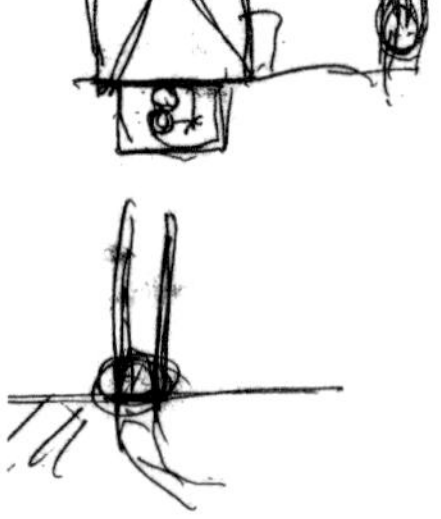

コンクリート打放し金ゴテ仕上げの床から作業机の天板に電気配線ルートを検討するスケッチ。テーブルの脚のような佇まいをイメージしたスケッチ

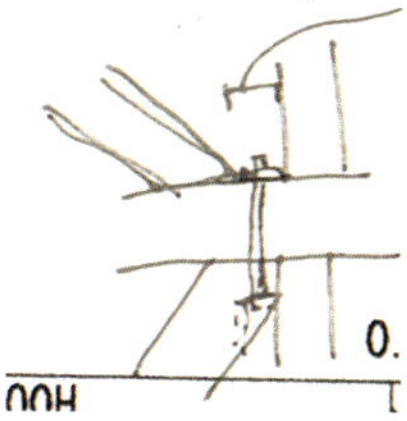

筋交いと筋交いの取り合いのスケッチ。ここでも構造家と話し合いながら見え方に違和感がないか、施工の合理性はあるかなどを検討している

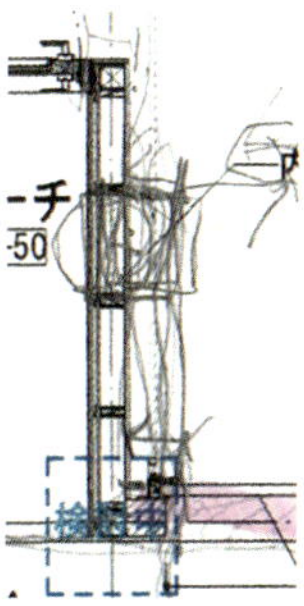

ポストの検討スケッチ。構造耐力壁に穴を開けて木箱の造作ポストを設置するため、構造家と話し合いながら位置を決め、気密を考慮し検討していく

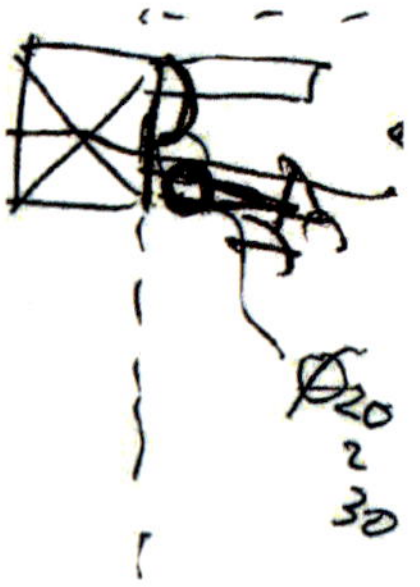


倉庫の作業台を支える金物と電気配線の検討箇所を拡大したスケッチ。施工性やコストなど検討し、立上げスチールパイプの径を検討している

倉庫の作業台を支える金物と配線立上げ位置の検討スケッチ。簡単なスケッチだが木構造の柱との関係や耐久性・合理性・コストなどについて考えている

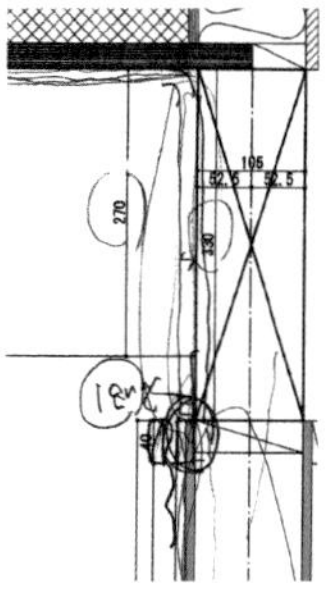


ポリカーボネート・押縁・構造の梁・カーペット・石膏ボード・塗装・断熱材・木ビスといった多様なモノたちが取り合う場所はたくさんあり、都度検討する

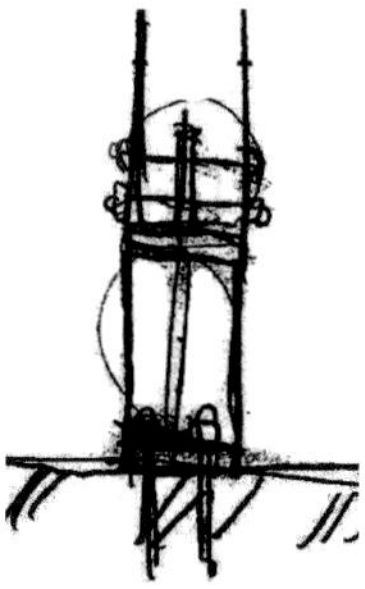

スラブの上にシンダーコンクリートを打設する箇所の柱脚金物の検討スケッチ。金物はスラブに設置、柱はシンダーコンクリート上端に合わせる工夫

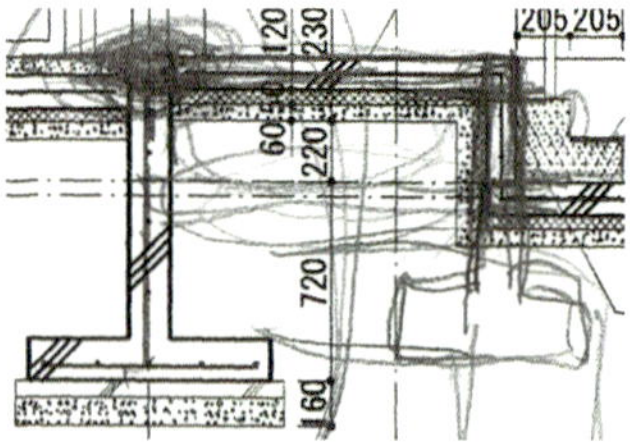


コンクリート階段の最終的な「見え方」を考慮しながらコンクリート打設の順番・取合い・面取り・目地・断熱ラインなどの検討スケッチ

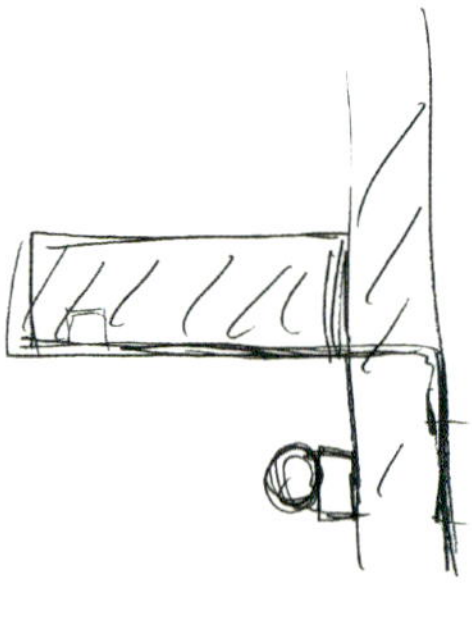

倉庫の水場の上部の棚と棚下灯の検討スケッチ。棚を受ける金物や棚の厚さをイメージしつつ、照明を棚下に埋め込むか、露出で壁に付けるかを考えている

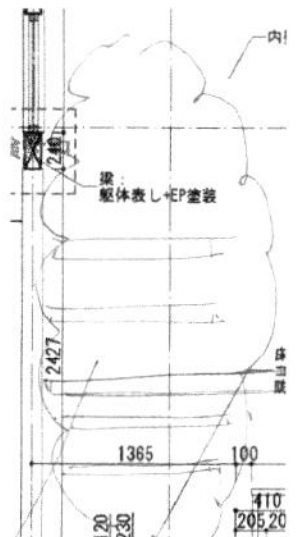


靴の棚の検討スケッチ。幅、奥行き、段数といった簡単な検討と、可動棚レールのレイアウトを考えつつ、違和感が残らないように思考する

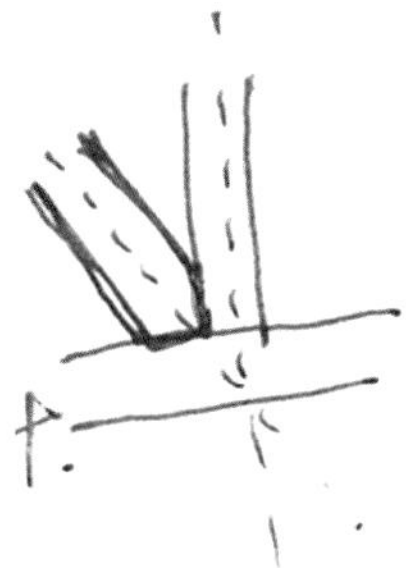

構造家と筋交いの支点の対話のメモ書き。正解のない事柄に対し、対話を続けることで見えてくることがあり、それはある種の必然性だと考えている

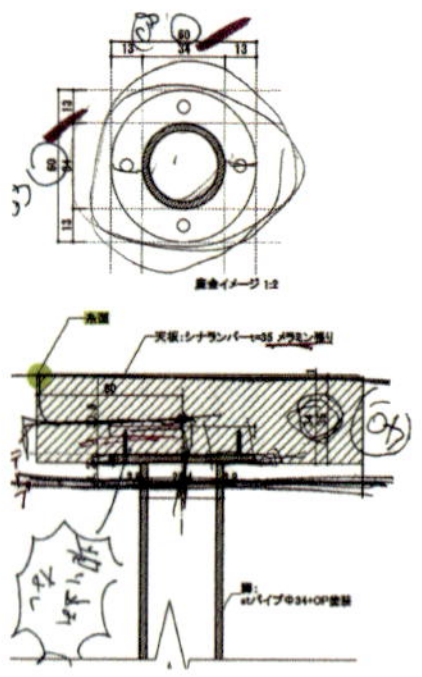

具体的に図面を書いてみて違和感のある寸法を調整していく作業。柱脚のコンクリート床の留め方やカウンターへの留め方や強度なども検討していく

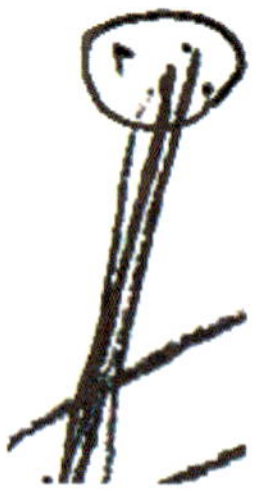

玄関の水場のカウンターを支えるスチール脚のメモ書き。コストを考慮し、施工を簡単に合理的にするための走り書き

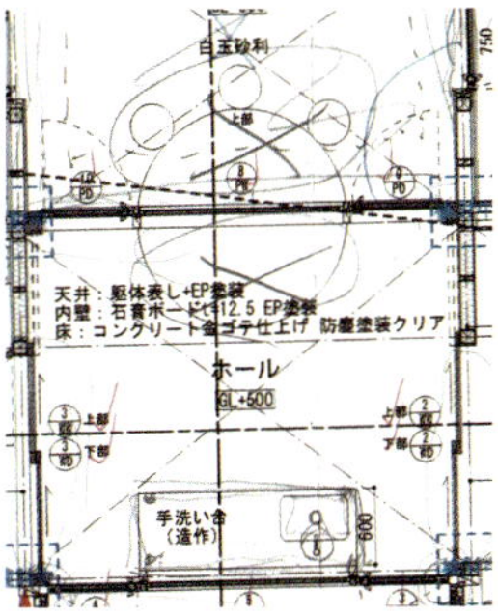


ホール平面の造作家具の検討。内部と外部が連続する大きな丸いスチールのテーブルをつくりたいと考えていたが、コストにより断念する

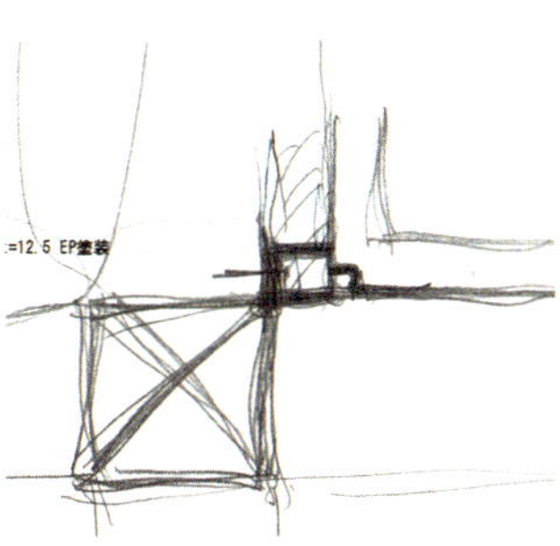


コストにより既製樹脂サッシを使うときは躯体への接続やサッシとサッシのつなぎ方の検討が大変で、さらに寒冷地だと気密性の検討が追加されてさらに大変である

コンクリートの床にコンセントを納める検討スケッチ。構造体のコンクリートと仕上げのシンダーコンクリートの厚みに納まるように木の箱を型枠にして打ち込み、フタも木でつくる

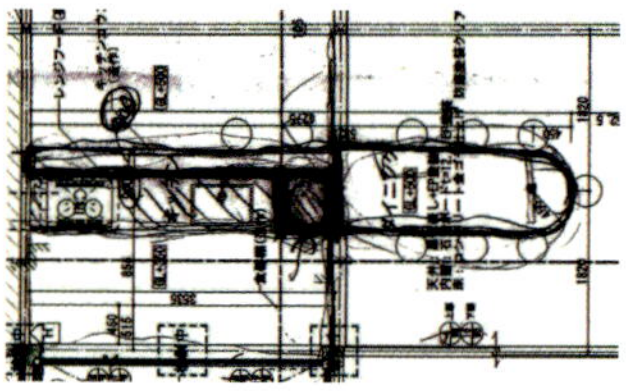

ダイニングキッチンの平面レイアウト検討スケッチ。既製品キッチンとの取り合いやゴミ箱スペースの検討、カウンターの形や幅などの寸法を書き留める

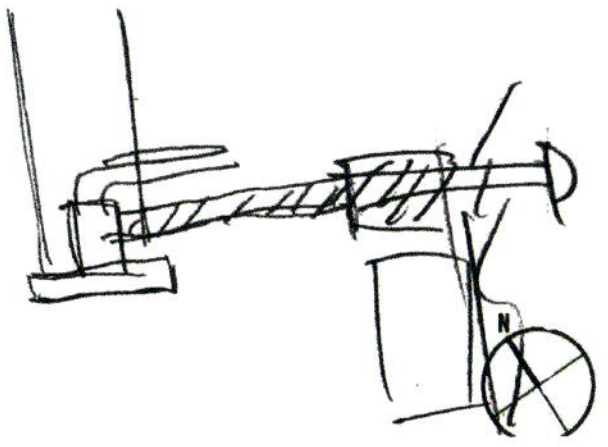

キッチンのレンジーフードの
排気ルートの検討スケッチ。
ここでも木構造を現す空間
なので電気のルート同様に
空気のルートを綿密に考える

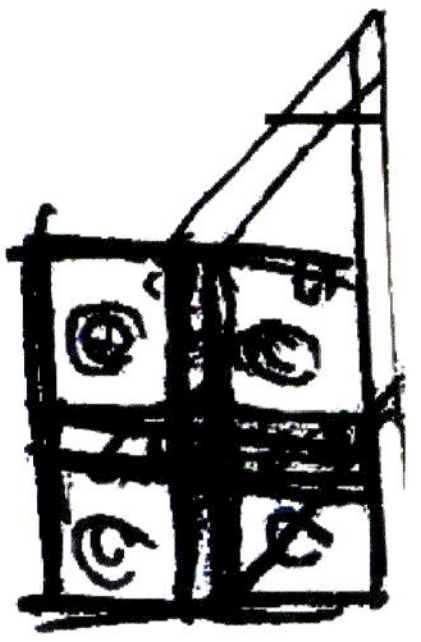

柱脚金物のスケッチ。木構
造の取り合いは丁寧に納
まっていないと気になって
しまう。それとボルトはス
マートではないので、可能
な限り見えないように

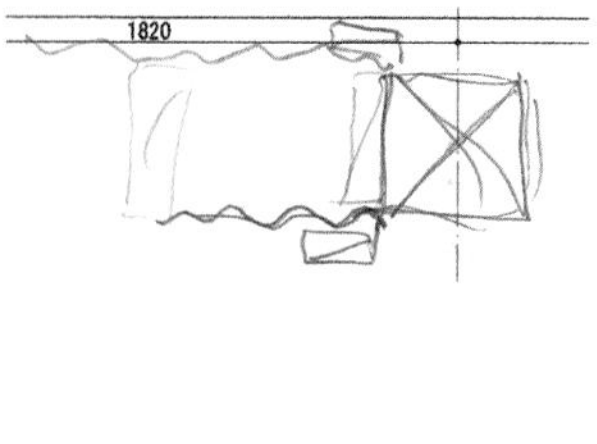



ポリカーボネート波板の検討スケッチ。室内なので波板の小口をなんとなく隠すべきか迷いながらもサンドイッチの側面のような状態もよいかと思う

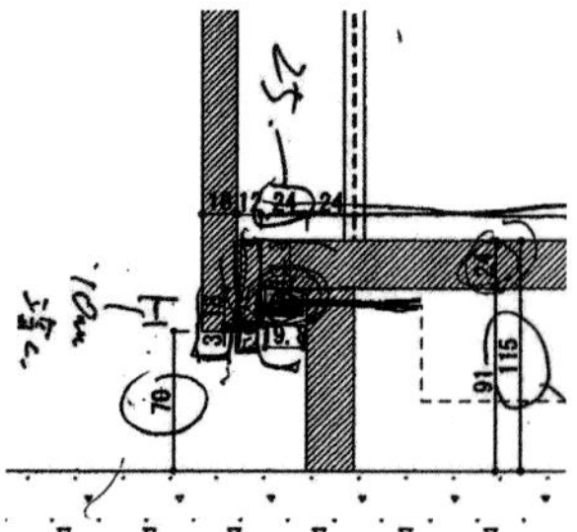

キッチンのバックカウンターの足元照明の検討スケッチ。床から扉の下端寸法や、照明器具に扉をどれくらい被せるのかなど、主に見え方の寸法確認

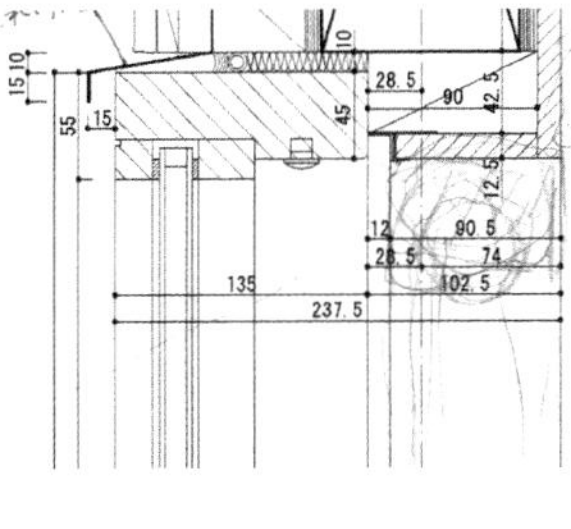


外部に大きく開く大きな開口部断面の検討。このサイズは既製樹脂サッシではつくれないので木製窓を使う。外部は板金による水切り。内部は木枠を巻き込む

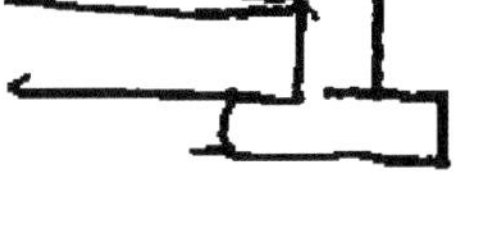

ダイニングキッチンと寝室の間の建具上部のはめ殺しガラスのディテールスケッチ。枠と押縁という一般的な納めをラフに書いてみて別の納めを検討する

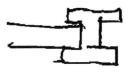

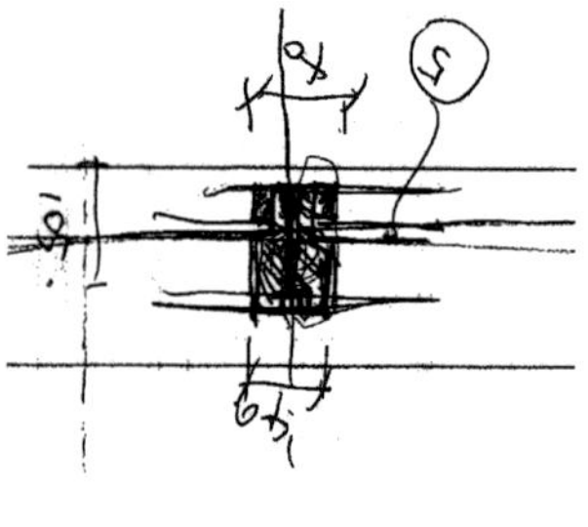

ダイニングキッチンと寝室の間の建具上部のはめ殺しガラスのディテールスケッチ。枠と押縁の「ちり」「見付」の具体的な寸法を検討している

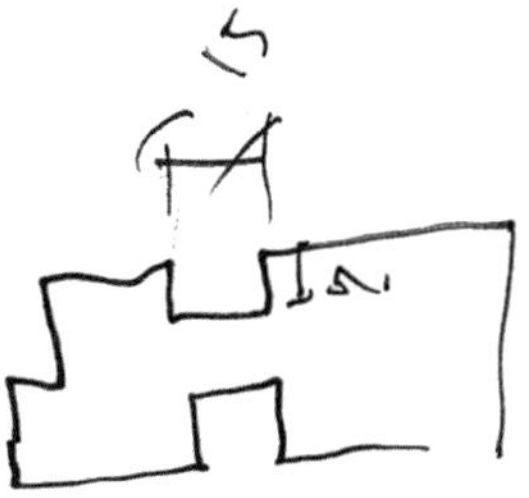

ガラスを支える枠の見付の検討スケッチ。建具屋と相談しながら施工の合理性と同時に、どう見えるか・どう見せるべきか・どうあるべきかを考える

ダイニングキッチンの照明を合理的にコストを抑えてつくる方法のスケッチ。スチールフラットバーをT型に溶接と穴を開け、ワイヤーで吊るす方法の検討

ガラス枠の検討をあれこれスタディしているときに、ガラスとガラスをシールで留める方法もありえるかを書き留めたメモ

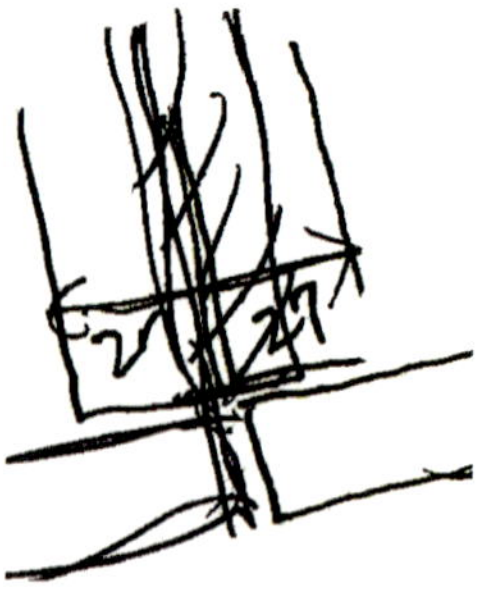

シナベニヤの壁に付く建具の検討スケッチ。目透し貼りのシナベニヤ目地幅と建具と建具の目地を揃えるための思考の痕跡

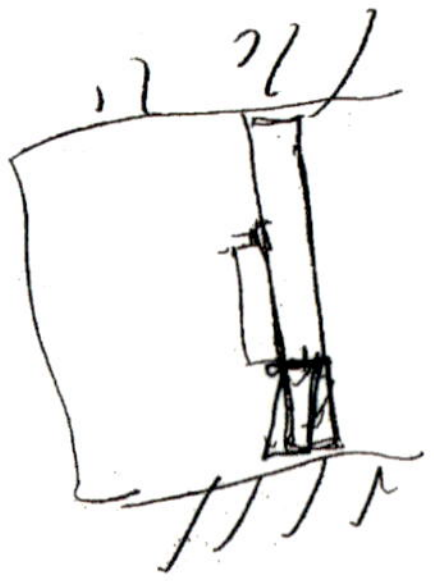

自動掃除ロボットの格納スペースと出入口の検討スケッチ。自動ドアのような扉を考えてみたり、引戸や両開き、せり上がるドアなどを考えているメモ

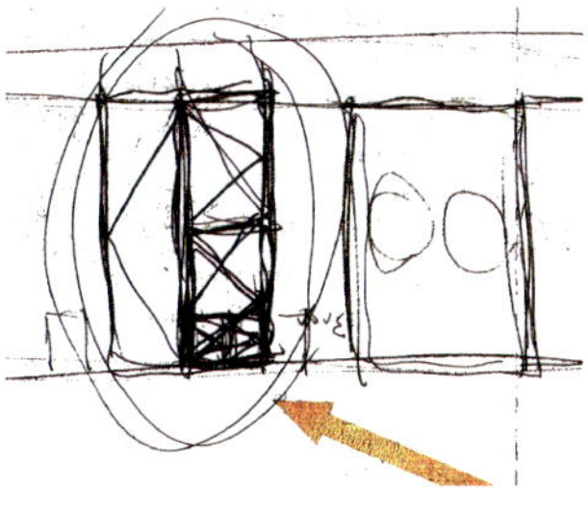

扉の内部用途に応答するための割付検討のスケッチ。建築が完成した後も家電製品の進化は続くのでどう対応しておくべきか未来を想像しながらのメモ

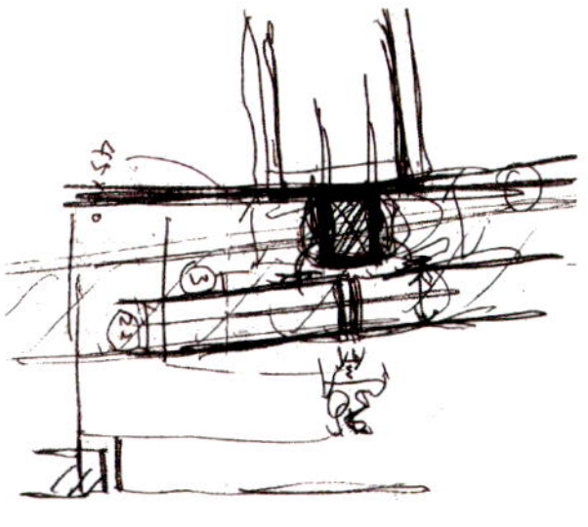

建具の目地をシナベニヤ目地幅と揃えるために特殊ちょう番のカタログをひたすら見続けながら、目地幅を最小にする方法の検討を続けるスケッチ

ベニヤによるルーバーと壁を同面にする検討スケッチ。脱着するための最小限クリアランスを建具屋と対話しながらのメモ書き

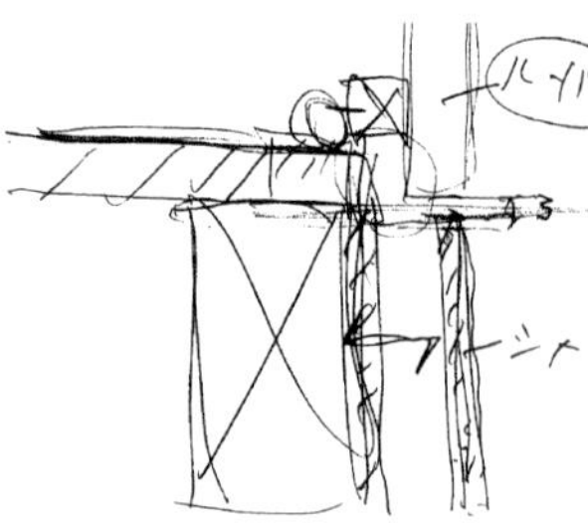


エアコンはどうしても隠したくなる。定番はルーバーだが、コストを考慮して薄いベニヤでつくる。脱着可能なディテールとしつつシナ合板の壁との取合いメモ

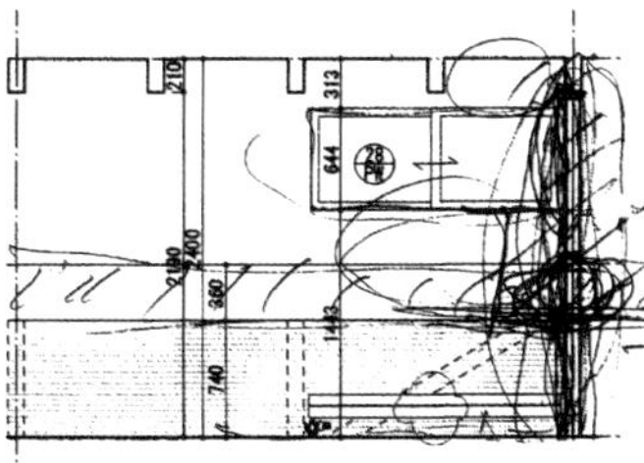

2階の書斎スペースの造作棚の検討スケッチ。ポリカーボネート波板や樹脂サッシや現しの梁などとの取り合いを考慮しつつ思考するメモ

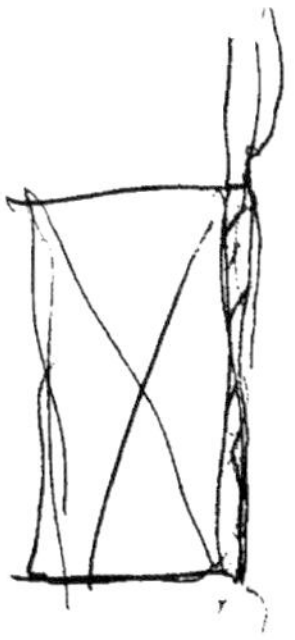

寒冷地の建築はおおむね大壁でつくるので、梁の上に載る壁の躯体も梁幅と同じになる。石膏ボードの厚み分、梁より出っぱるがどうしようかと悩んでいるスケッチ

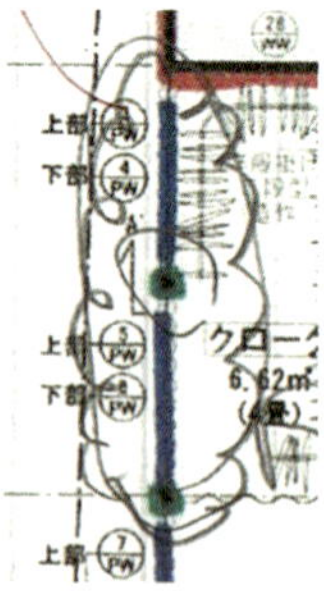


筋交いの入れ方について構造家との対話スケッチ。Low-E複層ガラスをポリカーボネートでサンドしたトリプルスキンに筋交いが浮かび上がるイメージメモ

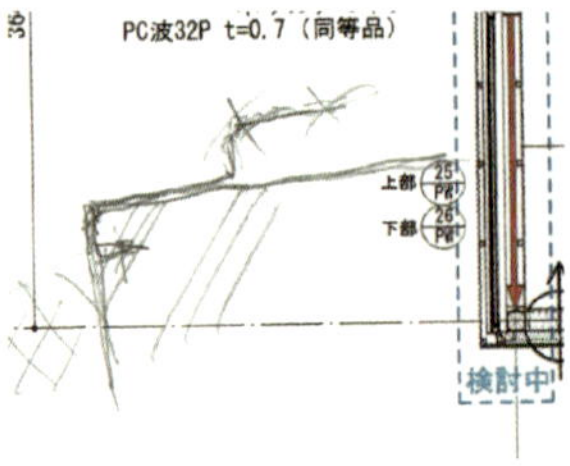


南西角のポリカーボネート波板と構造用合板による下見板とのコーナー取り合いの検討スケッチ。内部と違い、雨仕舞いと気密性への配慮が必要となる

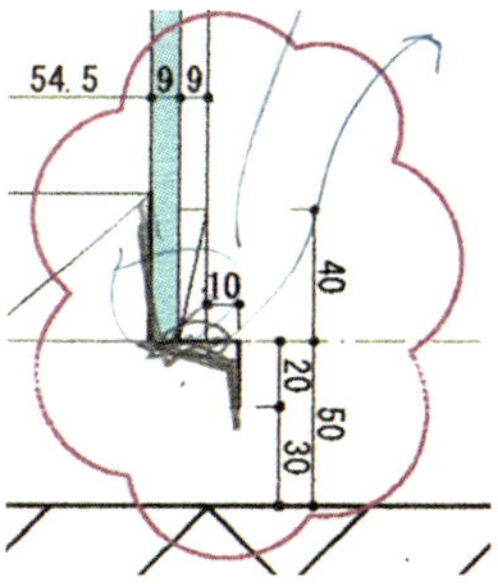


ポリカーボネート波板と土台水切り検討スケッチ。板金による水切りの見付は20mm、設計GLからの高さなどを検討。地面に可能な限り近づけたい

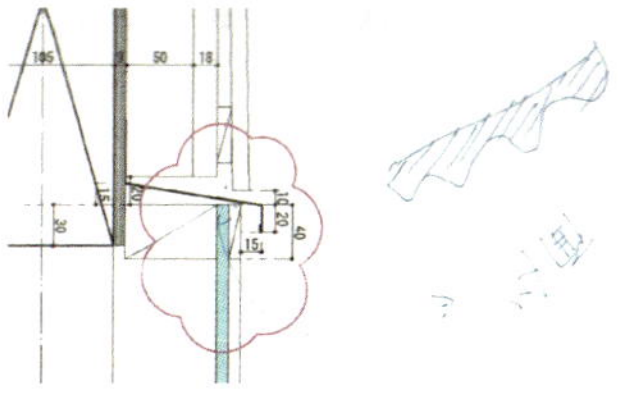

ポリカーボネート波板の上部納まり検討。通気層から水が抜けるように板金で水切りを付けるが、小口の寸法は最小とし、押縁の面より15mm出すメモ

3

# 島田 陽

Yo
Shimada

島田 陽（しまだ・よう）
建築家

–

1972年　神戸生まれ
1997年　京都市立芸術大学大学院修了後、
直ちにタトアーキテクツ設立
現在、京都市立芸術大学教授

–

主な受賞に「六甲の住居」でLIXILデザインコンテスト2012金賞、第29回吉岡賞受賞、「石切の住居」で2016年度日本建築設計学会賞大賞、「ハミルトンの住居」でNational Commendation, AIA National Architecture Awards、「宮本町の住居」でDezeen Awards2018 House of the Year受賞

子ども室からリビング・ダイニングを見下ろす。右上に寝室、左上にインナーテラス

# 白川の住居 (2022)

# かたちとたちかた

住宅において、隣地や周辺から家族の間まで、内外でそれぞれの関係をつくり出し、調整する距離の設計――「かたち」と「たちかた」がもっとも重要だと考えています。

ここで取り上げる「白川の住居」の平面は長方形と三角形の床がスキップフロア状に組み合わされ、さまざまな高さでばらまかれています。

各室の接点として機能する二つの三角形の床は一方を極薄の60㎜厚とし、一方は75㎜厚のルーバー床です。極薄の床は物理的に、ルーバー床は視線や光をつなげることで階同士の距離を近づけています。不定形な形態のあちこちに最低限の床が架けられ、細胞が空隙をつくりながら連結していく緑藻、クンショウモのように、三角形の隙間を保ちながら連結していく。一室空間的な一体感がありつつも、それぞれの距離や動線は不均質な、近くて遠い距離感が生まれました。

正方形と正三角形を組み合わせた平面は「北摂の住居」（2015）で試みていますし、約700㎜の段差で連なっていく規則的なスキップフロアは「宮本町の住居」（2017）や「高槻の住居」（2017）で試みています。「北摂の住居」と「宮本町の住居」がハイブリッドされ、より不均質になったのがこの住宅といえるでしょう。形式性を強め、均質な幾何学で構成すると迷路性が高まり、どこまでも続くような感覚が生まれるのですが、この住宅では距離感が一様でなくなるように幾何学を崩しています。その上で各部に色や特徴的な素材を置き、それぞれの床に少しだけ異なる意匠を与えています。できあがった構成になるべくシンプルに屋根を架け、波板で一体に包んだ結果、増築によって生まれたようにも、一体的にも見える、不定形な不格好さが好ましい外観となっています。

なぜこのような住宅となったのか、そのプロセスをここからお見せします。

**宮本町の住居**
**スキップフロア概念図**
二つのらせん状の動線がリビングで出会い、また離れていく

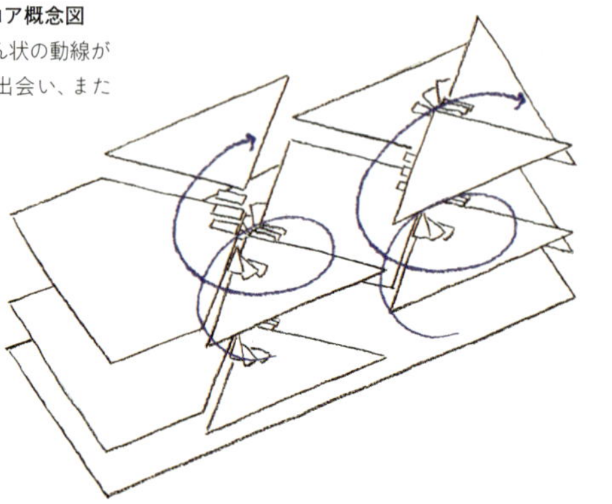

**白川の住居**
**スキップフロア概念図**
一本のらせんが枝分かれして、最終的にまた出会う。吹き抜けに階段を配置することで、より自由な階の構成となっている

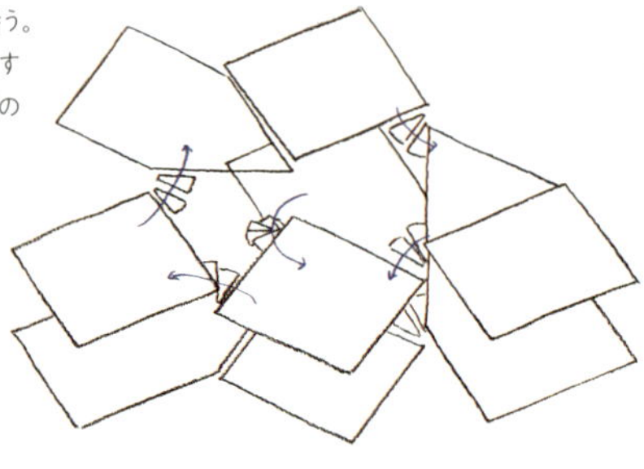

**らせん状のスキップフロアの基本構成**
机としても使える700mmを基本として一周すると2800mmの階高となり、隣の床との間に床厚200mmを引くと、ちょうど1900mmの開口ができる。「高槻の住居」や「白川の住居」は「宮本町の住居」の床の段差700mmに対して、法の制限いっぱいの蹴上＝230mm×3=690mmの床の段差とし、階段をより小さく納めている

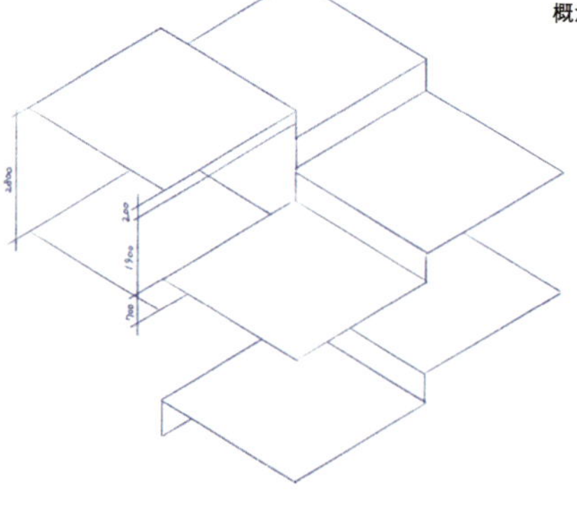

**コリンズ格子を使った概念図**

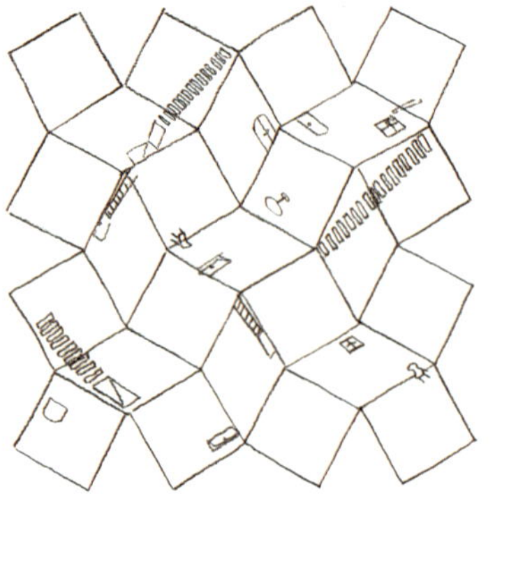

宮本町の住居

高槻の住居

北摂の住居 空撮

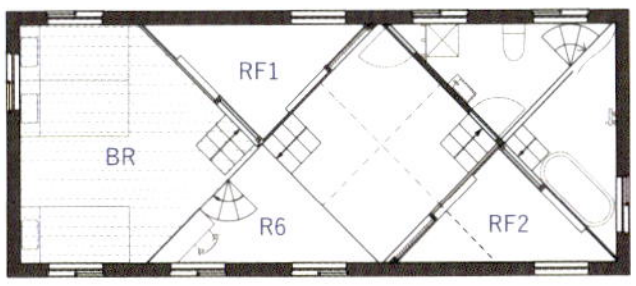


宮本町の住居 平面図　S=1/100

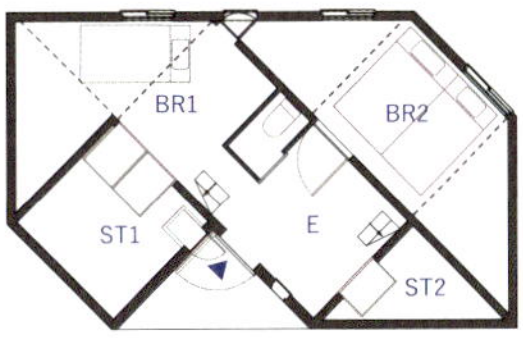


高槻の住居 平面図　S=1/100

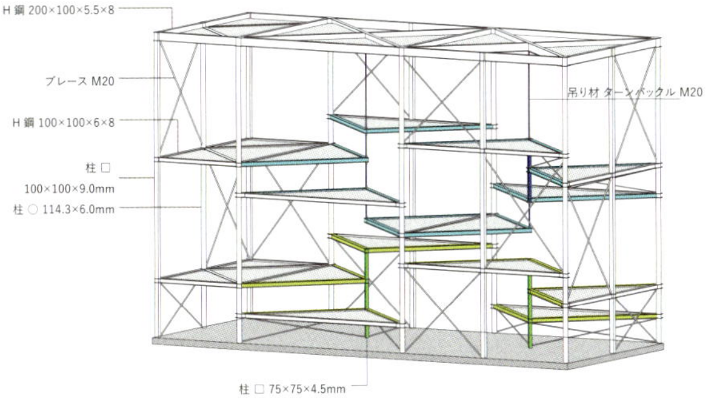


宮本町の住居 構造ダイアグラム

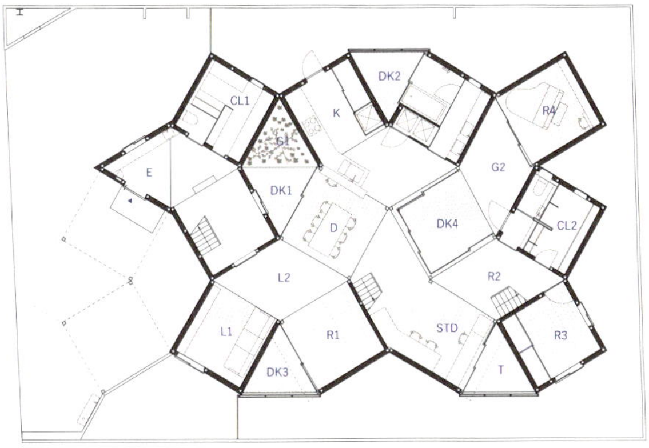


北摂の住居 1階平面図　S=1/100

白川の住居 外観

## Site（敷地）

敷地は1970年代に山を切り開いて造成された住宅地で、南北二つの道路に接道していました。車庫付きの南側道路からは一段上がり、閑静な北側道路は植栽が植えられた遊歩道です。既存ガレージに構造的負担をかけない配置を考える必要がありました。周囲の住宅は南側を庭として大きく開ける一方、その他の東西、北側は敷地いっぱいに建てられていました。そこで周辺の建ち方にならって、いくつかの案を試行してみました。

## A案／B案

予算は限られていたので、シンプルな案から考えはじめました。周囲の建ち方にならって東西は民法における境界まで建てて南北に庭をつくり、1階は1室とし、2階は個室と吹き抜けとしています。1階の階高はなるべく抑えて、吹き抜けを介して2階まで一体となるような計画としました。予算に合わせて床面積も絞ったA案と、要望優先のB案を検討。

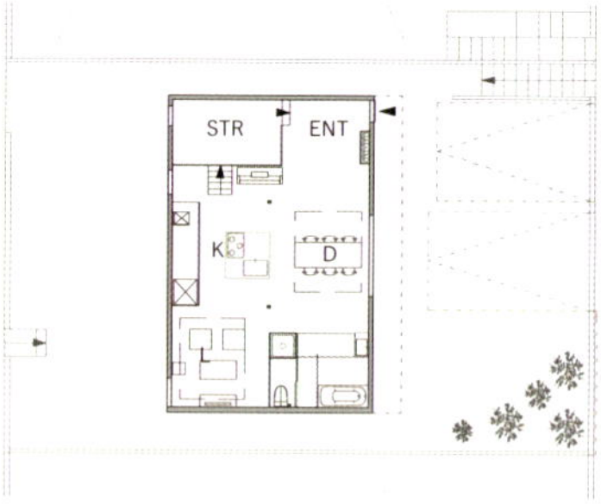


1F

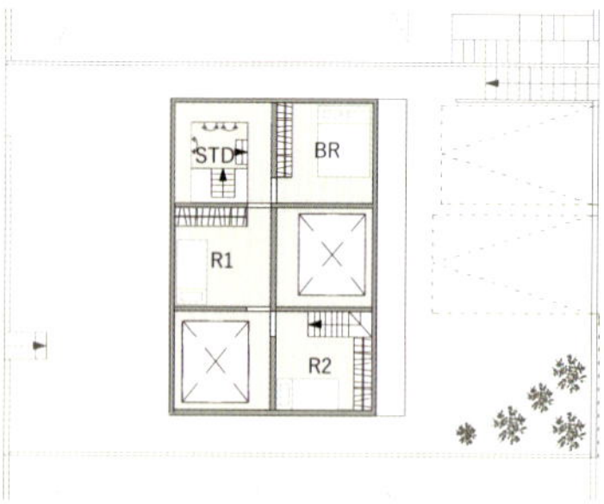


2F

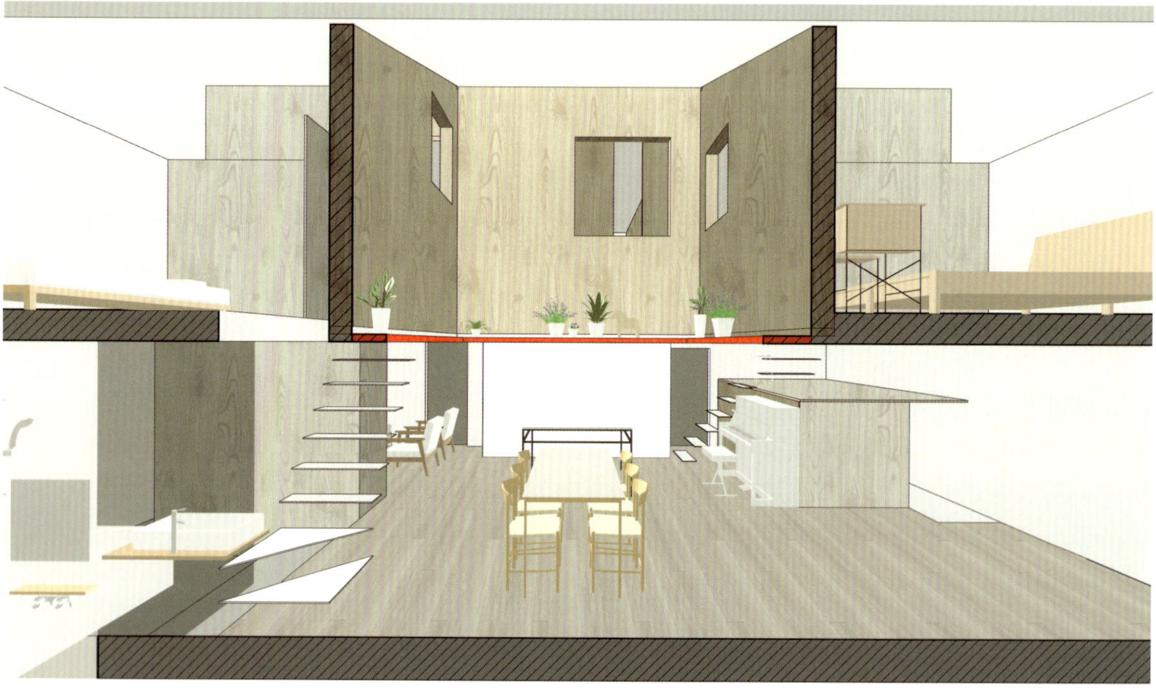

## C案

小さな平面形を三層積み上げる案で周辺と距離を取ることが可能で、ほぼ同時期に考えていた「明石の住居」(2024)と同じような考え方ですが、内部空間が階で分断されすぎるのが気になりました。

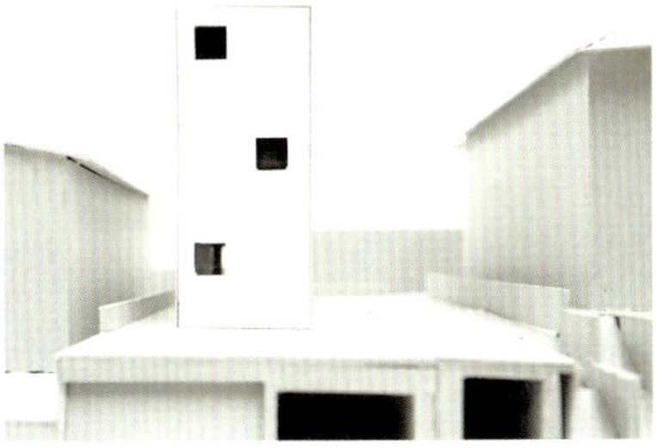

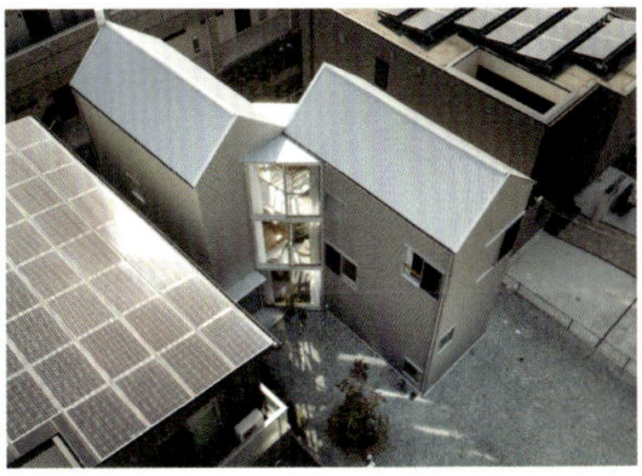

明石の住居

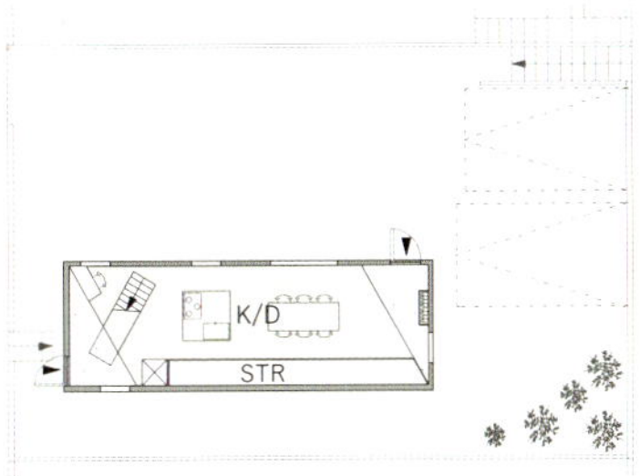


1F

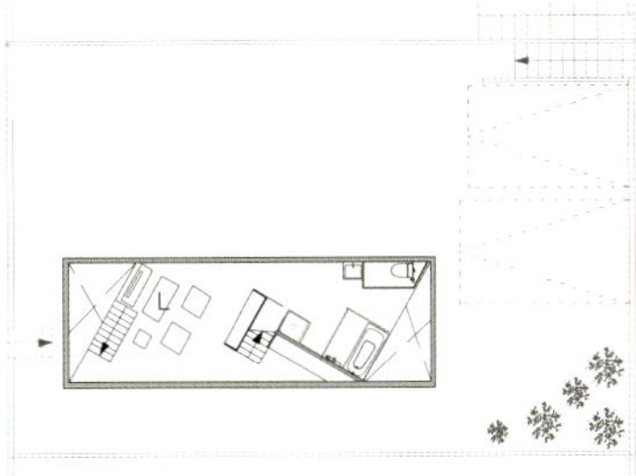


2F

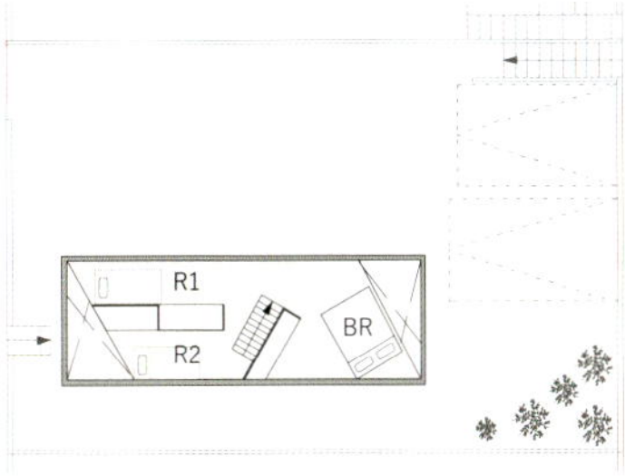


3F

## D案

以前「譲葉山の住居」(2016)等で試みた、囲われた庭と一体化した高床式の2階を発展させた案。広い敷地で周囲にも庭が取れますが、この敷地に対しての建ち方として正しいのか、疑問が残りました。

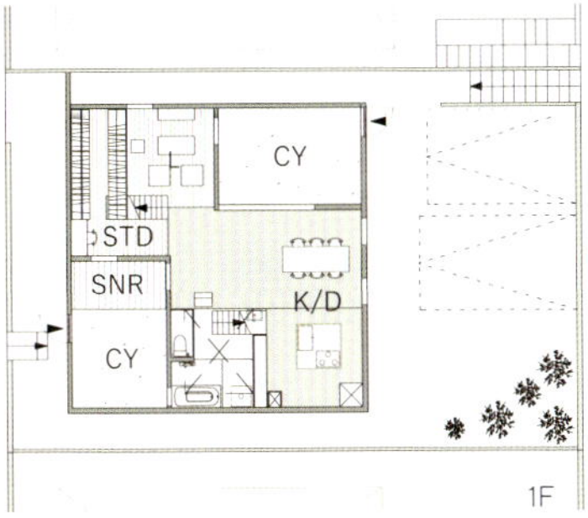


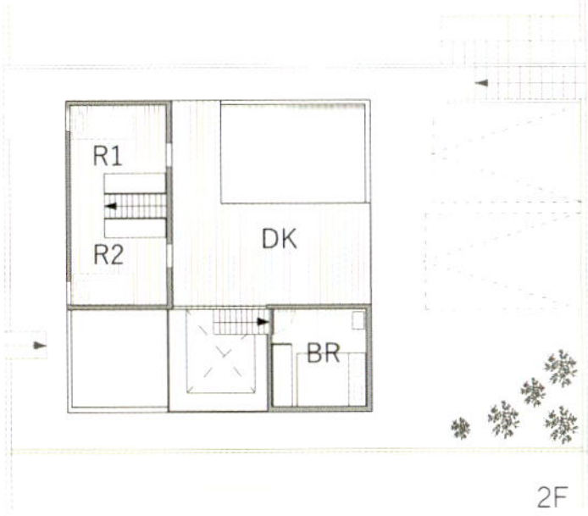


平面図凡例

| | | | |
|---|---|---|---|
| L | リビング | SNR | サンルーム |
| K/D | ダイニングキッチン | STD | 書斎 |
| DK | デッキ | STR | 納戸 |
| BR | 寝室 | GR | ゲストルーム |
| R | 室 | CY | 中庭 |

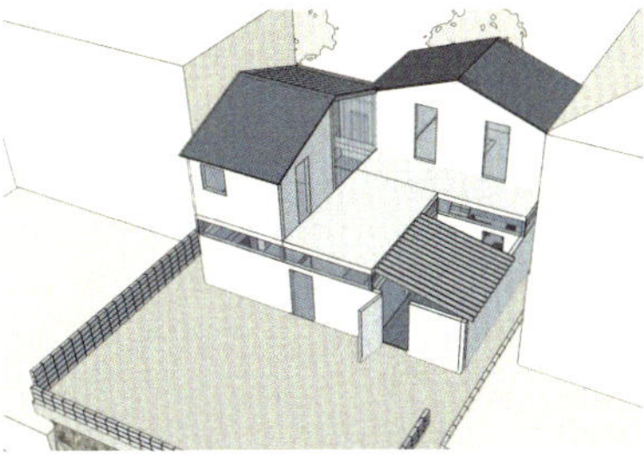

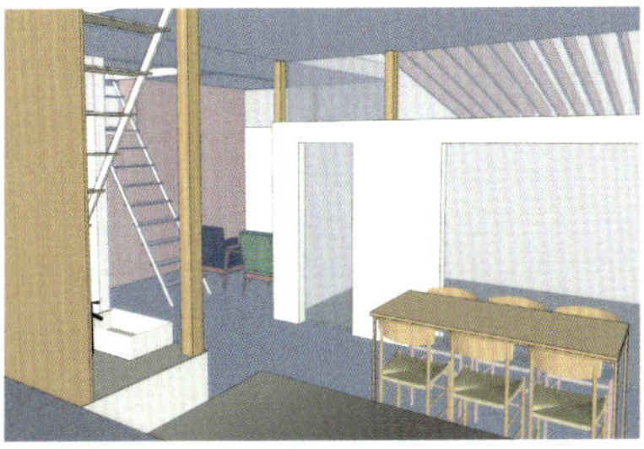

譲葉山の住居

建築費は2700万-上限3500万として、それぞれの案の必要面積から坪単価を算出して実現難易度を想定。建主とも打ち合わせし、予算から逆算して計画したアイデア（A-C案）や、予算上実現が難しそうなD案でなく、E案でひとまず進めることに。

# E案

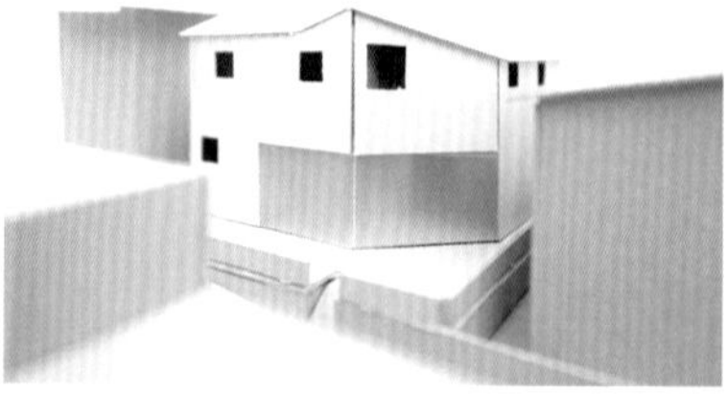

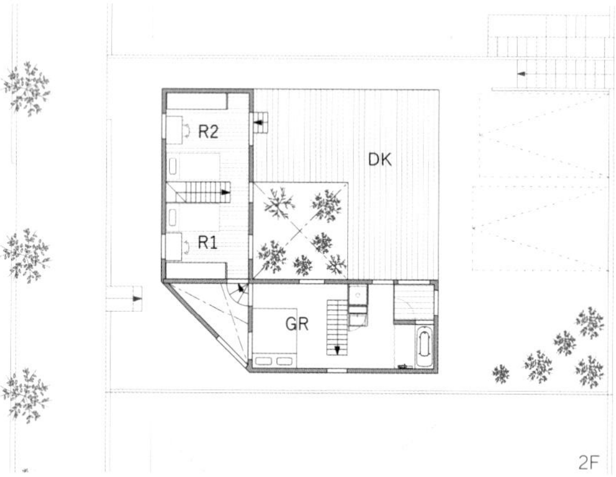


A

B

C

D

E

| | 建築面積 | 延べ床 | 2700万 | 3500万 |
|---|---|---|---|---|
| A | 49.68㎡<br>15.05坪 | 83.16㎡<br>25.2坪 | 32.46万/㎡<br>107.9万/坪 | 42.08万/㎡<br>138.8万/坪 |
| B | 61.40㎡<br>18.61坪 | 106.24㎡<br>32.19坪 | 25.41万/㎡<br>83.87万/坪 | 32.94万/㎡<br>108.7万/坪 |
| C | 39.65㎡<br>12.02坪 | 97.15㎡<br>29.44坪 | 27.79万/㎡<br>91.17万/坪 | 36.02万/㎡<br>118.8万/坪 |
| D | 66.08㎡<br>20.03坪 | 122.4㎡<br>37.09坪 | 22.05万/㎡<br>72.79万/坪 | 28.59万/㎡<br>94.36万/坪 |
| E | 82.43㎡<br>24.98坪 | 154.55㎡<br>46.83坪 | 17.47万/㎡<br>57.65万/坪 | 22.64万/㎡<br>74.73万/坪 |

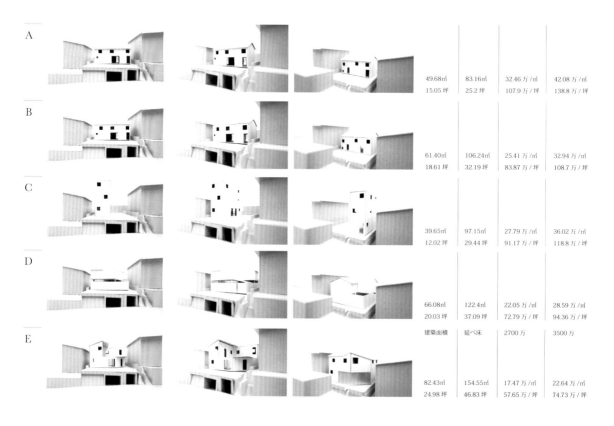

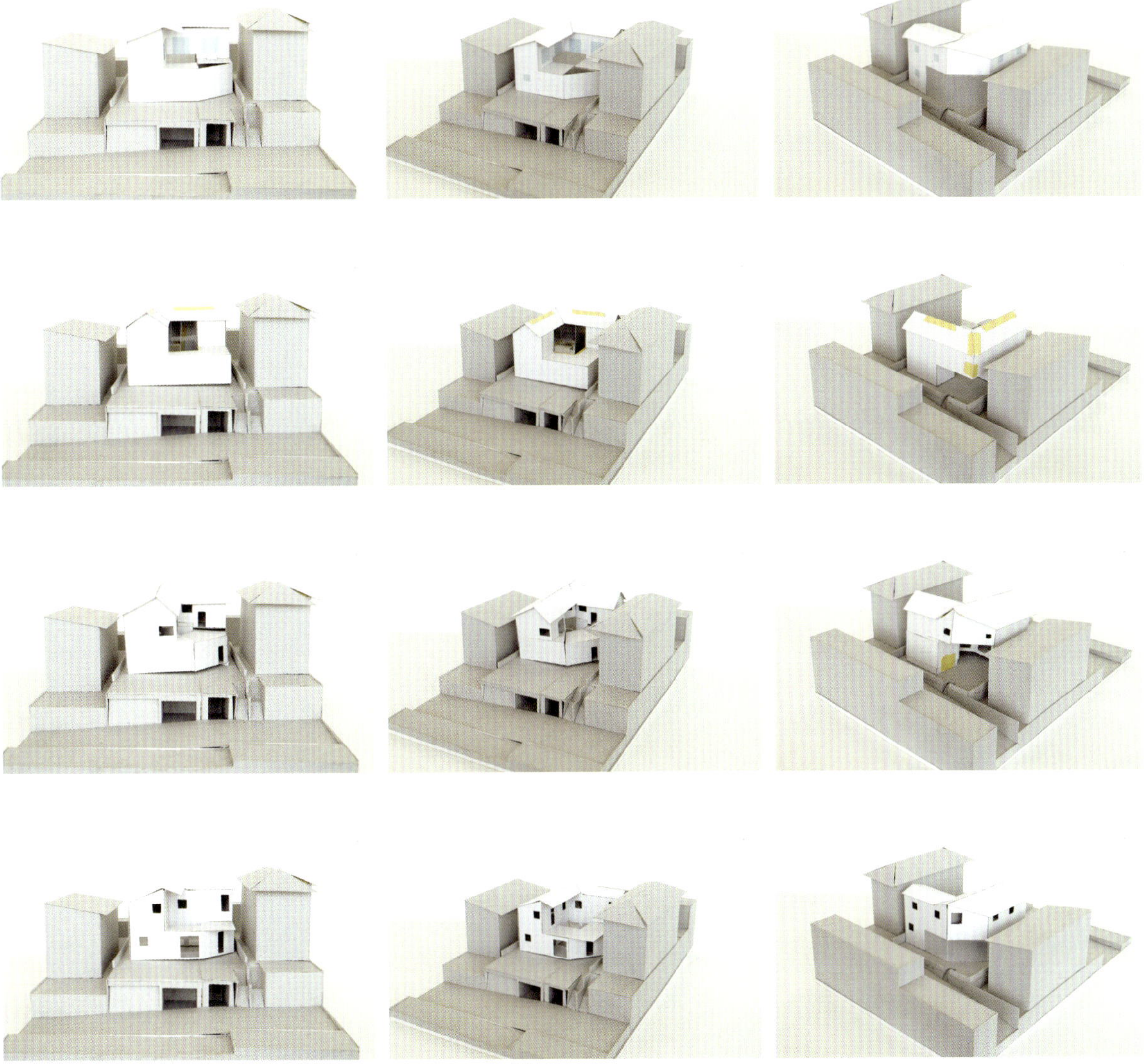

屋根形状、開口の位置などを模型で検討

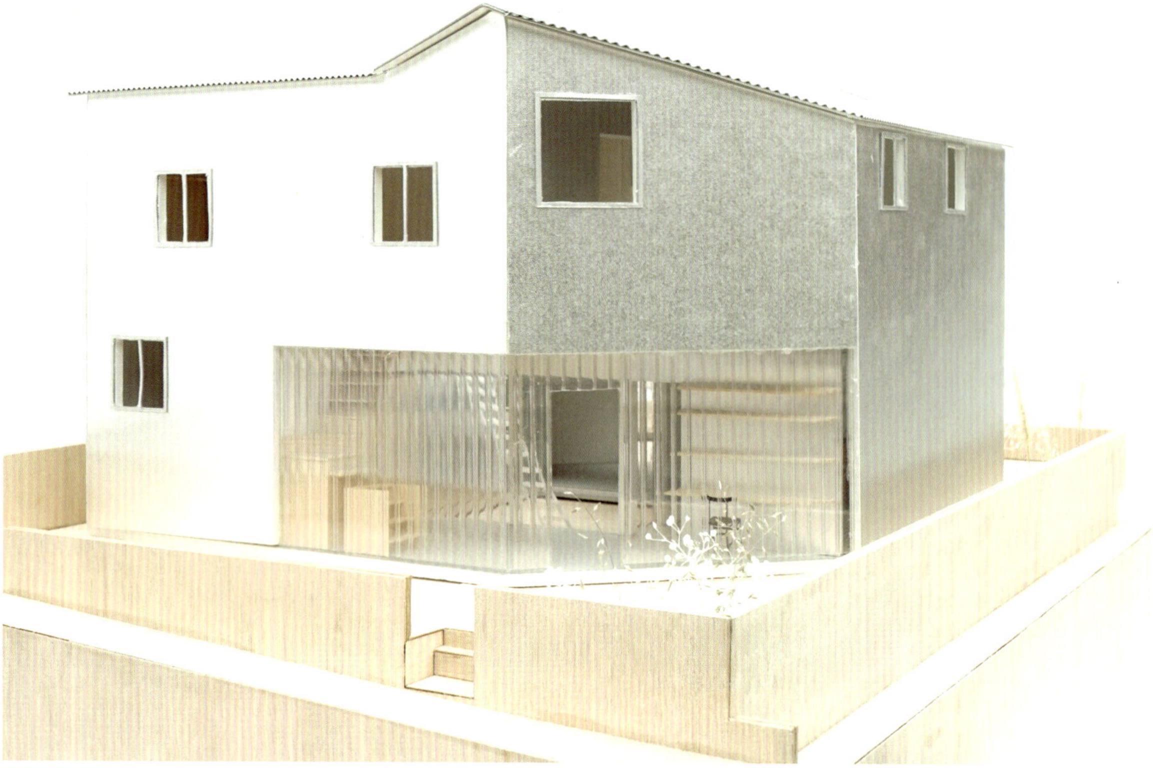

中庭を内包した案は北側と南側で表情が異なり、複雑な経路による部屋同士の距離感など気に入っていていましたが、やはり予算面で心配な点があり、別方向から再度、案を考えてみることに。

複雑さと単純さを同時に成り立たせたいと考えたF案は、「北摂の住居」のコリンズ格子による平面と「宮本町の住居」のスキップフロアが混ぜ合わされたような案で気に入っていましたが、やはり予算面で気がかりな点がありました。

## F案

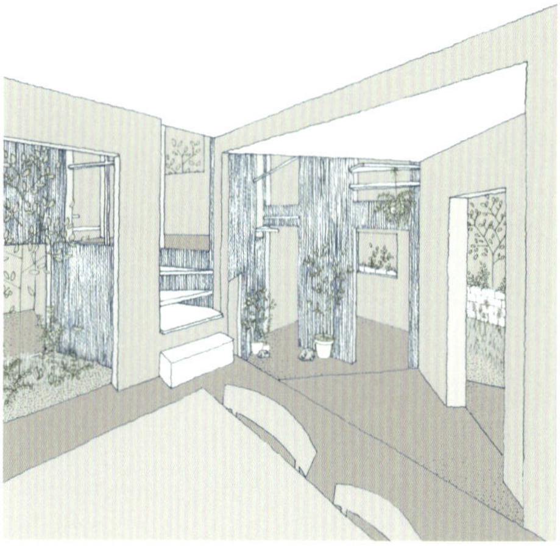

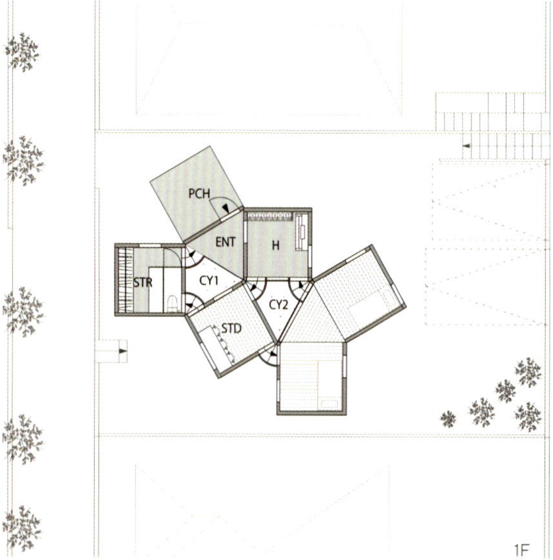


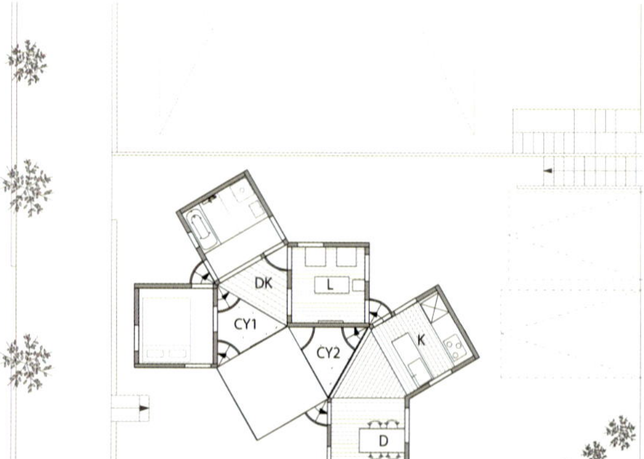

内観CG　二つの中庭をもつ複雑な構成

予算面から厳しそうなF案をより単純化したG案。ですが、少しシンプルすぎる懸念も。
中庭もあり外壁量は多く、それも懸念点でした。

# G案

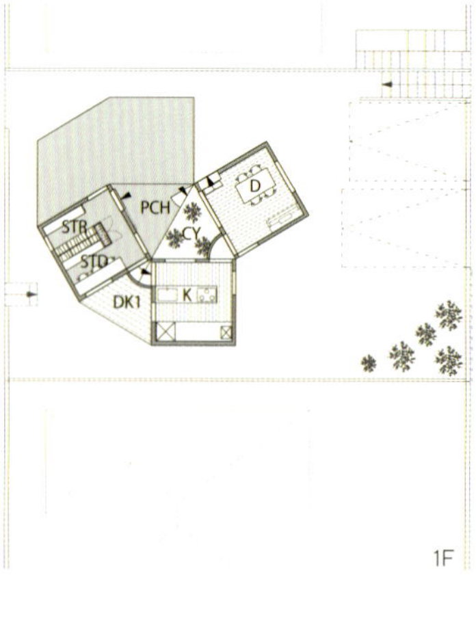


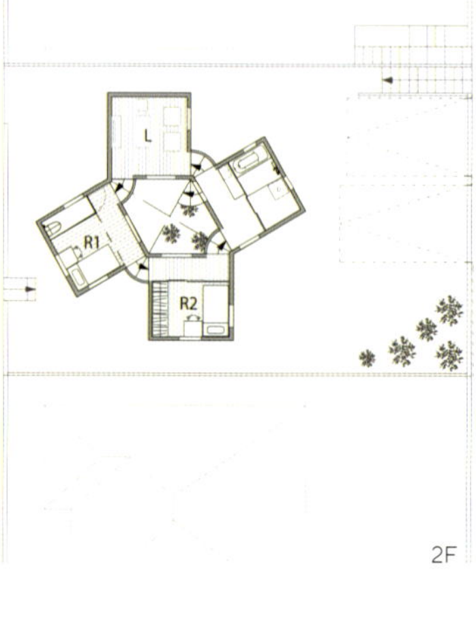


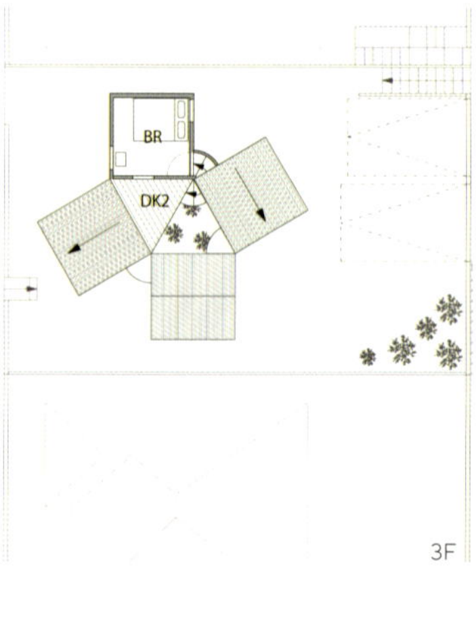

# H案

いままで中庭だった部分を室内化することで、予算面の懸念点を解消。屋根も単純になった。
外観は家型の合成でどことなくA案の感じも生まれた。

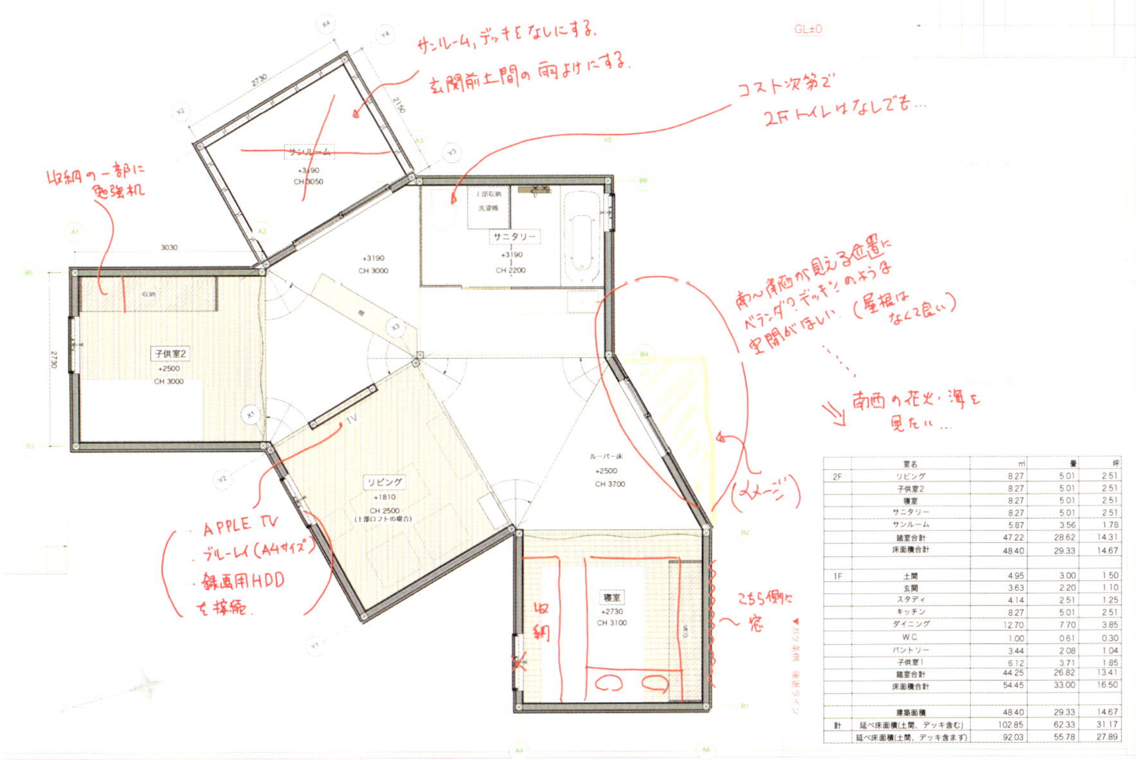


| | 室名 | ㎡ | 畳 | 坪 |
|---|---|---|---|---|
| 2F | リビング | 8.27 | 5.01 | 2.51 |
| | 子供室2 | 8.27 | 5.01 | 2.51 |
| | 寝室 | 8.27 | 5.01 | 2.51 |
| | サニタリー | 8.27 | 5.01 | 2.51 |
| | サンルーム | 5.87 | 3.56 | 1.78 |
| | 諸室合計 | 47.22 | 28.62 | 14.31 |
| | 床面積合計 | 48.40 | 29.33 | 14.67 |
| | | | | |
| 1F | 土間 | 4.95 | 3.00 | 1.50 |
| | 玄関 | 3.63 | 2.20 | 1.10 |
| | スタディ | 4.14 | 2.51 | 1.25 |
| | キッチン | 8.27 | 5.01 | 2.51 |
| | ダイニング | 12.70 | 7.70 | 3.85 |
| | W.C. | 1.00 | 0.61 | 0.30 |
| | パントリー | 3.44 | 2.08 | 1.04 |
| | 子供室1 | 6.12 | 3.71 | 1.85 |
| | 諸室合計 | 44.25 | 26.82 | 13.41 |
| | 床面積合計 | 54.45 | 33.00 | 16.50 |
| | | | | |
| | 建築面積 | 48.40 | 29.33 | 14.67 |
| 計 | 延べ床面積(土間、デッキ含む) | 102.85 | 62.33 | 31.17 |
| | 延べ床面積(土間、デッキ含まず) | 92.03 | 55.78 | 27.89 |

打ち合わせ後の平面メモ

# 実施設計

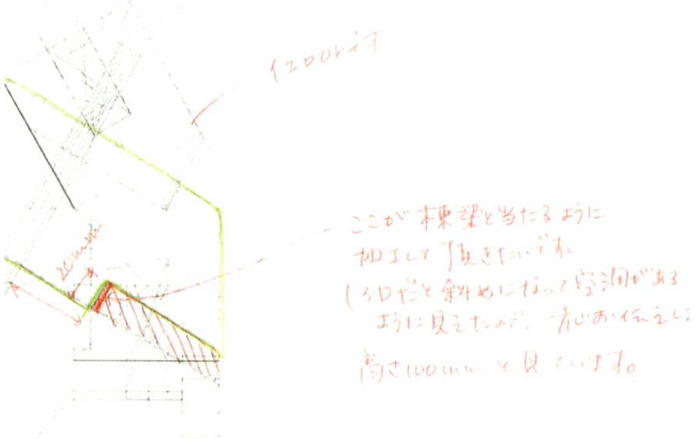

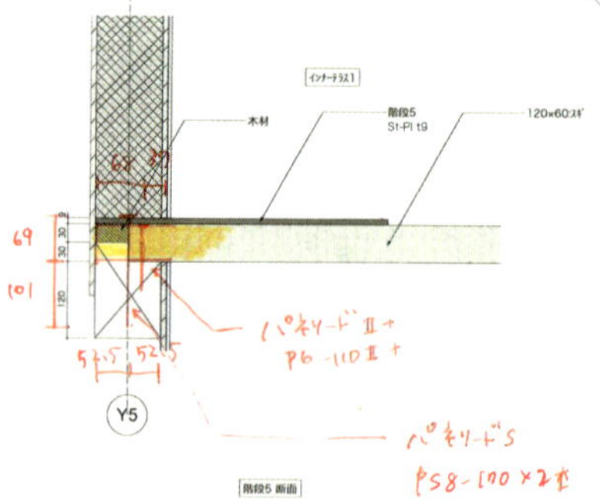


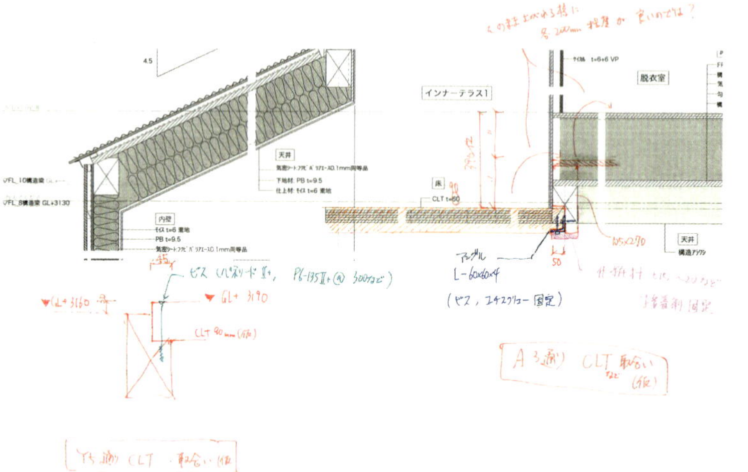


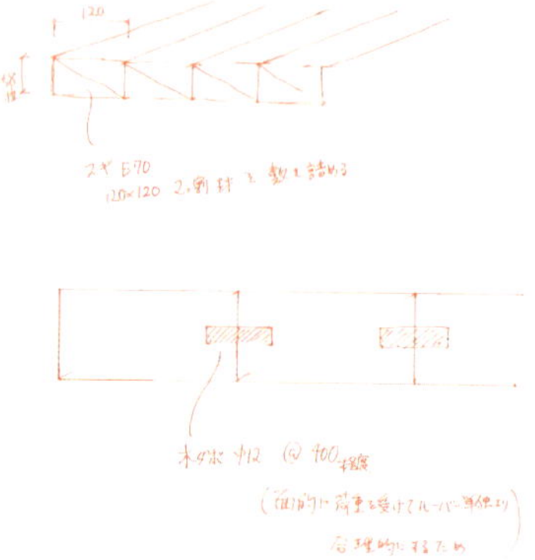

**インナーテラスの床の構造相談**

CLTとすること等も検討しましたが、最終的にシンプルに木材を敷き詰めてダボで連結させることに

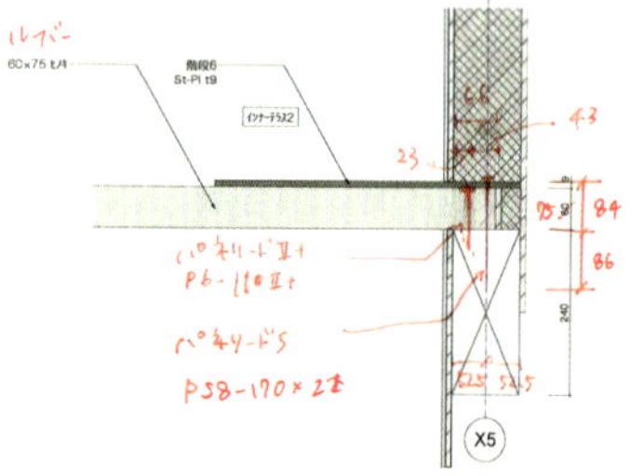


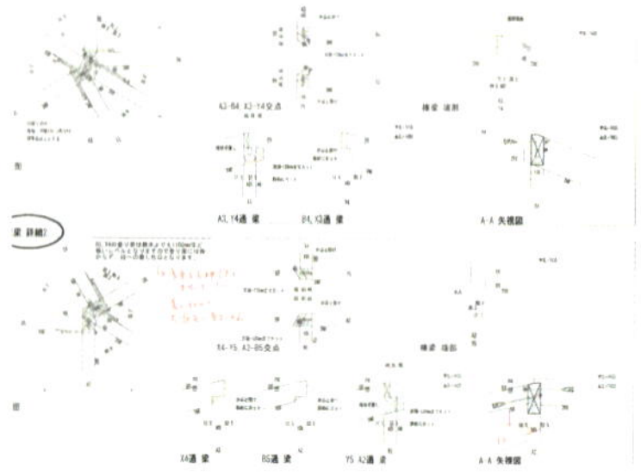

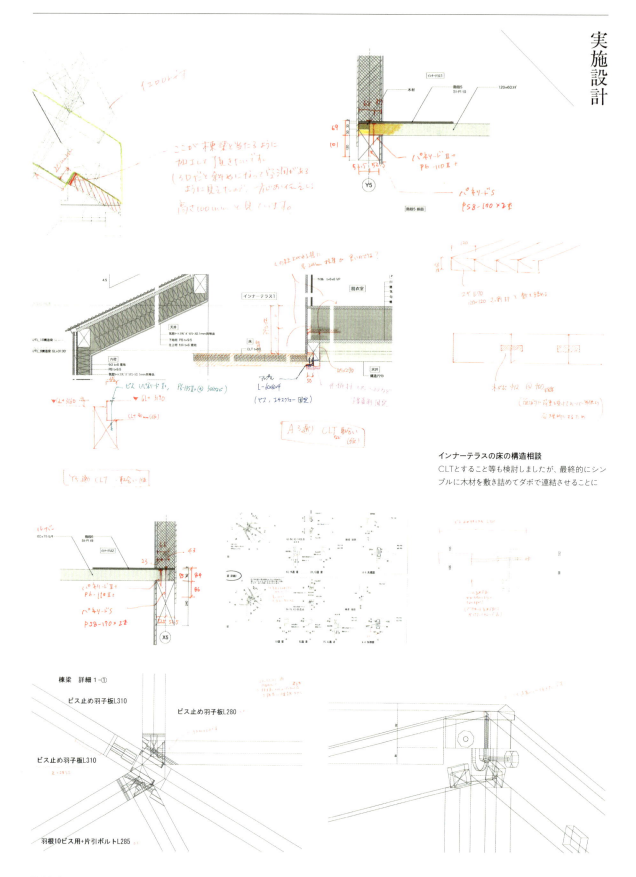

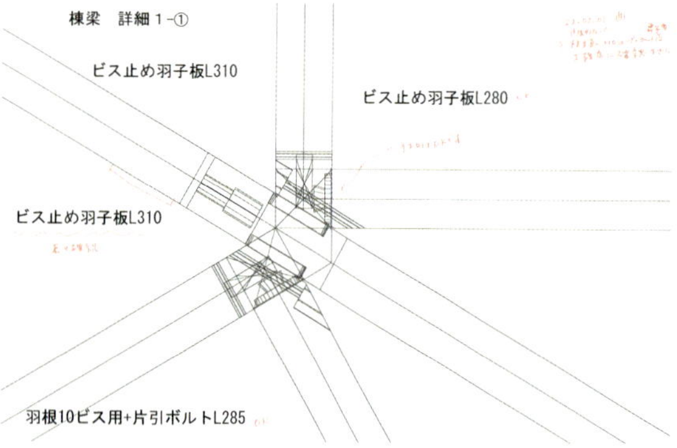


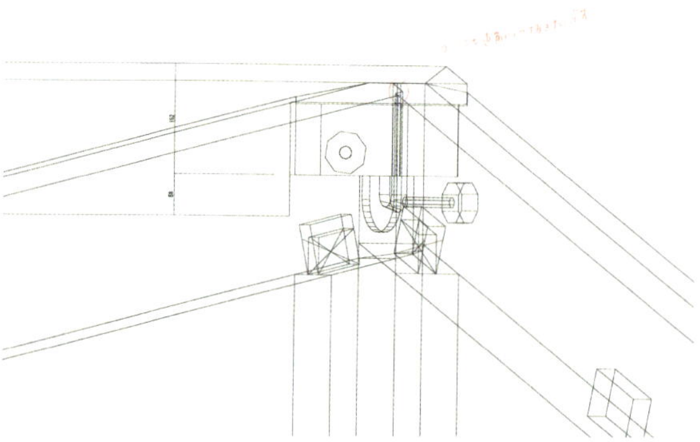

構造家（tmsd／萬田隆構造設計事務所）を交えてプレカット図のチェックバック

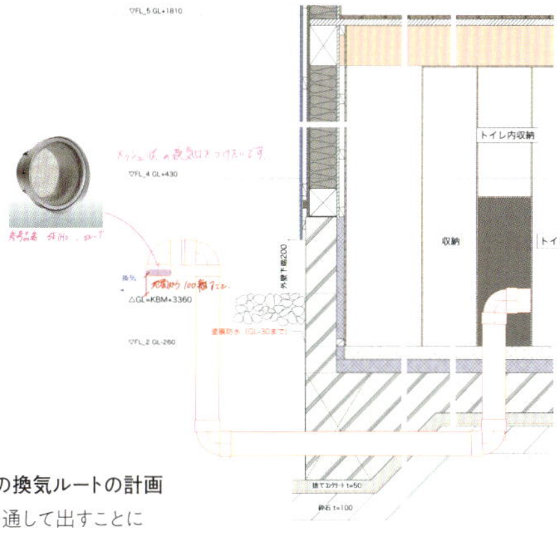


**トイレの換気ルートの計画**

土中を通して出すことに

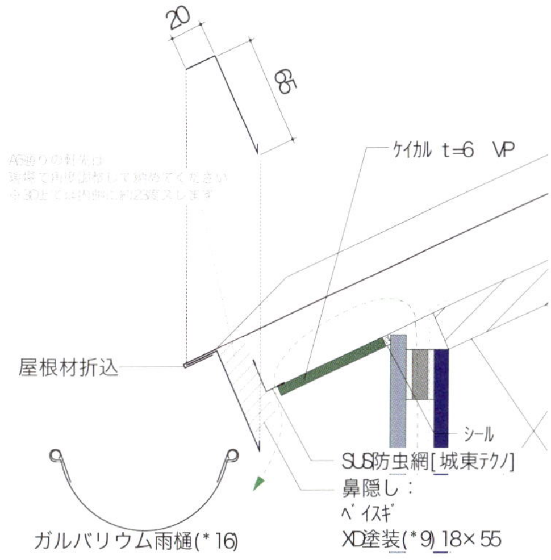

**けらば部板金の原寸模型によるスタディ**

# 階段形状

階段初期案

スキップフロアをつなげる階段は、吊り込み方などの施工性も考えて柱とは接合せずに、梁に架け渡す形で検討を進めました。初期は梁側面に打ち込みを検討しましたが、クレーンなどを使わずに施工できるよう、梁上端に載せることで約100kgの階段を人力で設置することができるような形状としています。

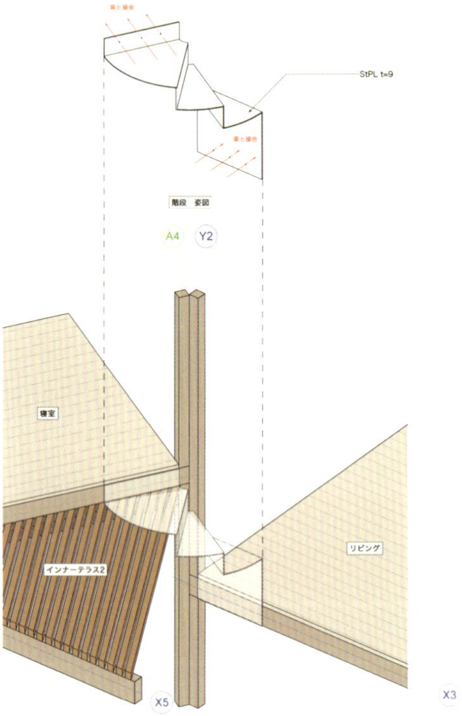


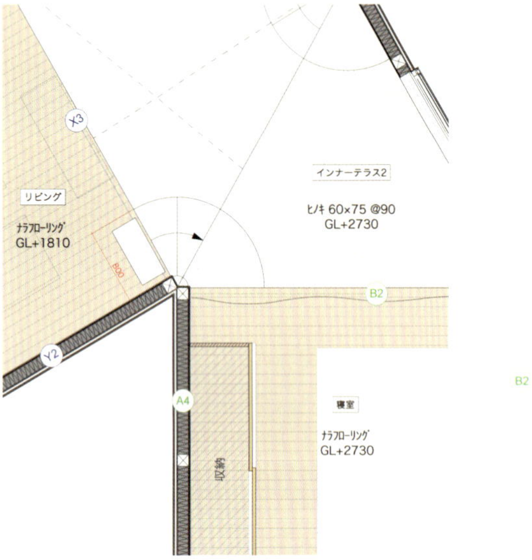


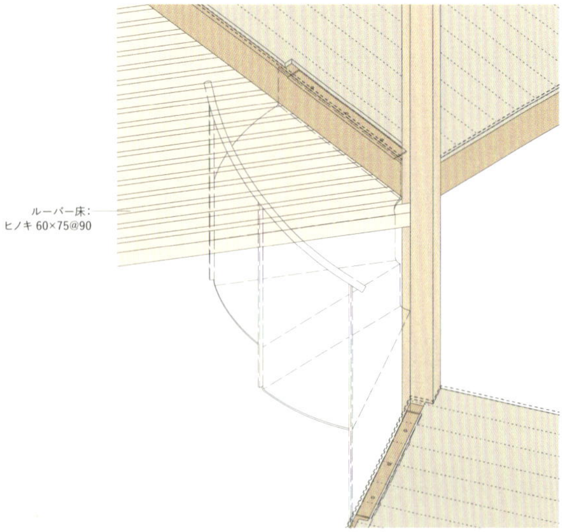


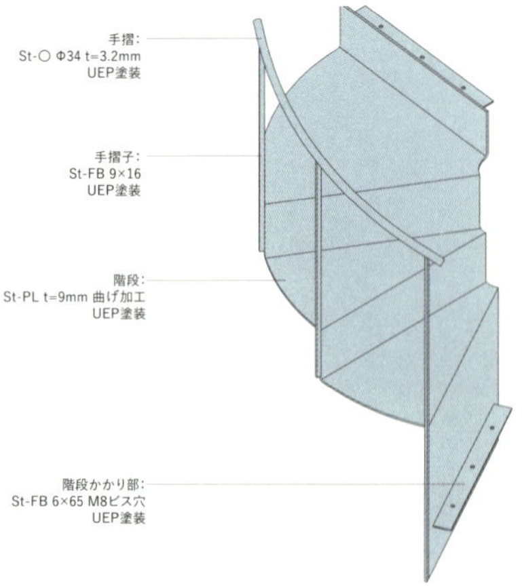

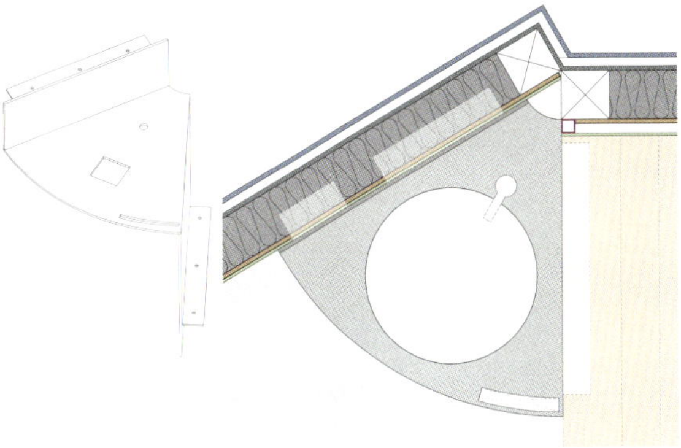

設置平面図 S=1/20

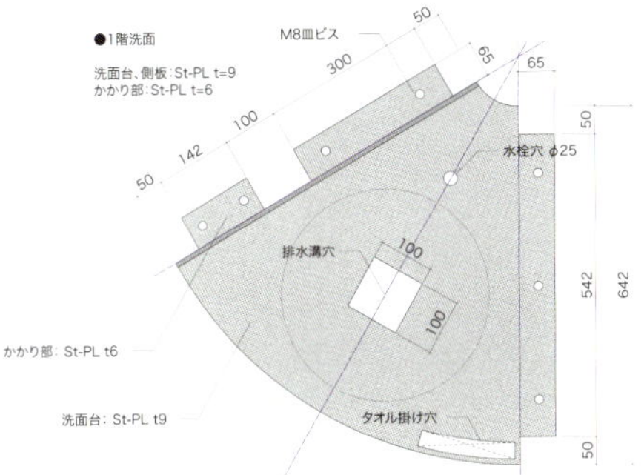


洗面台平面図 S=1/20

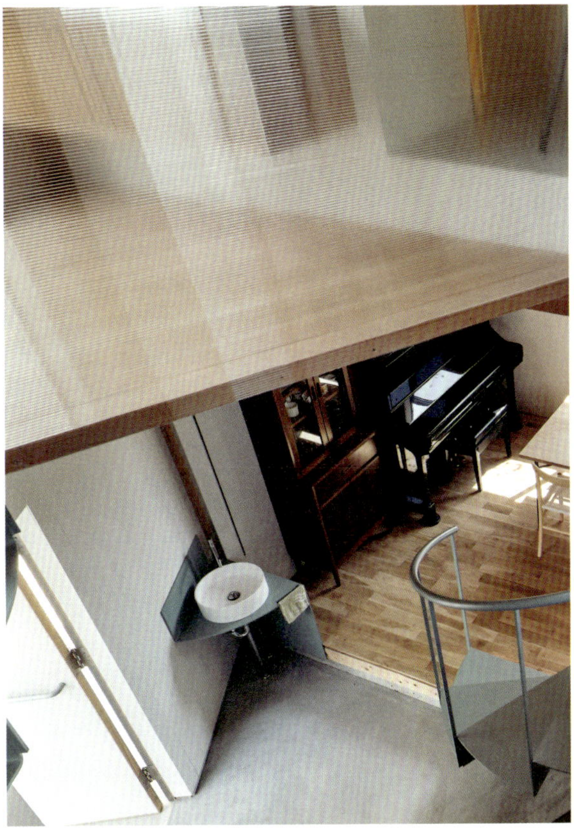

玄関横の洗面台を階段の形にならった形状で設置

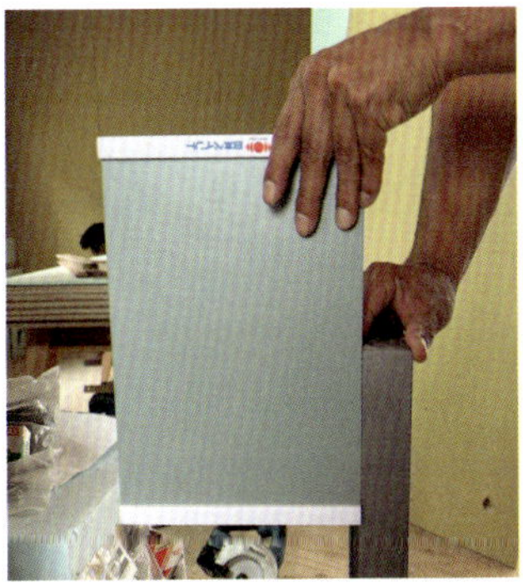

当初、階段は白塗装の予定でしたが、錆止め塗装の淡い青色が気に入り、より建築に置かれたオブジェクトの感じが強まると考えて色を変更することになりました。

# 詳細

コリンズ格子状につながる構成を示すために、柱はあえて側面を見せるような仕上の納まりとしています。

戸当りとなるよう少し飛び出た床

基礎が立ち上がる鈍角部

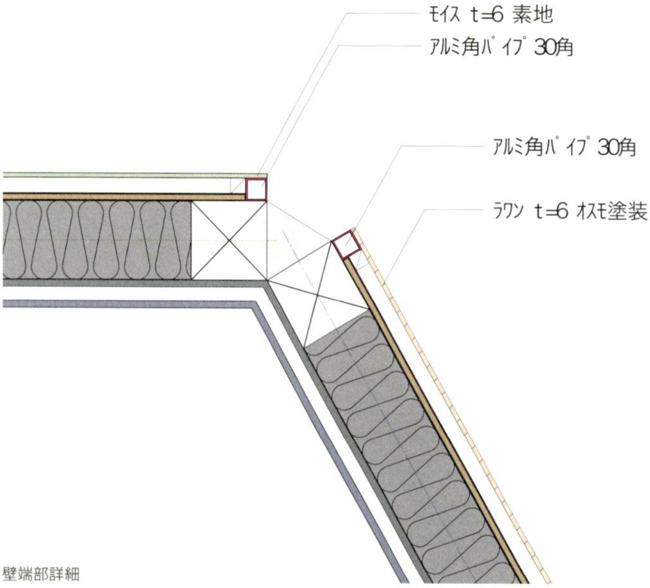


壁端部詳細

# 照明

アルキメデス多面体の一つ、切頂四面体は六角形で構成されています。その六角形に外接する円によってつくられたペンダントライト。家の雰囲気に合わせて毎回素材や大きさを変えています。アクリルでも試作してみましたが、今回は合板でカジュアルな雰囲気としました。

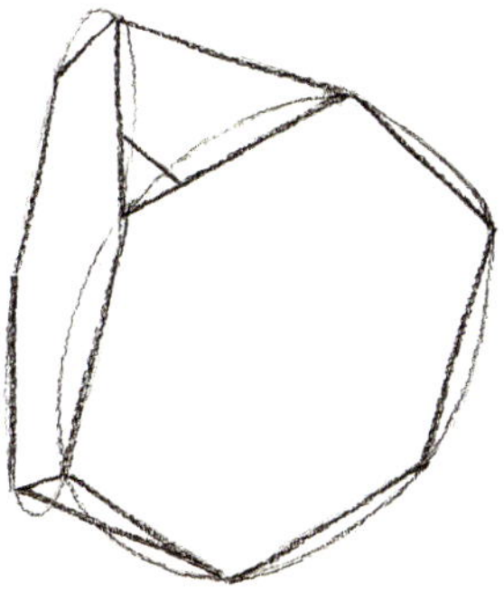

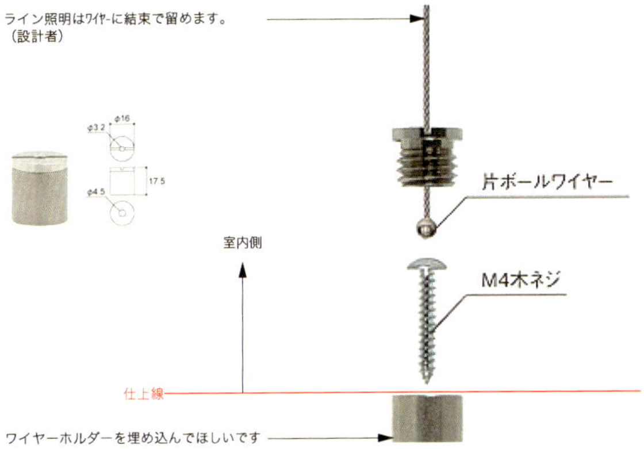


**キッチン上部の照明**
ワイヤーホルダーを加工してワイヤーにライン照明をつけることで、ライン照明が浮いているような印象に

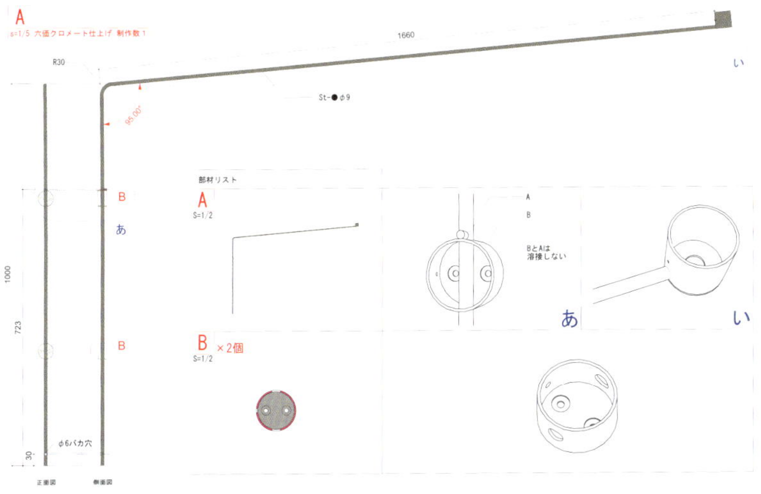

**アームライト**
吹き抜け中央に設置しているため、電球の交換時にインナーテラス側に動かせるよう、下部のΦ6穴に真鍮棒が差し込める

# キッチン

キッチンはさまざまな要望と予算のバランスから検討を進め、最終的にはフレームをLアングルでつくることにより家具工事でなく、大工工事で合板をはめ込んでいくローコストなつくり方となりました。

**初期のキッチン**

料理好きのお施主さんの要望で、ビルトインのガスオーブン、食洗器を設えたキッチン。予算超過とものが増えていき収納力がなくなるよりも見えるキッチンにすることに

**VE後のキッチン**

ガスオーブンは残しつつ、シンク側はシンプルに。食洗器は残したいとの要望が復活

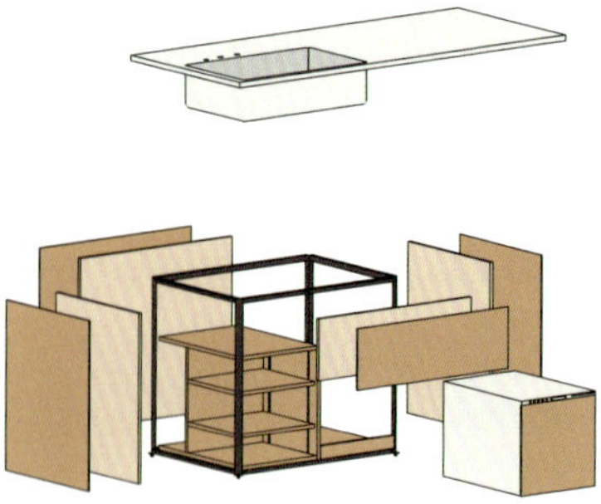

**キッチン組立概念図**

鉄工所制作のLアングルによるフレームに現場で大工が板を貼れる形式に

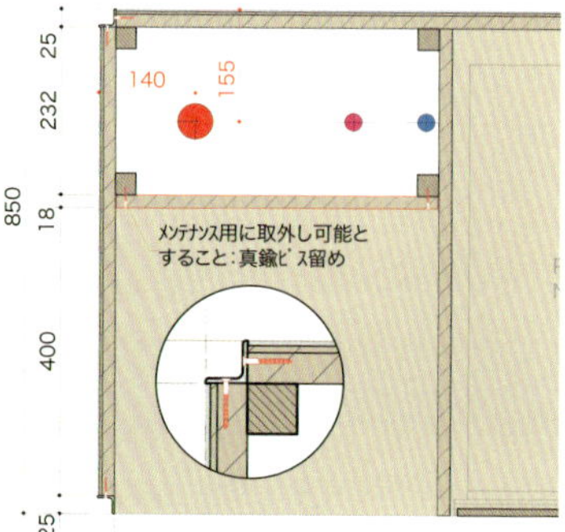


**キッチン端部平面図**

**コンロ横の引き出し収納**

検討の末、アルミのパンチング板をスライドレールで引き出す簡易なものに

# 手摺等

手摺は暮らし方に合わせてさまざまな素材に変えられるよう、いくつかバリエーションを用意しています。簡単に木の棒を結わえただけの部分や、ポリカーボネート複層板や有孔合板等。有孔合板には特注金物で棚を追加可能です。

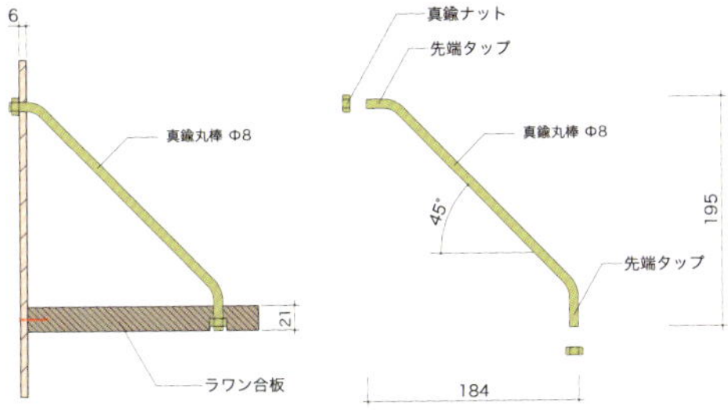


棚受金物　S=1/10

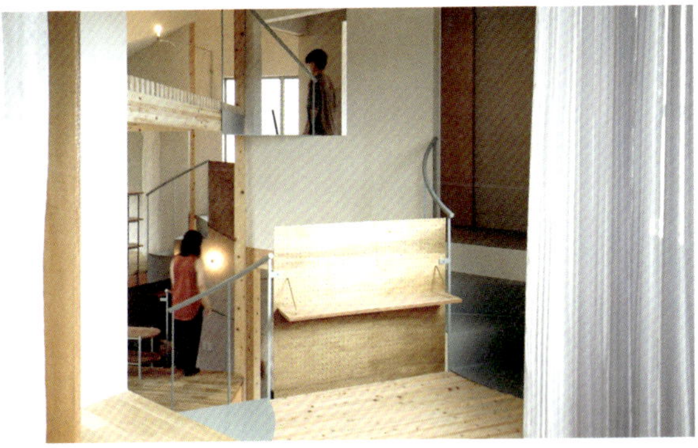

テレビ台や棚を兼ねた手摺

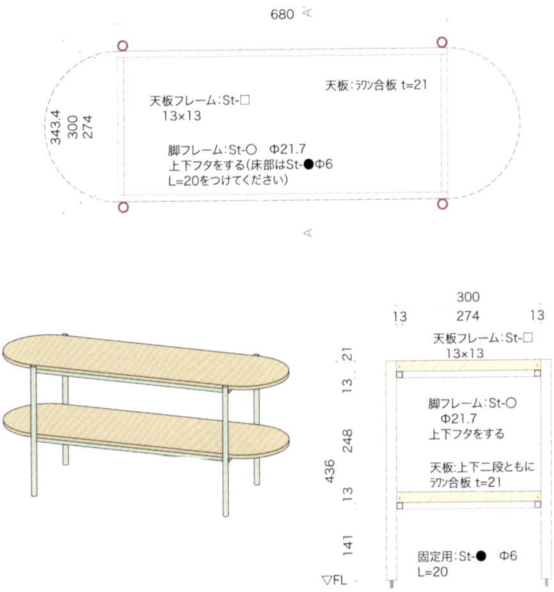


テレビ台 平・断面図
S=1/15

2階洗面収納はローコスト化のために有孔合板を溝にはめただけの簡単な引戸。
引手は有孔合板の穴に真鍮棒を挿しただけの簡単なつくりで、ペンダントライトを回転させるときにも使う

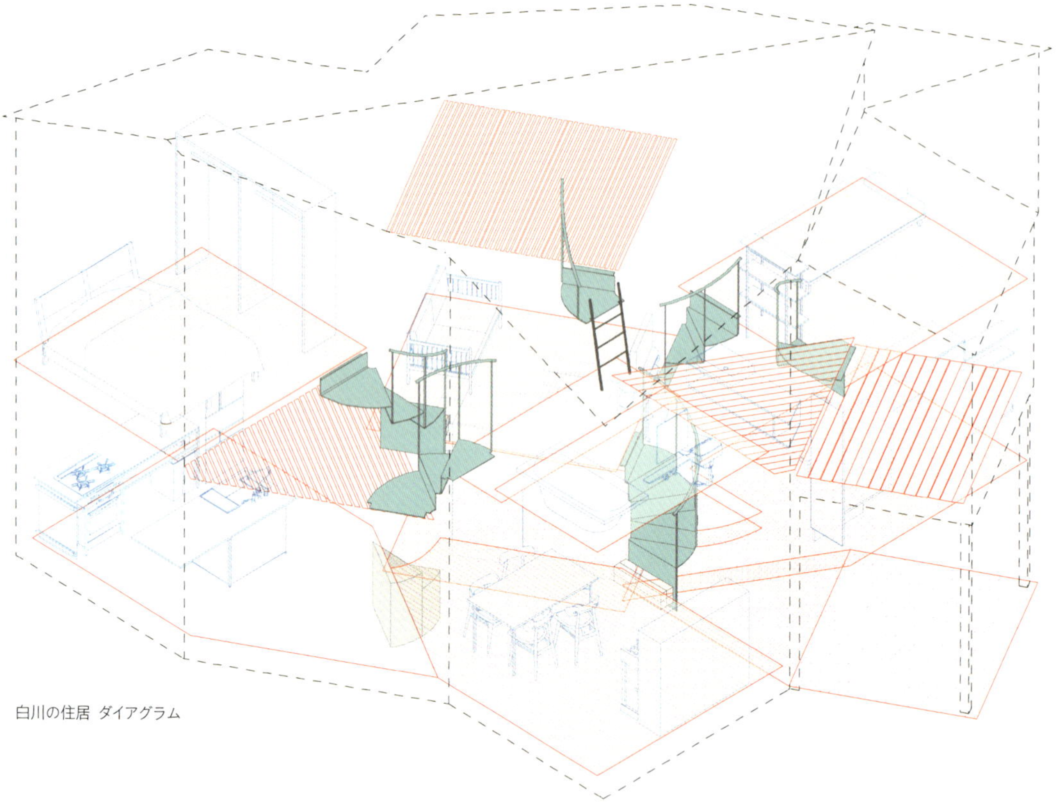

白川の住居 ダイアグラム

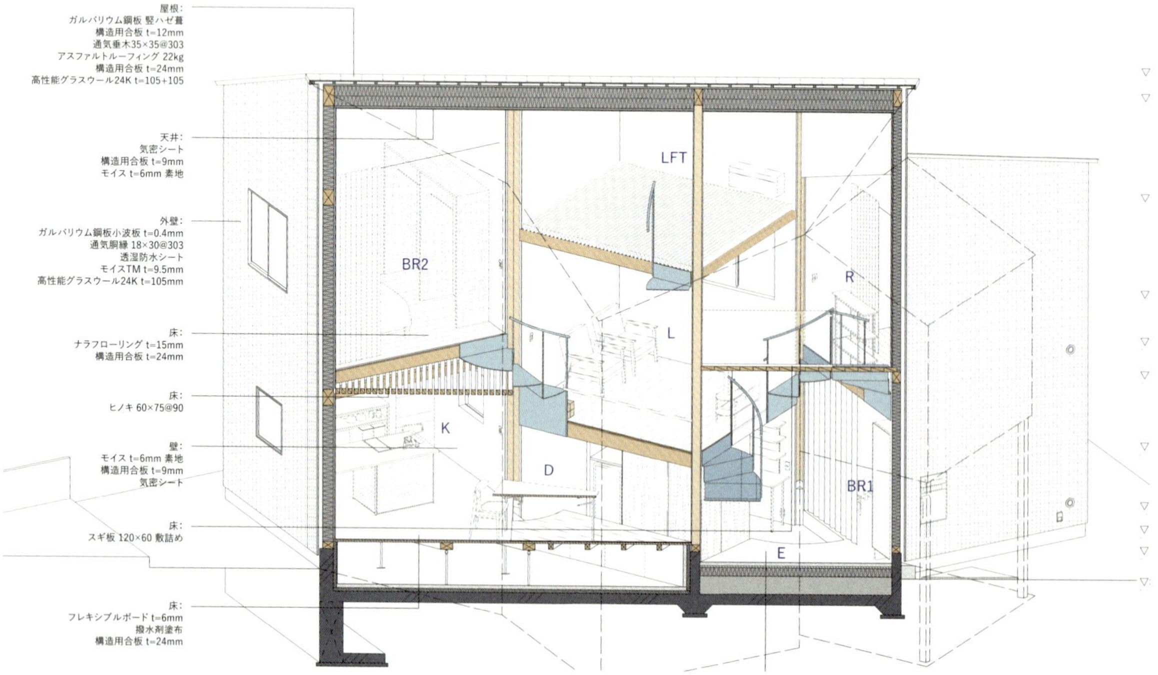


断面図

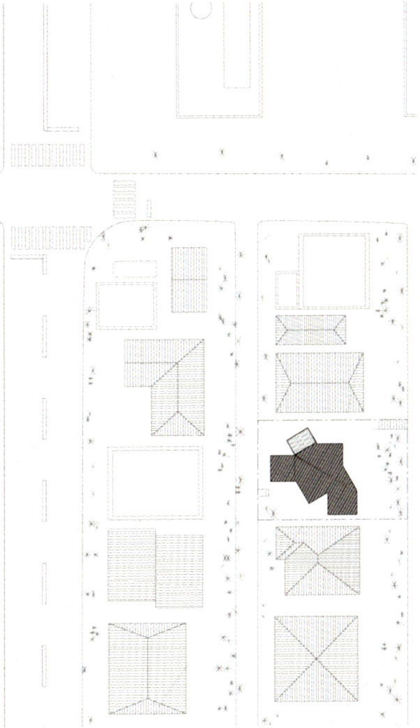

敷地配置図　S=1/1000

ロフト階

2階

ロフトへは普段タオル掛けとして使われるハシゴを使って上がる

1階平面図　S=1/200

4

# 木村吉成＋松本尚子

Yoshinari Kimura
+
Naoko Matsumoto

木村吉成（きむら・よしなり）
建築家

–

1973年　和歌山生まれ
1996年　大阪芸術大学芸術学部建築学科卒業
1996年　狩野忠正建築研究所
2003年　木村松本建築設計事務所を共同設立
現在、大阪芸術大学芸術学部建築学科准教授

松本尚子（まつもと・なおこ）
建築家

–

1975年　京都生まれ
1997年　大阪芸術大学芸術学部建築学科卒業
2003年　木村松本建築設計事務所を共同設立
現在、京都芸術大学環境デザイン学科准教授、大阪公立大学非常勤講師

–

主な受賞に「houseT/salonT」で第33回新建築吉岡賞、「house A/shop B」で第12回関西建築家新人賞、第7回藤井厚二賞、第33回JIA新人賞など

# houseH / studioH (2022)

# 多義的な架構の設計

ごく一般的な建築の設計においては、建設する場所の性質（周辺環境に備わる風土的・歴史的・文化的背景、いわゆるコンテクスト）、建主から提示される要望、法的な制約などを手元に集めることからスタートする。次に、複合的に絡みあったそれらを丁寧に解きほぐし、分析してゆくことで、そのプロジェクトが向かうべき先がなんとなく見えてくる。それから建築の外形、ボリュームを検討し、プランニングを行った後に（その逆もあるだろう）構造を考えるのが一般的なプロセスだと思うのだけれど、木村松本では構造の決定から行う。

建築の構造、つまり「架構」から考えはじめる。そこで検討される架構は広さや気積、領域が見えるという程度で、その場での暮らしや使い方は決まっていない。それは解きほぐし、分析されることで整理された与件を、ある種とても具体的で、一方では抽象的な架構のみで柔軟に引き受けられるかを考える検証作業だ。その過程を経て、与件がおおむね満たせそうだという状態にたどり着いた段階（この架構で行こうと決める）で、やっとプランニングがはじまる。

この順番はとても奇妙に感じられるかもしれないが、プランニング、つまり間取りの決定というのはこれまでや現在の生活・活動におけるネットワーク（関係性）を最適化し定着することだ、と仮定するならば、その先の変化に対し

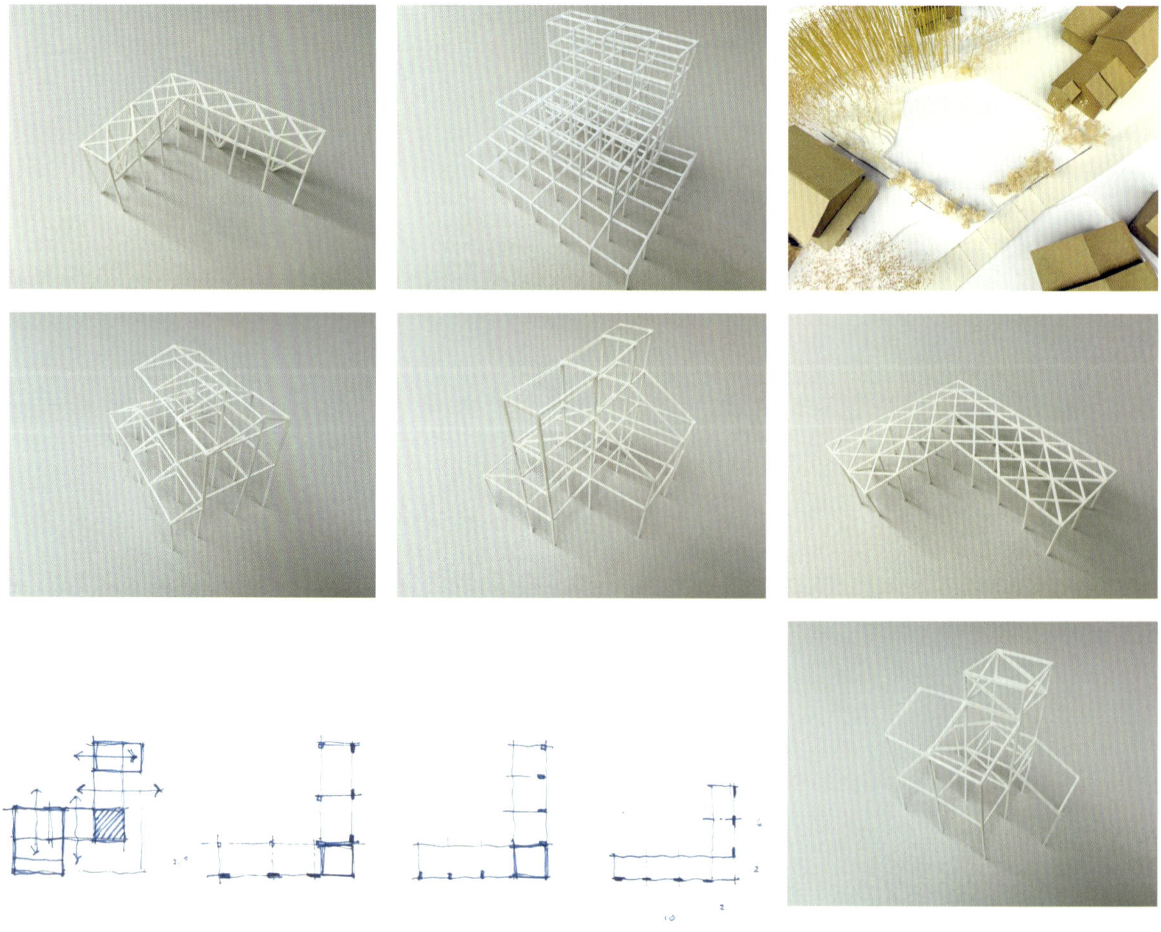

設計の序盤、スタディをする中で大きく二つの方向性にたどり着いた。一つは構造上主要なフレームを中心に置き、下屋や軒を周りの環境を取り込み、かつ取り込まれるように展開するやや複雑な案。もう一つは比較的単純な構造フレームを反復・屈折させるL型案である

てはどう最適化するのかという疑問に行き着く。また、ライフスタイルだけでなく、暮らす・使う主体（住宅であれば家族構成）自体が変わってしまうことも起こりうる。われわれは設計した建築が長い時間この世界にあり続け、さまざまな変化に対してはその都度しなやかに応え続けられるだけの自由さを備えたものであってほしい。そのため、建築においてもっとも長い時間性を有する部位、架構のあり方が私たちにとっての建築的主題となっている。

敷地写真

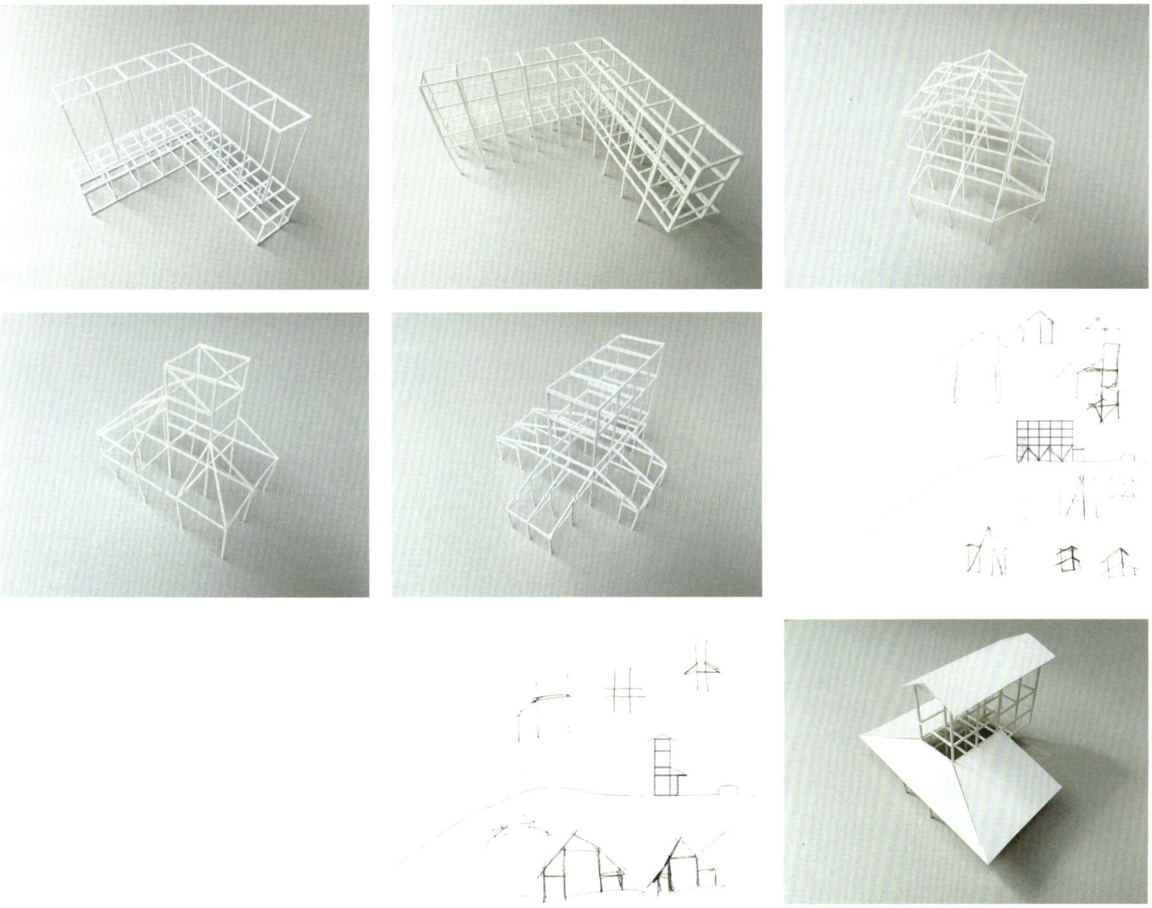

計画地は景観条例がかかるエリアのため、特定勾配と呼ばれる屋根勾配、軒の出、建築本体の平面形状や壁面後退などに対する定めがある。そういった建築の形態にかかわるコードを満たすだけでなく、架構における力学的な合理性にまでどう関係づけるかが重要なポイントとなる

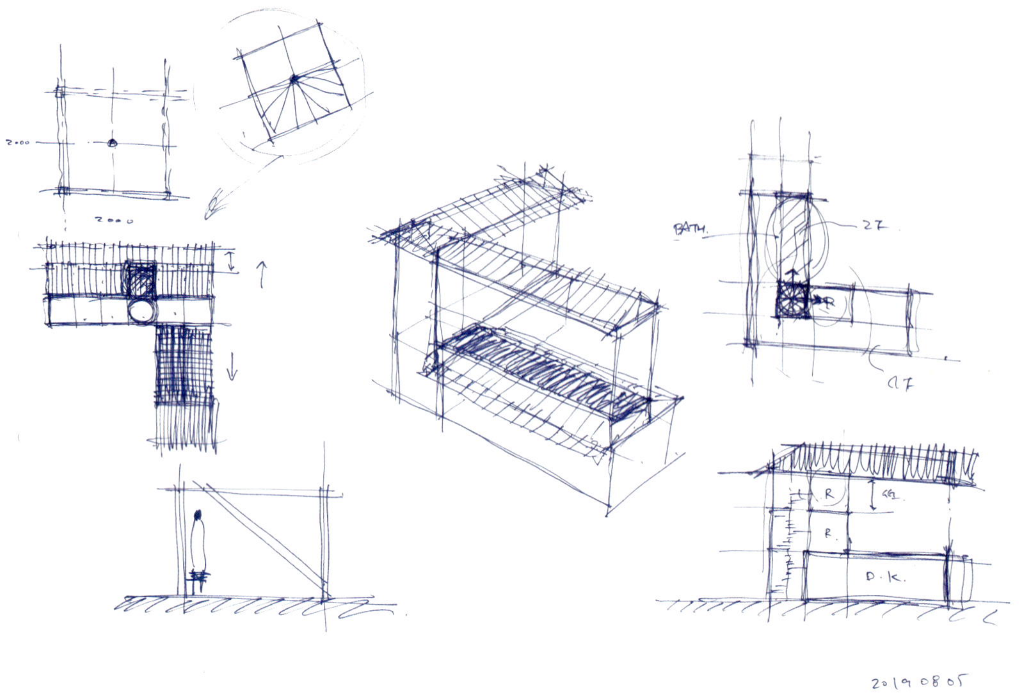


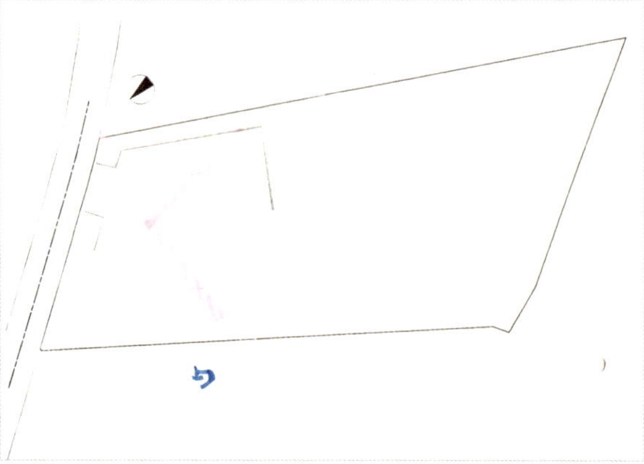

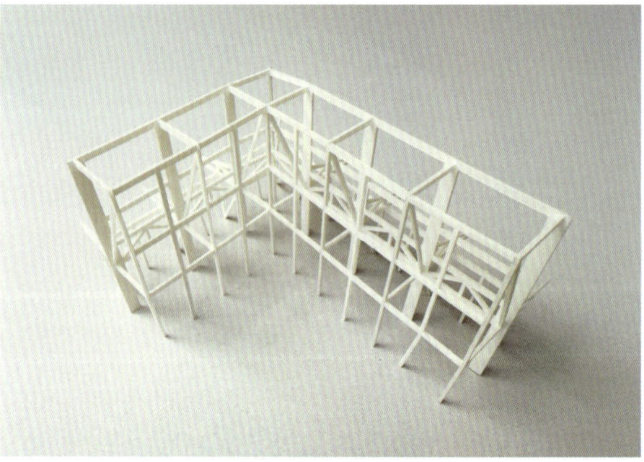

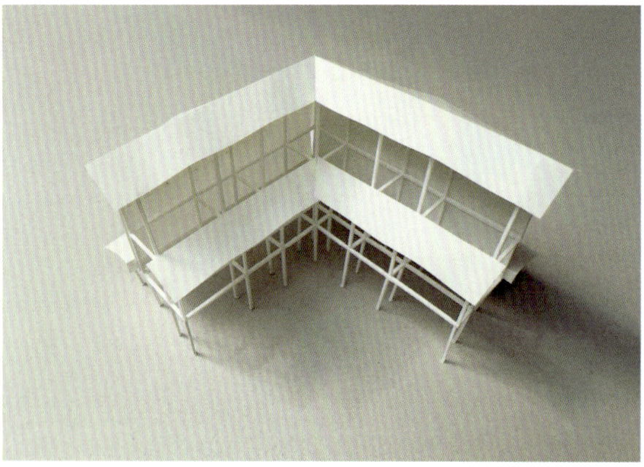

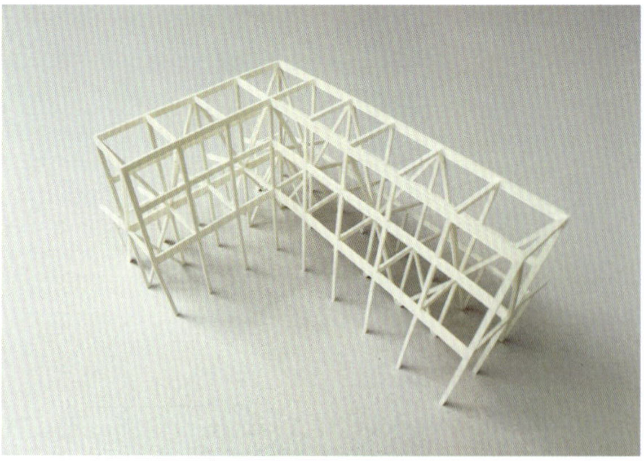

スタディを重ねることでL型案に絞り込まれた。と同時に、建築の基本単位となるモデュール設定の精度が上がってくる。ここではAとBの二つの数字（たとえば1.8mと1.2m）が2回に1回の順番で現れるポリライングリッド、そしてシングルグリッドの両方を検討している

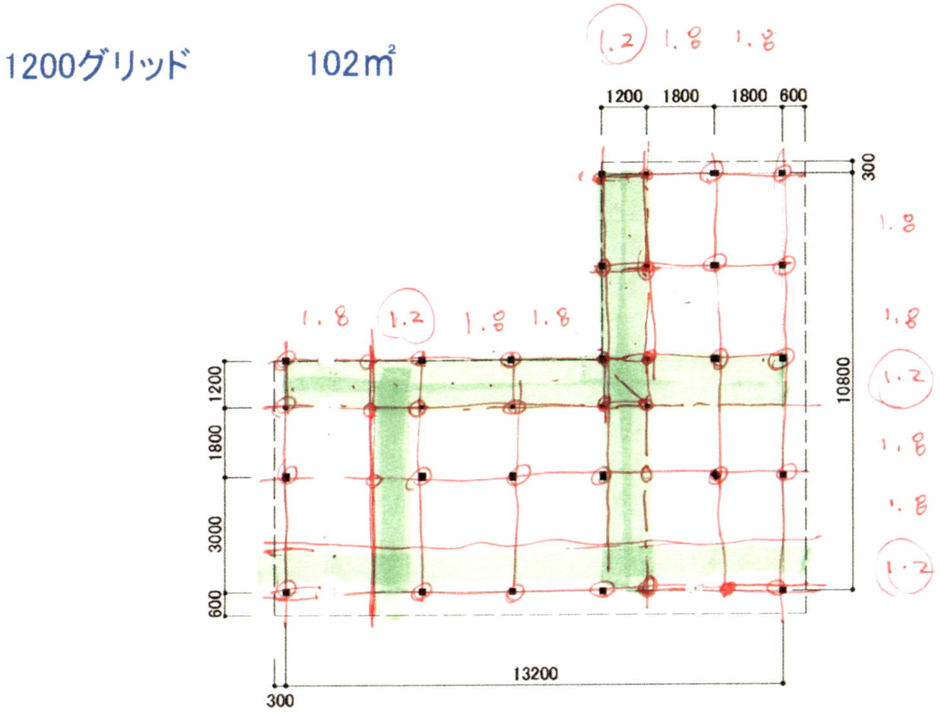


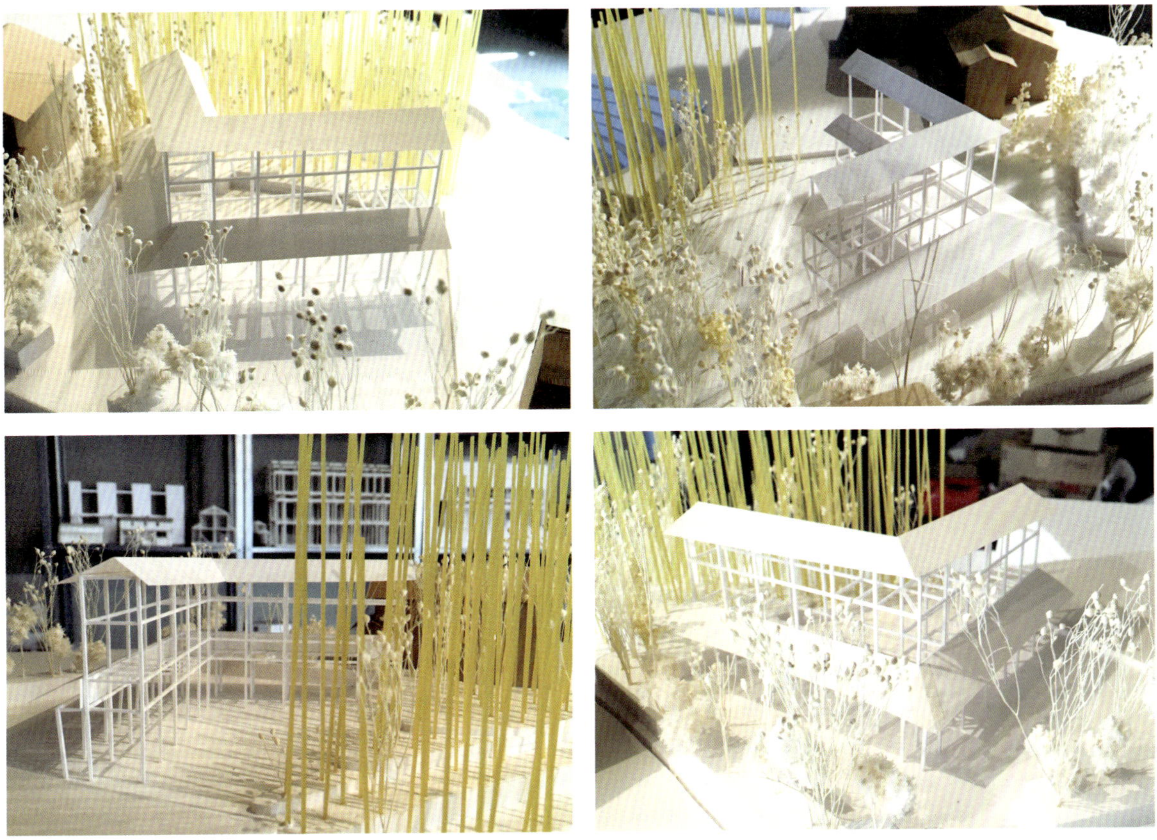

短辺・長辺の考え方にいくつかの特徴が表れる。短辺・長辺ともに筋交いとした案、筋交いと耐力壁をバランスさせた案、短辺に筋交い、長辺に木造ラーメンを用いた案など、横力に対抗するシステムをさまざまに試している

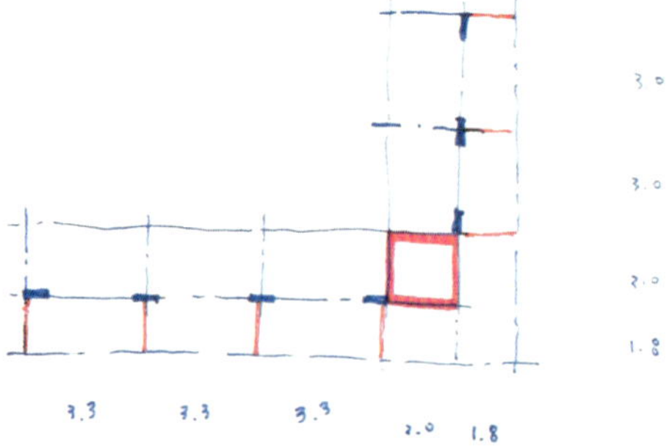


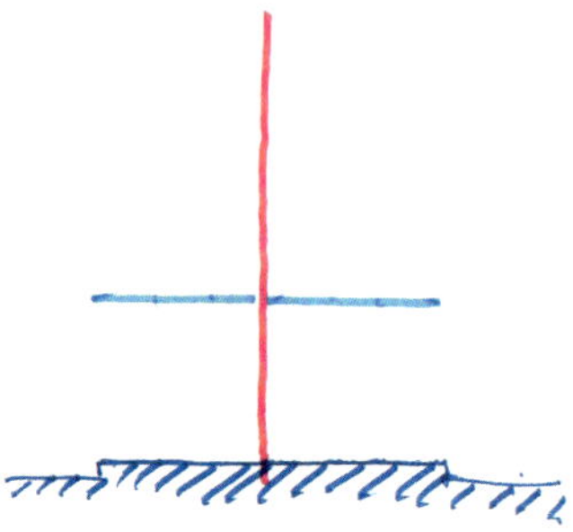

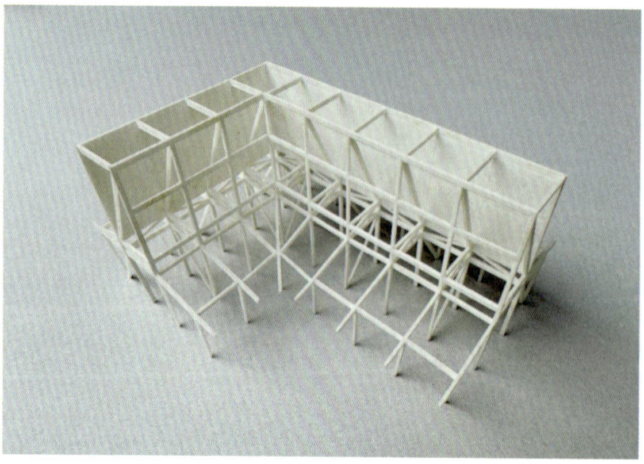

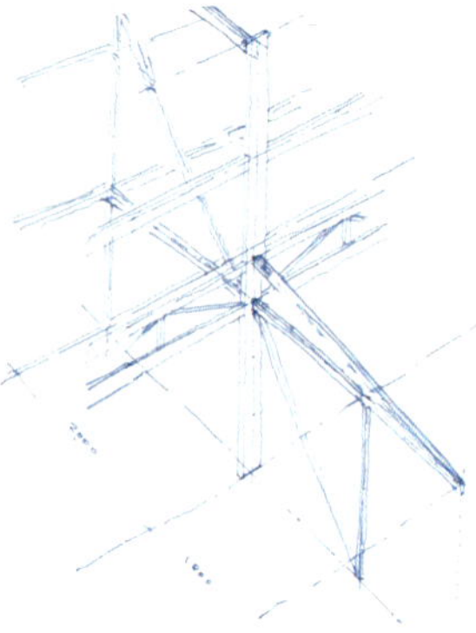

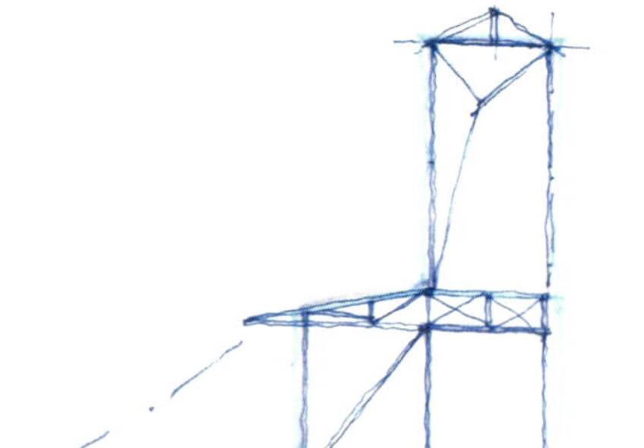

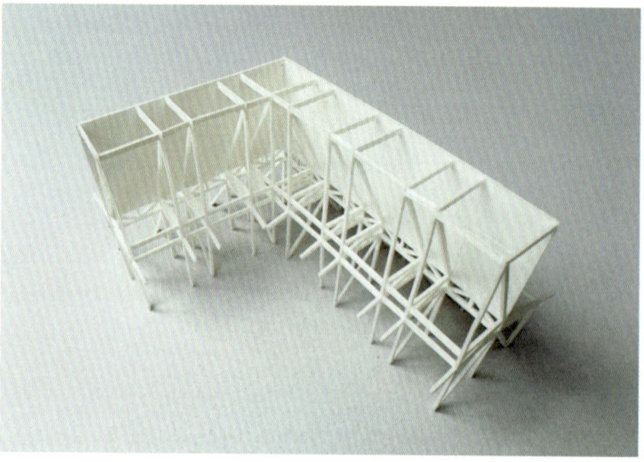

1階と2階の関係性にいくつかの方向性が出ている。長辺方向に対して木造ラーメン柱を片側にのみ配置して、2層を一本で通す案、2層の間にトラスで組んだ下屋を貫入させることで断面を大きく三つの層と捉える案などが生まれた

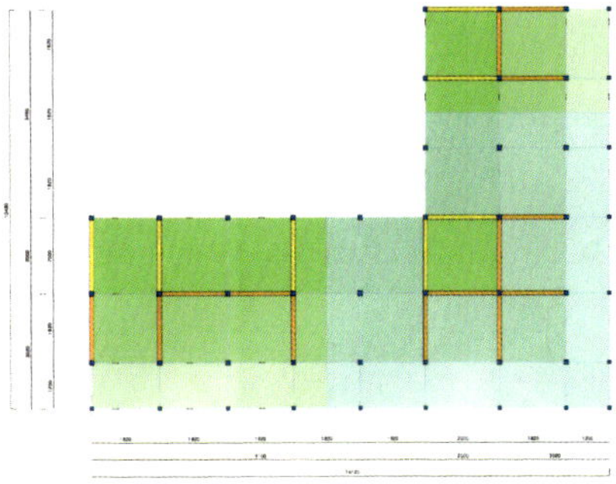

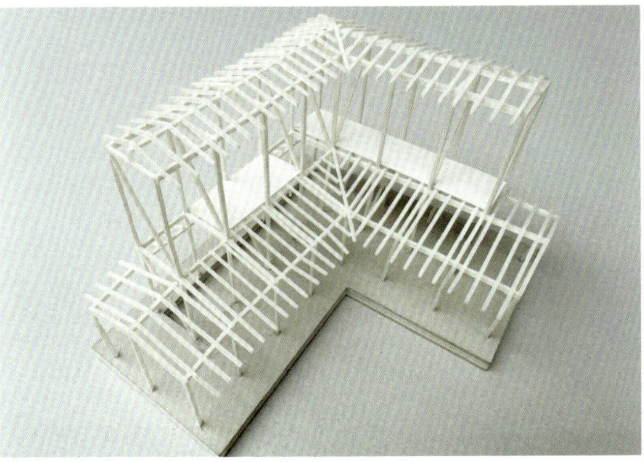

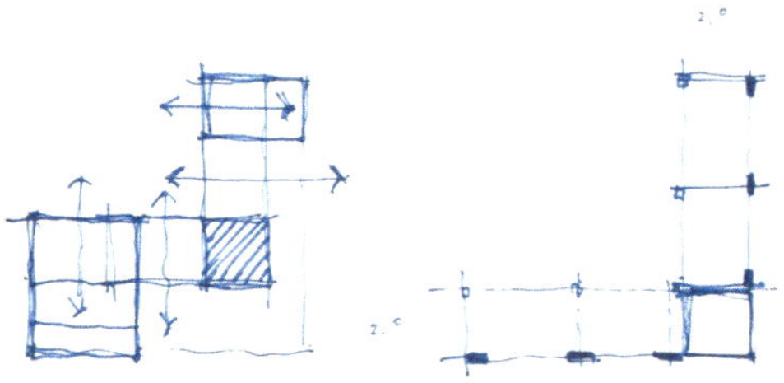

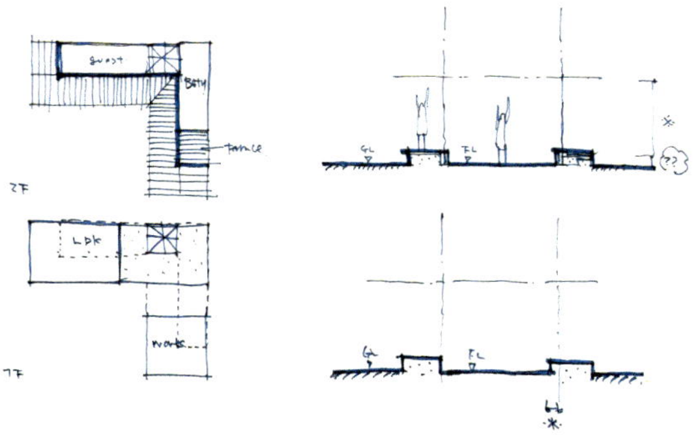

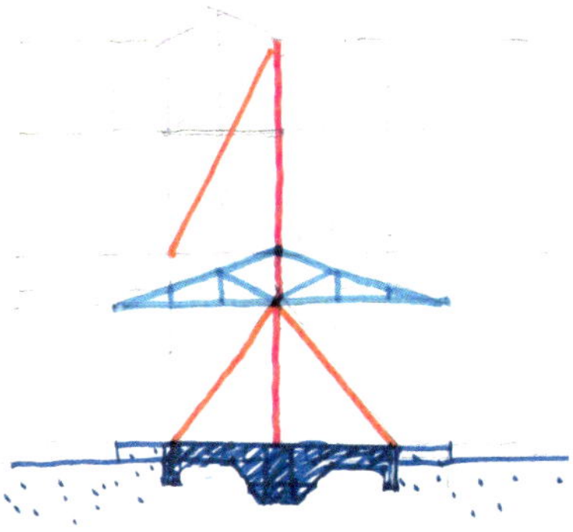

グリッドはシングルとなり、その基本単位は2mと定めた。尺モデュールでは身体に対してフィットしすぎると考え、環境が有するゆとりと同調するような、やや冗長な寸法（余りがある）であるメートルを採用した。架構における大筋の方向性が見えてきたため、プランニングに先立ちゾーニングをスタートさせる。その過程で敷地内の小さな高低差（微地形）を室内と関係づけるアイデアが生まれ、検討をはじめた

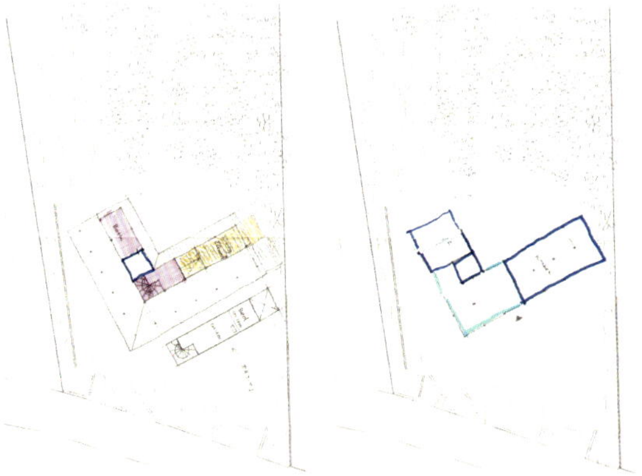

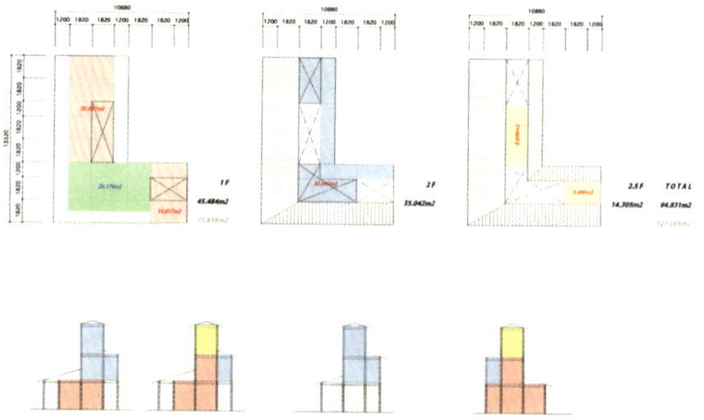

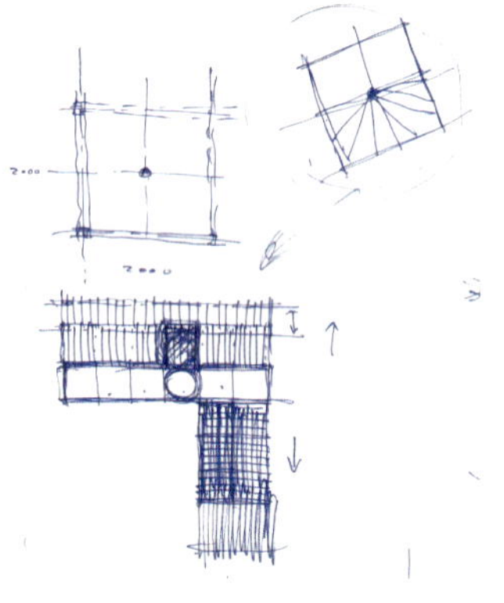

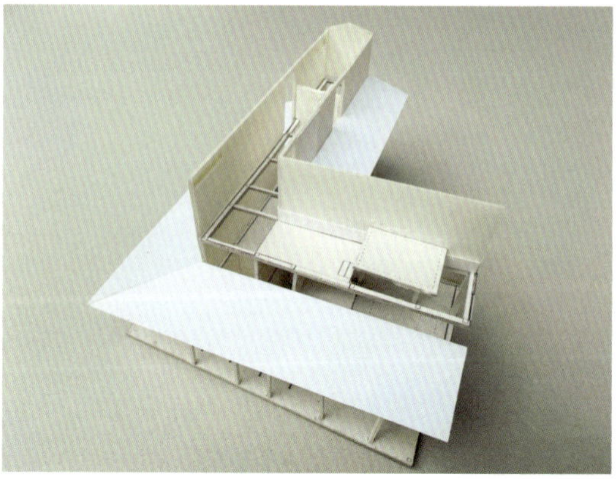

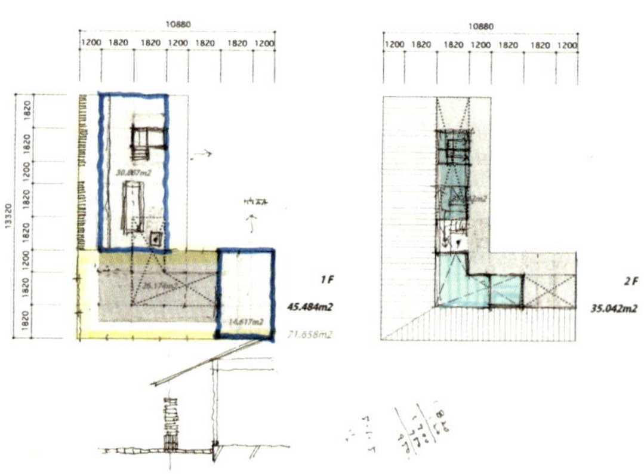


さまざまな変遷を経て決定した架構に対し、事後的にプランを当てはめてゆく作業がはじまる。それさえも数多のバリエーションが生まれてゆくのだが、たとえるならば、リノベーションの設計にかなり近い。それはすでにあるものを受け入れる、あるいはその状況をいかに使うかを考える行為であるからだ

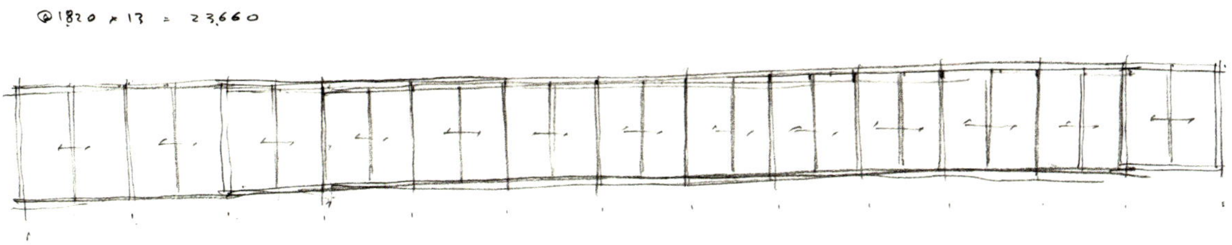


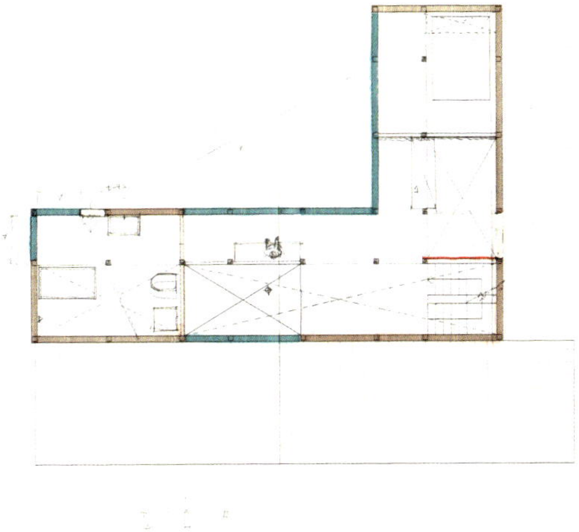

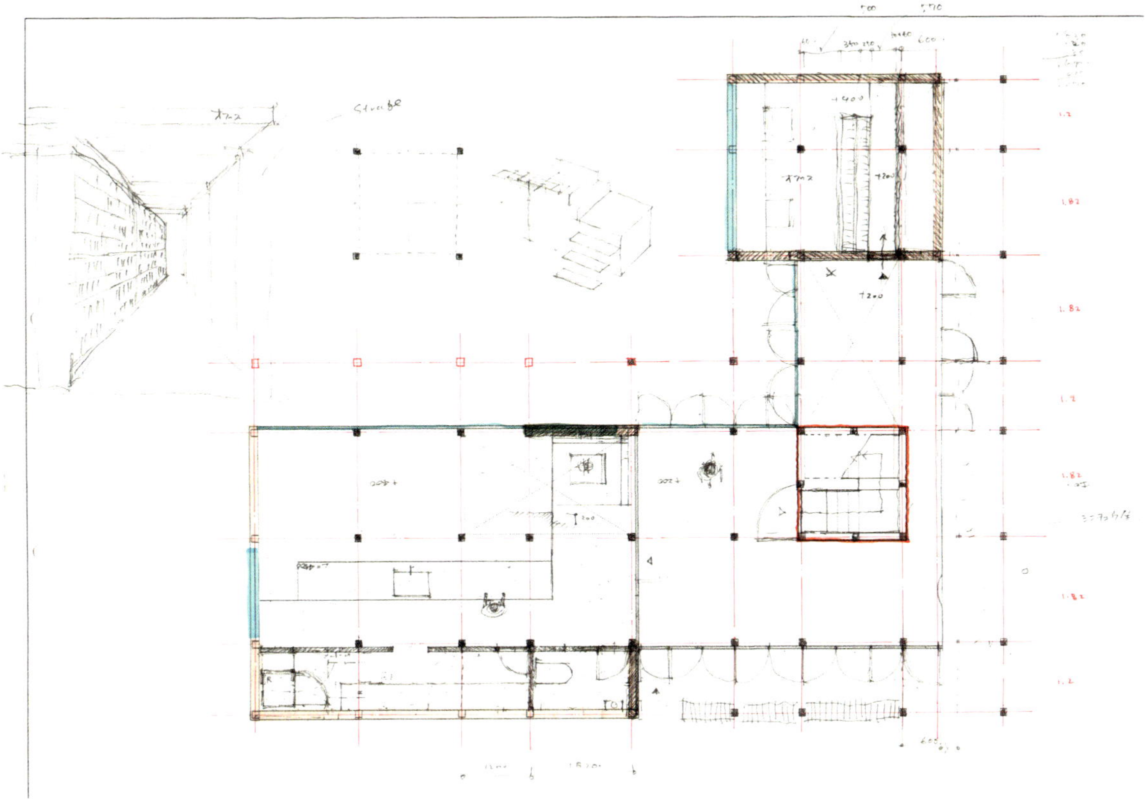

そのため、どのプロジェクトでも「この架構はどのようなしくみで成り立っているか」という説明を建主に対して行うようにしている。それが提示した架構を「どのように使うとうまく住みこなせるか」を考えはじめるきっかけとなり、設計を受け身としない、生きたプロセスの時間を経験することとなる

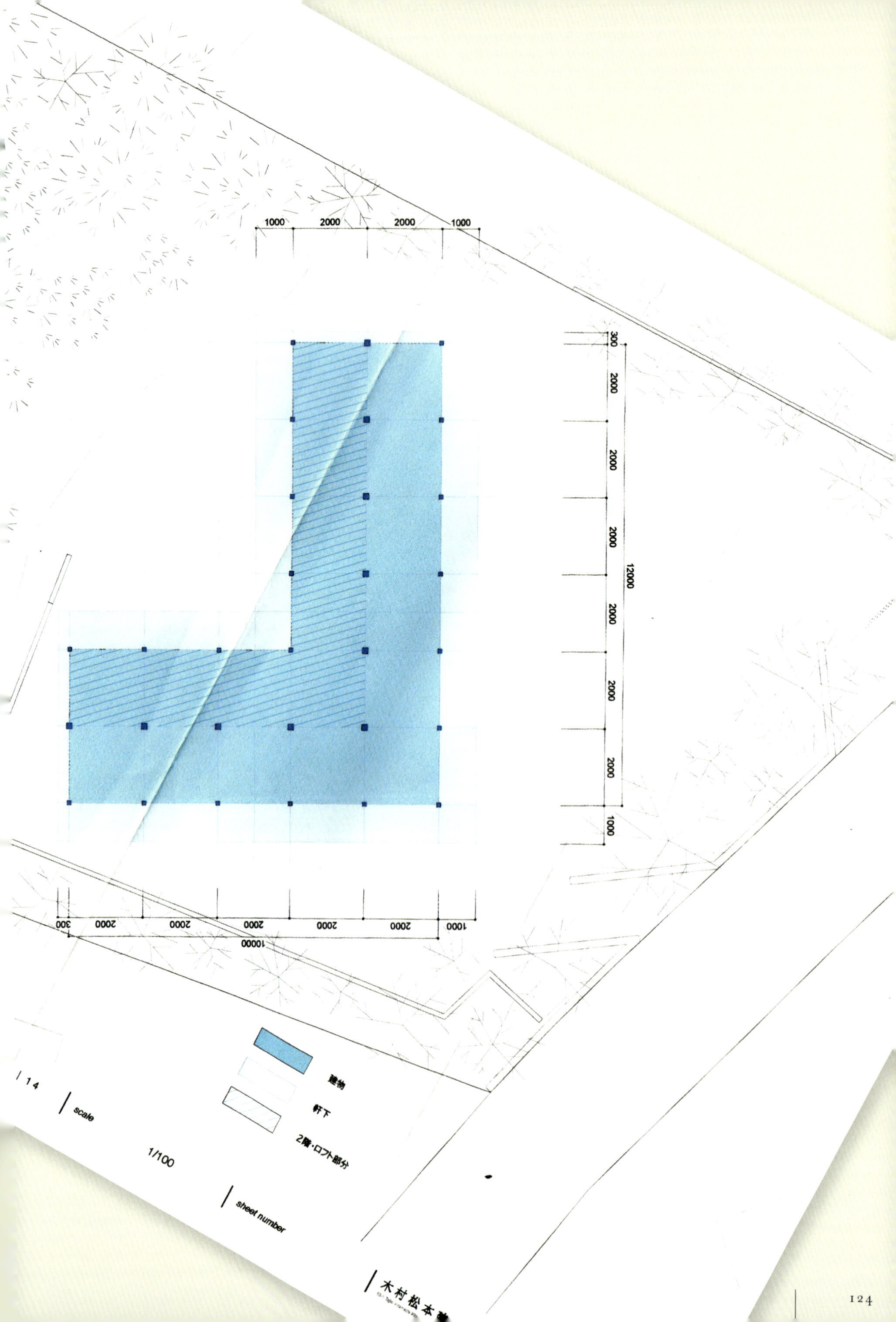
1000
2000
2000
1000
300
2000
2000
2000
2000
2000
2000
1000
12000
300
2000
2000
2000
2000
2000
1000
10000
建物
軒下
2階・ロフト部分
14
scale
1/100
sheet number
木村松本

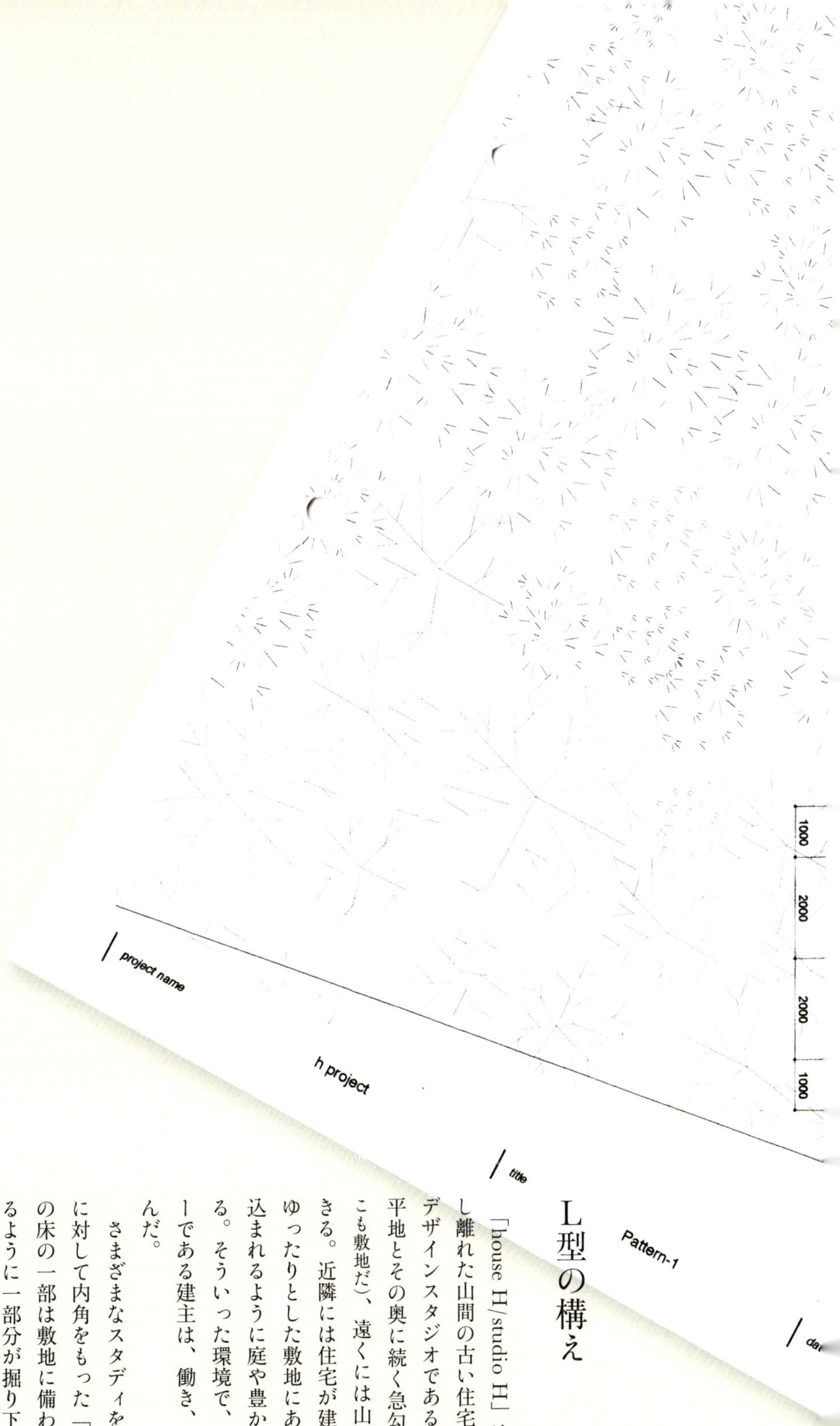


# L型の構え

「house H/studio H」は京都の中心地から少し離れた山間の古い住宅地に計画された住宅兼デザインスタジオである。敷地は道路に面した平地とその奥に続く急勾配の竹や紅葉の林（ここも敷地だ）、遠くには山々の姿を望むことができる。近隣には住宅が建つものの比較的どこもゆったりとした敷地にあり、その距離感に織り込まれるように庭や豊かな自然がすぐそこにある。そういった環境で、グラフィックデザイナーである建主は、働き、そして暮らすことを望んだ。

さまざまなスタディを経て建物の形状は道路に対して内角をもった「L型」となった。内部の床の一部は敷地に備わっていた微地形をなぞるように一部分が掘り下げられ、基準モデュールの2mで反復する柱の一部はそのまま2階へと延びてゆく。ここでつくり出した空間は、たとえるならば、駅のプラットフォームのような浅さと、バシリカ式教会堂の側廊のような深さを併せもつもの、あるいは環境を構成する自然の繊細な表情と遠くの山々の連なりが同時に体験される、近さ・遠さの絶え間ない振幅に同期するような場である。

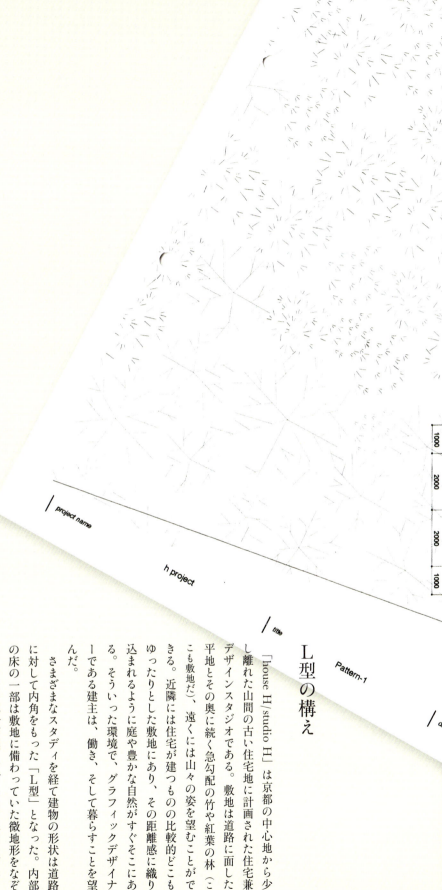

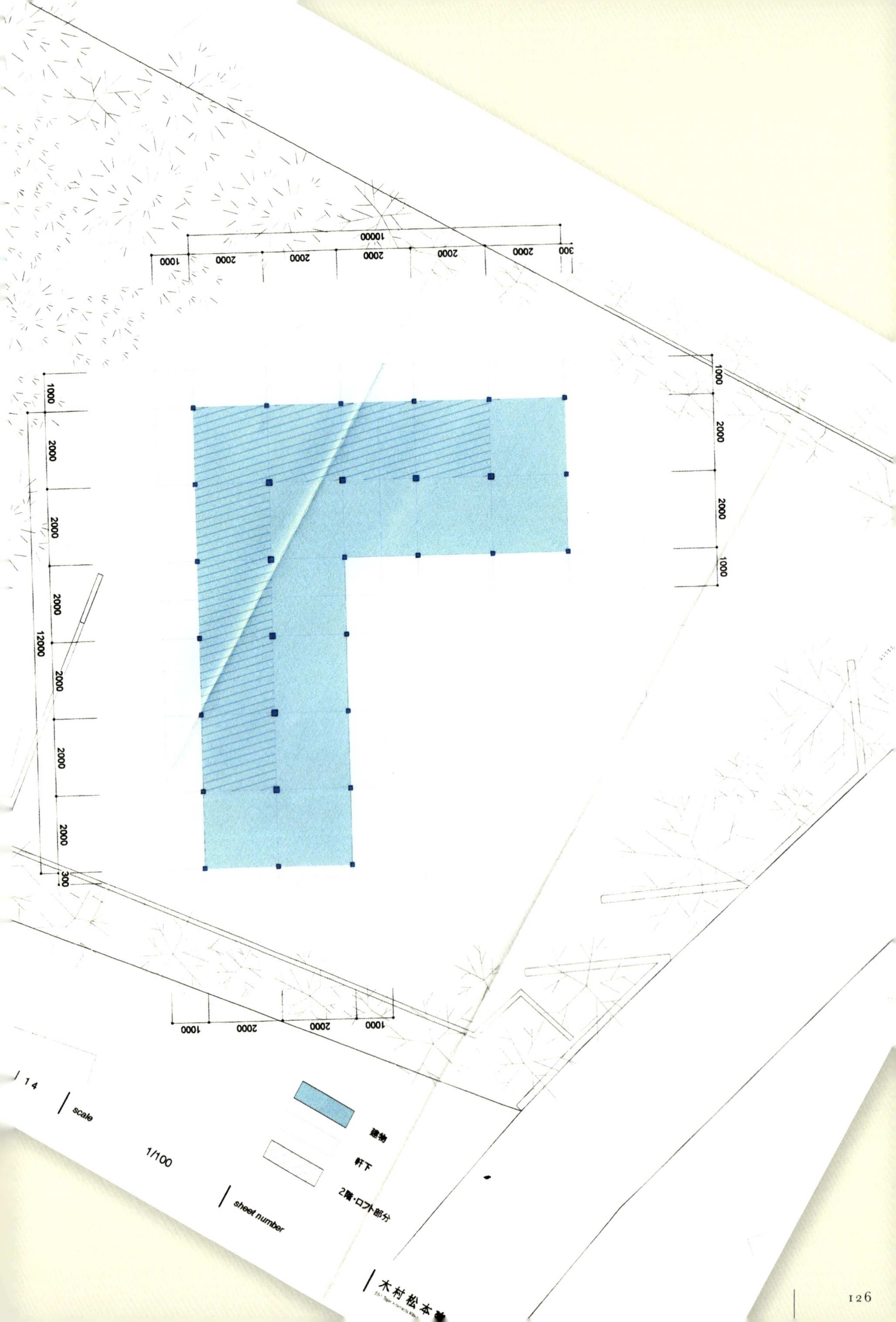
10000
1000
2000
2000
2000
2000
2000
300
1000
2000
2000
1000
12000
1000
2000
2000
2000
2000
2000
300
1000
2000
2000
1000
14
scale
1/100
sheet number
建物
軒下
2階・ロフト部分
木村松本

## ブレークスルー

ところで、設計プロセスにおいて大きな変節点があった。L型の形状、それが基本設計の終盤に敷地の中で「反転」したことだ。正しくは当初「90度」だった、竹林に向かうL型の内角が「２７０度」になった。たったそれだけのことだが、その変化がもたらす建築と敷地の内外との関係性はまったく異なるものとなり、建主も含めたわれわれ全員がその変化を受け入れた。道路に対して90度の内角が構える形状、それはそのプロセスを知るわれわれからすると「90度の外角」なのである。

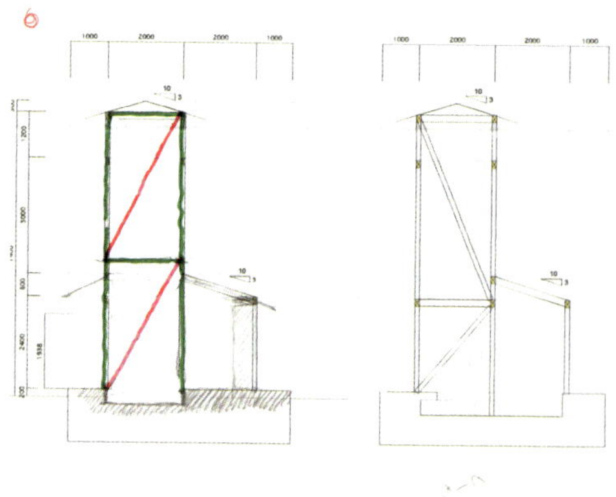

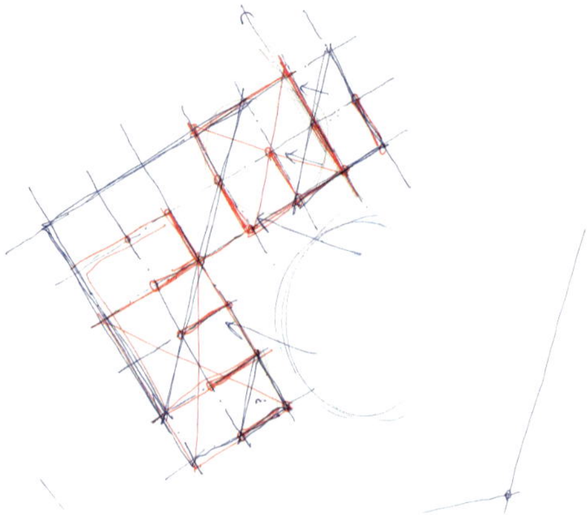

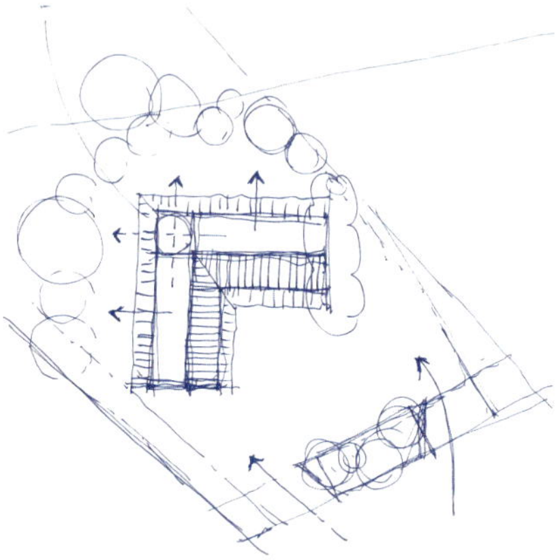

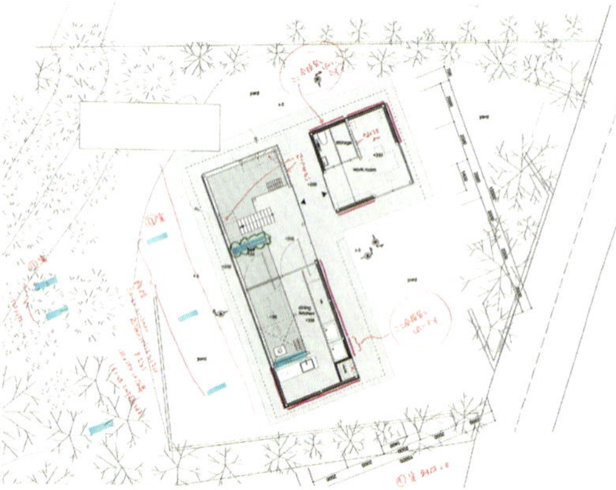

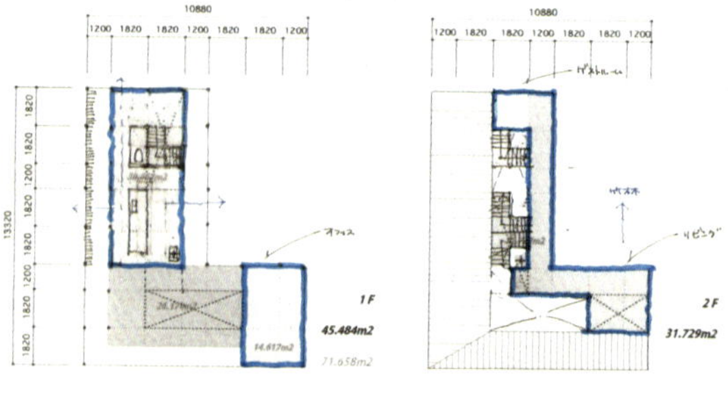

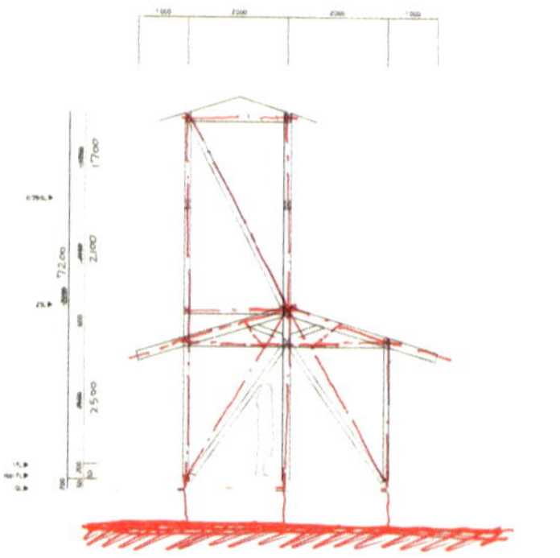

角度の変更からプラン調整を経て再び架構のスタディに戻り、それからまたプランニングに入った。基本設計も大詰めとなると、構造家とのやりとりも具体的なものになってくるが、このプロジェクトでは実施設計の最後まで架構の調整を行っていた

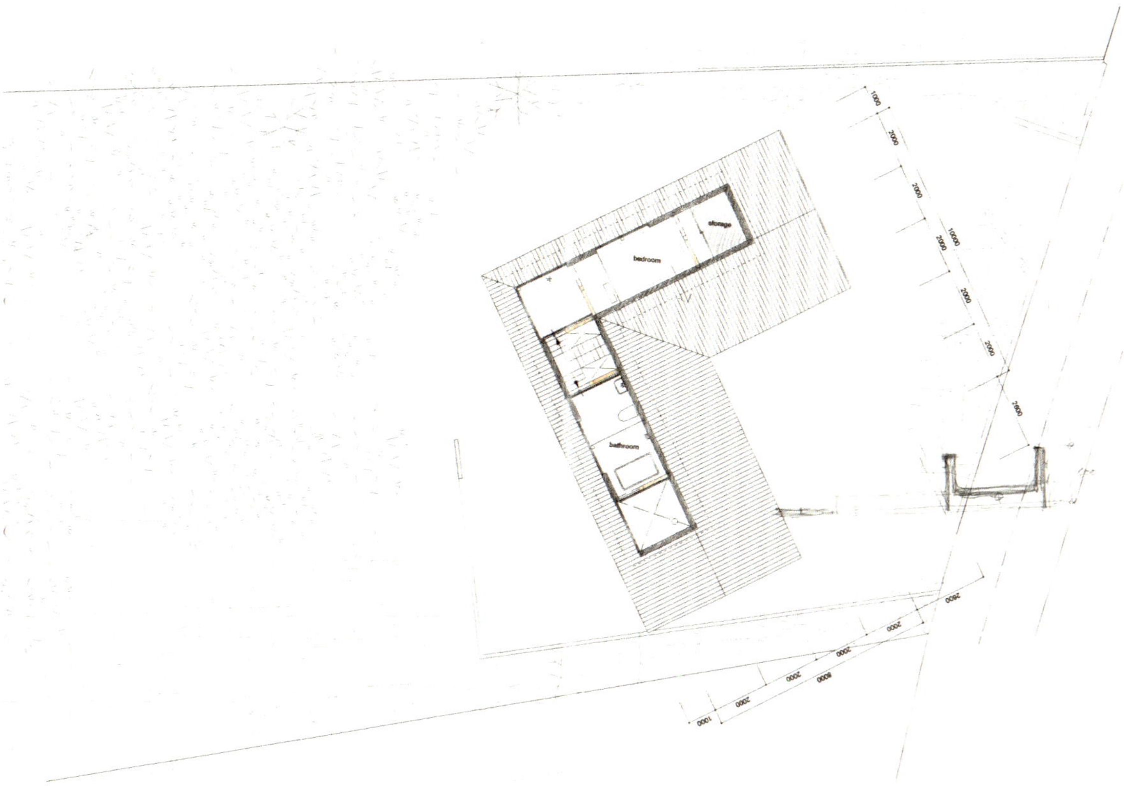

竹と紅葉の林、遠くの山々に対し270度で向き合うこととなり、それに合わせてプランも変わっていった。また、道路と建築の間の外部空間の性格もより明確になった。その過程で島状につくられた庭はワークスペースから望む、近隣の風景を含めた重層的な景色であり、道路を横に外れると敷地に至るような、直線的ではない流動性も生み出した

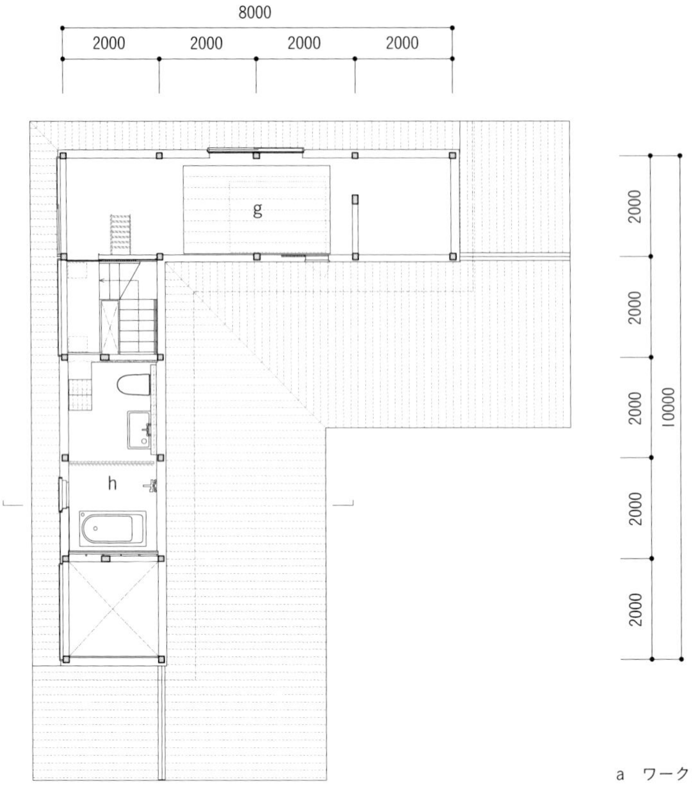


2F平面図　S=1/150

a　ワークスペース
b　トイレ
c　エントランス
d　ホール
e　リビング・ダイニング
f　キッチン
g　寝室
h　バスルーム

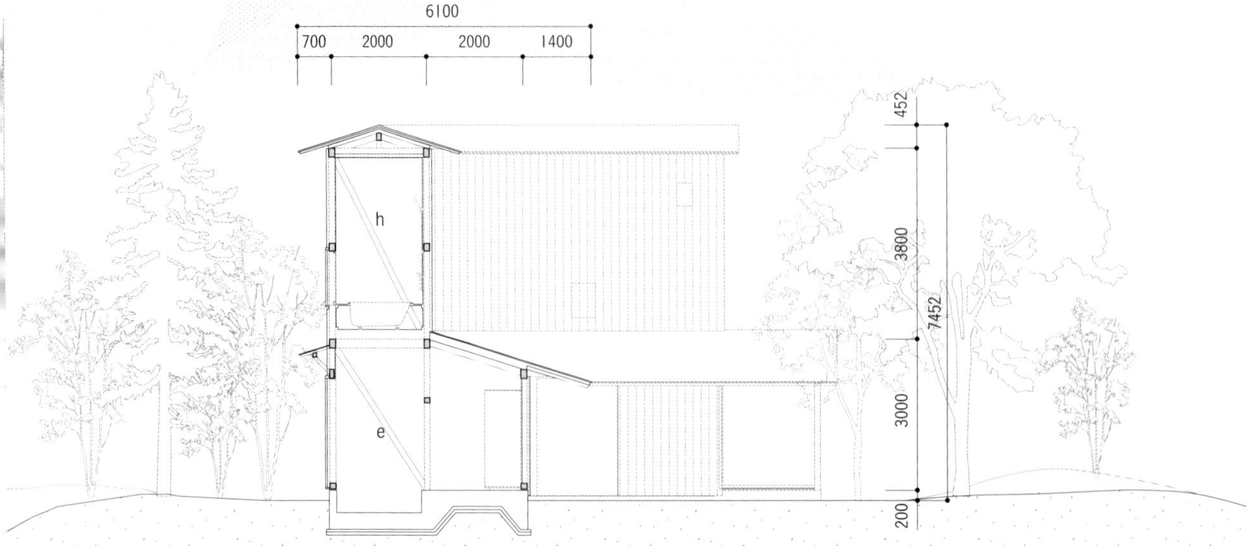


断面図　S=1/150

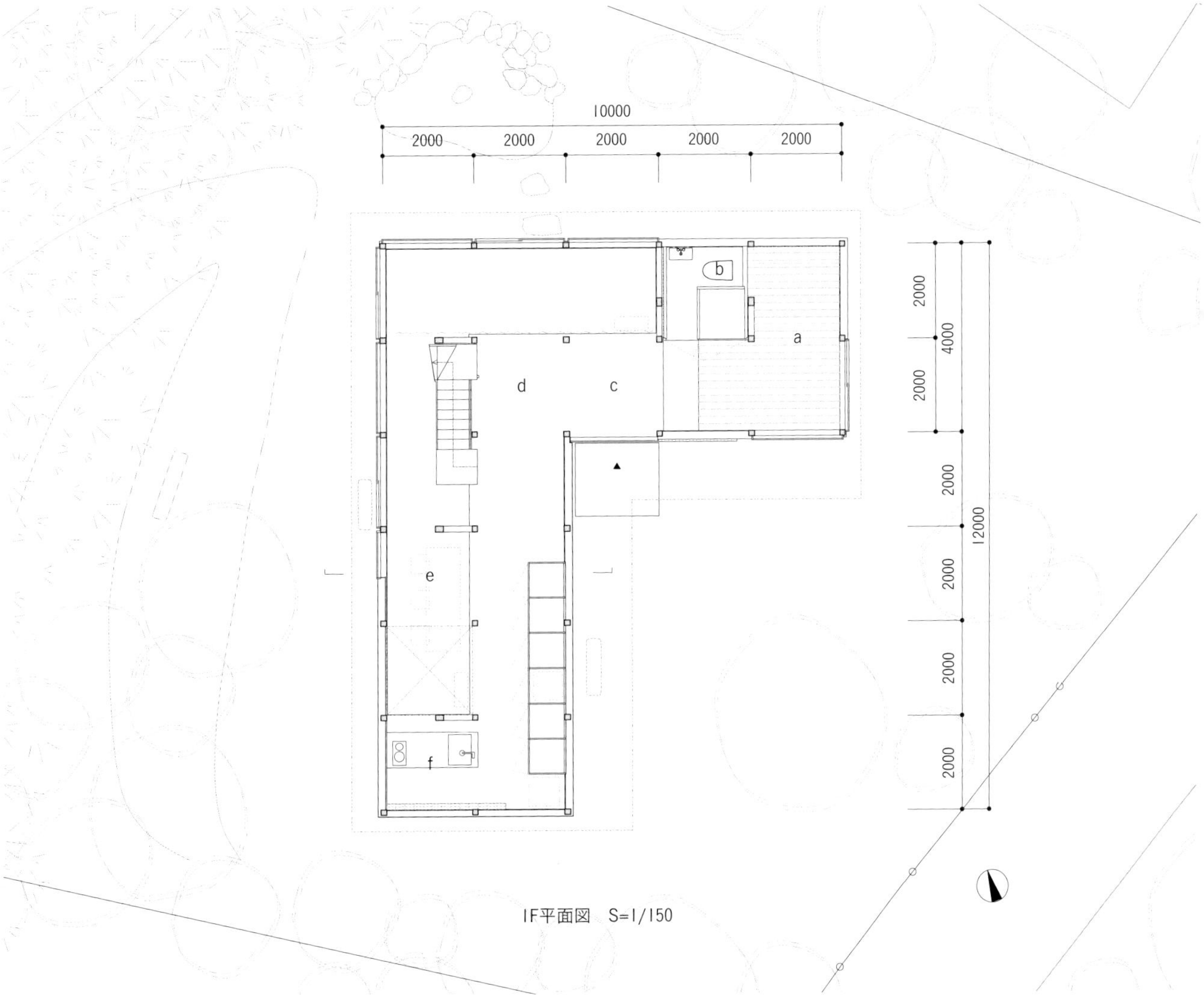
10000
2000
2000
2000
2000
2000
2000
2000
4000
2000
2000
12000
2000
2000
a
b
c
d
e
f

1F平面図 S=1/150

# house H/studio H の日常

## みかん山の石垣

私たちが設計をする際に思い描く、ある一つの理想像のようなものがある。それは「みかん山の石垣」である。みかん生産地の山に見られる斜面の石垣は、原始的な土木構築物である一方で、さまざまな役割を同時にこなしている。みかんの生育には日当たりと水はけが不可欠であるから、山の斜面はその条件に大変適している。しかしみかんを効率的に栽培し、収穫するには平地を確保しないといけない。そこで人々は石垣を用いて山の斜面を段々状に造成して平場をつくる。

その石垣は冬季には日射を照り返し、その熱を石に蓄えることで太陽の恩恵を最大限に享受する。雨水や山頂からの湧き水は空積み（隙間にモルタルなどを詰めない積み方）された石垣の隙間からゆっくりと滲み出し、山裾へと流れてゆく。そのような環境で育ったみかんは人びとの手で収穫され、石垣の連なりを辿り山の下へと運ばれる。さらに、石垣の隙間では植物や昆虫、爬虫類などが数多く生息している。このように、石垣はインフラの整備であり、反射板であり、蓄熱体であり、治水であり、生態系を保存するものだ。地勢を読み取り、最小限に斜面を削り、石を積む。

人の両手で「もてる」という身体能力が、

その石の大きさを決定づけている点も重要だ。いわば身体尺＝モデュールともいえそうな石は、それ単体では全体を予測できないほどに小さいが、積み続けた人間の行為が自然の中で大きな石垣として結実する。それは自然の摂理と人間の営為が均衡する姿である。

そんなみかん山における主体は当然だが人間だ。しかし別の観点から見ると、それはみかんである。あるいは太陽、水、植物や生物、はたまた石垣の石かもしれない。そのようにみかん山の石垣はさまざまな主体に構えた、単純で機知に富む、多義的存在なのだ。そういった石垣の在り方を手がかりに、建築でも一つがさまざまな主体に対して構えるシンプルな状態を考えられないだろうか。そのときの主体とは、必ずしも人間だけである必要はない。大きくは変化する環境に対して、小さくは人々の営みに対して、数多くの価値観に対しても平均化することなく、その多種さに対していかようにも受け入れられる寛容さがほしい。そのような、有形・無形の主体に対して長い年月構え続けられる建築はおそらく、信用に値すると思う。

※ 右テキストは《住宅特集》（2018年5月号）に掲載のテキストを一部抜粋・加筆したものである。

5

# 二俣公一

## Koichi Futatsumata

二俣公一（ふたつまた・こういち）
建築家、空間・プロダクトデザイナー

–

1975年　鹿児島生まれ
1998年　九州産業大学工学部建築学科卒業
デザインユニット「CASE REAL」
として活動開始
2000年　自身の設計事務所
「ケース・リアル（CASE-REAL）」を
福岡に開設
2005年　東京事務所開設
2009年　事務所を「ケース・リアル（株）」へ法人化
2013年　同所内に「二俣スタジオ
（KOICHI FUTATSUMATA STUDIO）」設置
2021～2023年　神戸芸術工科大学客員教授

–

活動開始以来、国内外でインテリア・建築・家具・プロダクトと多岐に渡るデザインを手がけている

主な受賞に、JCDアワード（現 日本空間デザイン賞）、FRAMEアワード、Design Anthologyアワード・インテリアデザイナー賞など

Whale
Brewing

# Whale Brewing

## 呼子クラフトビール醸造所（2023）

上｜今回開発されたビールが並ぶバーカウンター。左から順に、ペールエール（白）、IPA（緑）、ヴァイツェン（黄）

右｜バースペースでは立ち飲みスタイルで実際にビールを味わうことができる

（左頁）上｜店舗がある「呼子朝市通り」には、約200mの通り沿いに、海産物や農産物を中心としたさまざまな露天が毎朝立ち並ぶ

（左頁）下｜朝市通りのすぐ隣は船着場になっていて、呼子名物のイカが天日干しされている風景も見られる

## 古民家をビール醸造所に

佐賀県唐津市に位置する港町「呼子」で、築80年の古民家を「Whale Brewing 呼子クラフトビール醸造所」として再生するプロジェクト。かつて江戸時代には捕鯨の拠点として栄えていた呼子は、現在はイカ漁が盛んなまちとして知られる一方で、若者の転出など人口の減少も続いており、空き家増加などの課題も抱えている。今回のプロジェクトは、そのようなエリアの状況を背景に、まちに活気を取り戻したいというクライアントチームの思いからスタートした計画である。

計画地となったのは、地元で獲れた海産物や加工品などの露店が並ぶ、「呼子朝市通り」にある古民家。店舗兼住宅として長年使われた後に空き家となっており、一部雨漏りなどによる腐食も発生していた。とくにファサード部分は傷みがひどく、全体的に構造的な補強のほか、屋根や外壁の補修も必要な状況であった。一方で、内装解体後には高さ約9mの大空間に迫力のある小屋組もあらわに。私たちは施主と打ち合わせを重ねながら、建築的に必要な再生を施しつつ、この建物がもつ空間の強さをブルワリーに取り込むこと、そしてこの新しい場所と目の前の通りがつながりを感じられるような空間をめざすことにした。

呼子名産
いかしゅうまい
まつばいかフライ
¥1,200
佐賀県
唐津焼

## プロジェクトの土台をつくる人たち

設計プロジェクトは、クライアントからの依頼があってこそ成立するというのはいうまでもないが、この計画の背景にはクライアントをはじめ、さまざまな人のつながりや思い、活動の連鎖があった。

「呼子にブルワリーをつくる」——その発端となったのは、故郷・呼子で古民家の保全活動を行っている進藤さわとさん。彼は父の遺志を受け継ぎ、地域の活性化のために「呼子くんち」と呼ばれる地域の祭りの復興に尽力していた。一方で「祭りを興しても、まちが衰退しては祭りも消えてしまう」、そんな思いから古民家を購入して活用する活動をはじめ、彼が「築80年の古民家を利用してまちの賑わいの拠点になるブルワリーをつくらないか」と話して意気投合したのが、今回の直接のクライアントとなる「河太郎」だった。

「河太郎」は、呼子で50年以上イカの活造りを提供する料理店を営んでおり、同じく衰退していくまちの状況に問題意識をもっていた。

そしてプロジェクトは、この「河太

上｜竣工時の集合写真。クライアントの「河太郎」チームや、建物の保全を行ったオーナー、ブルワリーの運営を行う夫妻、そしてブランディングチームと設計者、施工会社が一堂に会した

左下｜朝市通りは呼子の入江にある船着場と並行する200mほどの通り

右下｜醸造所のオープンに先駆けて復興・開催されたお祭り「呼子くんち」の様子。くじらの形をした行燈が沖へと運ばれていく

郎」が事業主となり、ブランディングチーム（テツシンデザイン）や私たちのところへと相談が来ることになった。またその後も、実際の醸造運営には呼子の熱心なファンであり、この計画を機に県外から移住した夫婦が手を挙げるなど、プロジェクトはさまざまなつながりを増やして推進された。

　さらにブルワリーは、その設置がまちの雇用創出を促進するものとして認められ、唐津市と立地協定を締結。これにより、行政からさまざまな奨励措置を受けられることとなった。また、その収益の一部を「まちなみ保全協議会」や「呼子くんち実行委員会」に還元するなど、経済的な循環のしくみも採られた。

　当然だが、空間をつくるという行為はこういった全体の大きな流れの一部にすぎない。ただ、だからこそ責任も大きく、一つひとつ丁寧に読み解いて慎重に進める必要がある。

### 平面ダイアグラム

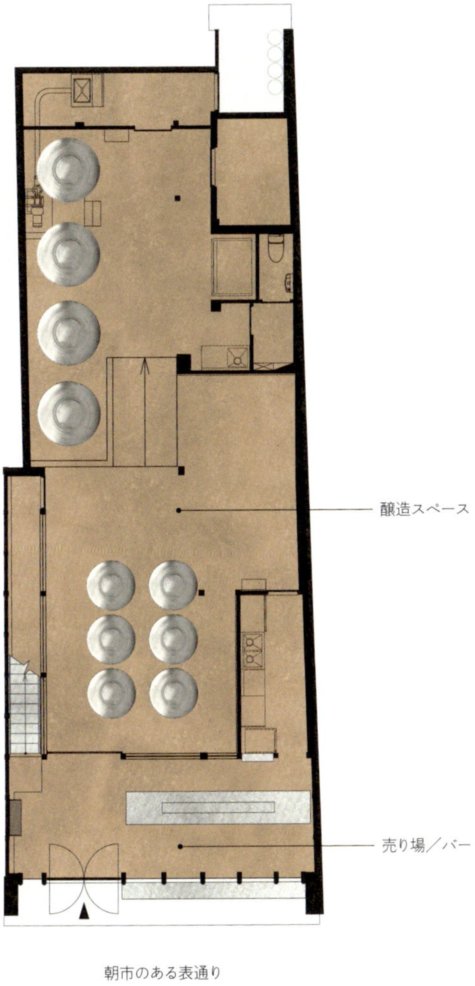


### プロジェクトにまつわる三つのサイクル

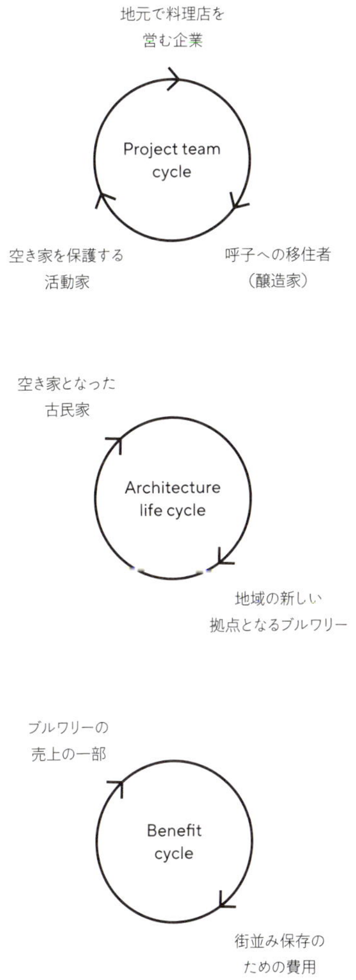

クライアントへのプレゼンテーションの際に製作した模型。ファサードの様子（上）や2階の作業場からの視点（右下）、梁組の様子（左下）がわかるように空間に忠実に表現している

## 既存の空間を読み解く

かねてから、既存の場所がもっているよさや特徴と、そこに必要とされるものが何か、達成すべき目標など、それらを擦り合わせて空間をつくっていくことに設計の醍醐味のようなものを感じているところがある。逆にいえば、既存の状況を無視してただ新しいアイデアを挿すことに乱暴さを感じる。今回のような古民家の再生に限らず、ビルテナントのような一見既存の要素が少ないような場所でも、何かしら「場の特性」というのは潜んでいるものだ。設計のスタートは常に、それを読み解くことからはじまる。

このプロジェクトでは、計画前に内部を見せてもらった際に存在感のある小屋組を確認できたことで、空間が成り立つイメージを比較的早い段階でもつことができた。また、地盤の関係で既存の床は奥にいくほどレベルが上がっており、これも計画の特徴として生かすことができるだろうと感じた。これらは経験則でもあるが、第一に体感から判断されるもので、それをどう組み立てていくかという理論的なことはいつも後から整理されることが多い。同時に、新しいものと古いものをどの

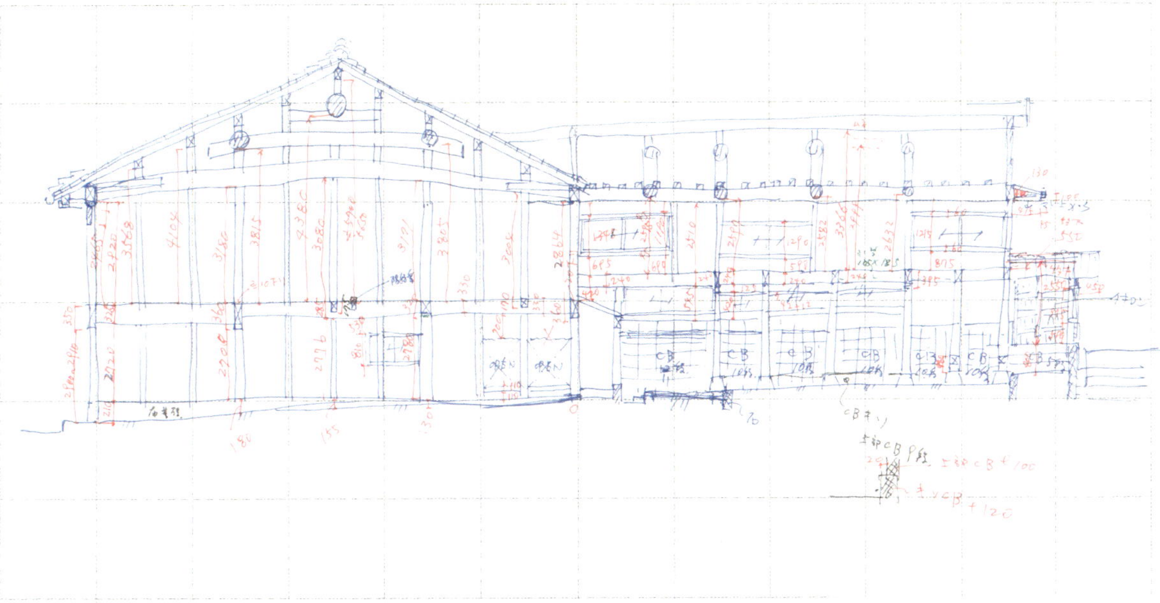

**上**｜解体時の断面図の現調スケッチ。現場を施工チームと細かく一緒に確認し、状況を共有していく
**中央左**｜解体時の室内の様子。上部には格子状に組まれた梁があり、床は奥にいくほど上がっている
**中央右**｜解体時の天井の様子。高さ9mの空間に存在感のある小屋組が現れた
**下**｜改修前のファサード。通りに対しては、土間へと続く出入口があるのみだった

ように生かしたり加えたりするか、そのバランスのさじ加減に毎回もっとも気を配る。残しすぎても加えすぎても、新しい価値に昇華できない。模型や図面、パースなどを見ながら検証していくことになるのだが、結局は脳内でのシミュレーションが最上位の判断軸であり、何度も頭の中で空間の中を歩いていると、自ずとそのズレや修正点のようなものが見えてくる。

# 平面・断面計画

今回のプロジェクトでは、ブルワリーとして「醸造スペース」のほか、「スタッフルーム」と「立ち飲みができる「バーカウンター」が求められた。バー機能はパブリックな場所として朝市通りとの接続が必要になることから、平面計画は自ずと1階の通り側から順にバースペース、醸造スペースとなり、2階にスタッフルームという構成になった。また、醸造スペースは細かく分けると、実際に醸造する場所、そして完成した製品を瓶に充填する作業場、発酵させるためのタンク置き場という大きく三つの空間が求められる。

私たちはこのプロジェクトにおいて、「ブルワリーの雰囲気が通りに滲み出ていることが何より大切だ」と考えていた。そのため、作業動線などもクライアントと確認しながら、発酵タンクをもっともバースペースに近い位置に配置し、ガラス間仕切りによってバーとタンクという二つのスペースをレイヤー状に重ねるように計画した。また解体後、地盤の関係で床は建物奥にいくほどレベルが上がってしまうことがわかった。そのため、計画では作業に支障がないように機能をレイアウトしつつ、醸造スペースの前後でレベルを設定し、これらをスロープでつなげる断面計画とした。さらにタンクの上部には梁組が見えるような構成とし、建物がブルワリーと一体となった空間をめざした。

**(左頁)上**｜奥側の醸造スペースにタンクを設置するときの様子

**(左頁)中央左**｜解体時の床の様子。店舗奥側(写真右側)にいくほど地盤の関係でGLが上がっている

**(左頁)中央右**｜バースペースからタンクが並ぶ醸造スペースを見る。大判の引戸で開閉できるガラス間仕切りとし、内部のスペースをバーカウンターの背景にしている

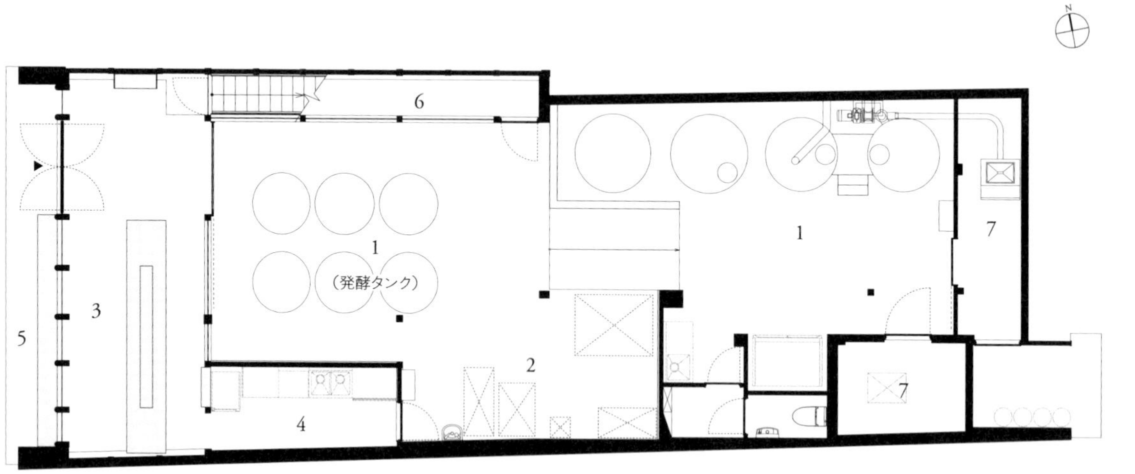


1階平面図

1 醸造スペース
2 充填・洗浄スペース
3 ショップ・バーカウンター
4 キッチン
5 スタンディングカウンター
6 ストック
7 機械室
8 作業スペース
9 事務所

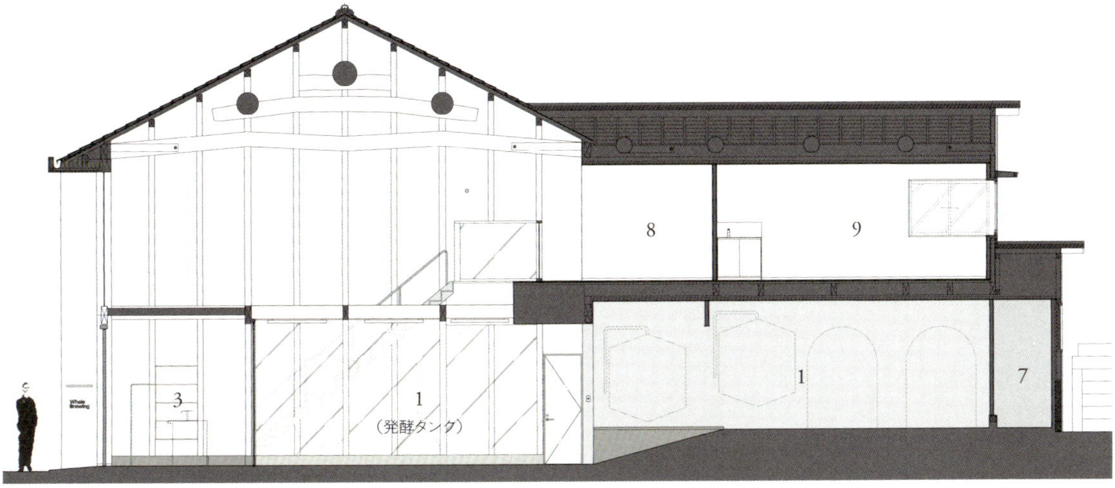


断面図

0 1 2 5(m)

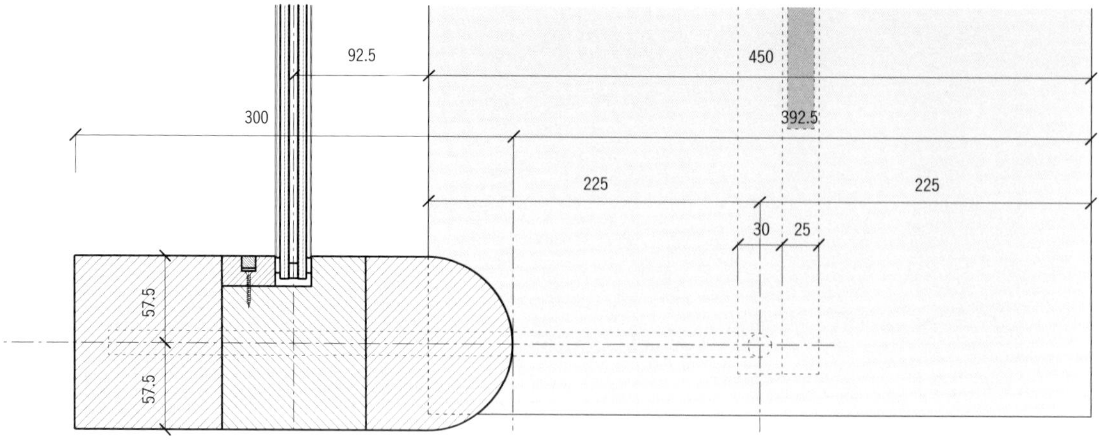


ファサードカウンター平面詳細図　S=1/5

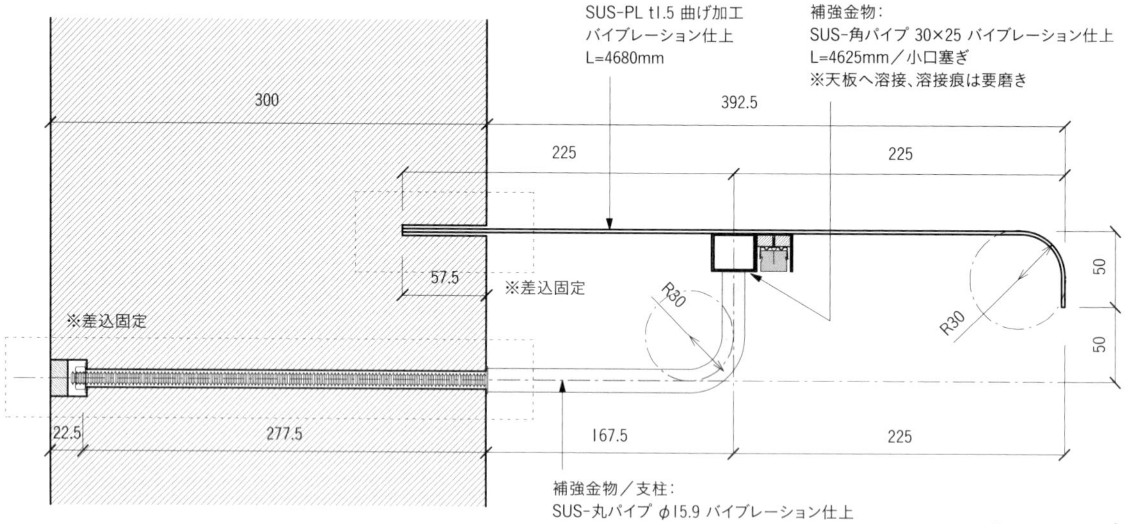


断面詳細図　S=1/5

## ディテールがつくり出すもの

空間が成り立つためには、さまざまな要素が一つに統合できていることが大切である。前述したような、既存の空間との整合性や照明計画はもちろん、平面や立面計画、素材や形状、施主の要望、ショップであればそのブランドのアイデンティティ、個々の機能性など、すべてが合理的に合致した状態に居心地よさを感じる。そして、ディテールはそのような要素のつなぎ役ともなり、常に強く意識するところである。

今回の場合は、木部やステンレス部分に寸法の異なるアール形状を随所に取り入れることで、これを成立させている。たとえばファサードでは、ヒノキ柱のエッジは半円状の断面形状で仕上げ、強さのある全体の印象にやわらかさを出している。また、内外のカウンターや出入り口のハンドルにも丸みをつけ、手が触れる部分に馴染みのよさを加えた。このように異素材も含めて、ディテールを一定のルールで計画することは、単に局所的な効果だけを意図しているわけではない。重要なのは、細部まで適切な状況を考えることで、空間全体にほどよい調和を得られることである。

**左上**｜ファサードの木部の様子。半円状の丸みをつけたヒノキの集成材を既存構造に合わせて染色している
**右上**｜ステンレスで製作したファサードの立ち飲みカウンター。内部と同じ丸みをつけたディテールを踏襲している
**下**｜内部のバーカウンターもエッジは丸みをつけ、手当たりのよさをもたせながら空間の印象を統一している

# ファサードのあり方を考える

　店舗の計画を考えるとき、そのファサードがどういう状態であるかは、まさに店舗の顔を決める重要な点になる。今回のファサードは、「まちの起爆剤になるような場所にしたい」という施主の希望を踏まえながら諸条件を整理していくと、必然的にこの形へと導かれた。それは既存建物がもっている小屋組の強さを見せること、ブルワリーの雰囲気が通りへ滲み出ること、構造の補強的な理由、そして呼子のまちや建物自体がもっている雰囲気、これら複数の要素を統合することによるものだ。

　具体的には、計画ではグランドレベルのバースペースだけでなく、上部もガラス張りとして小屋組を見せている。同時に、バースペースには衛生上の規定で天井を設ける必要があったため、梁の高さに天井や照明などの設備を納めることで、通り側からは吹き抜けのように感じられる見え方を考えた。また、ファサードのスタンディングカウンターや開き戸のハンドルにはステンレスを用いた。

　ブルワリーらしさの一つにステンレスタンクのイメージがあると考え、機能が求められる箇所に意図的にステンレスを使用し、雰囲気の溢れ出しを意識した。一方、柱の素材に用いたヒノキは、ファサードの質感として印象に強度をもたせることと、建物の日本的な雰囲気をふまえて選定した。ヒノキは老朽化したファサード部分の新たな構造材としても機能しており、既存の柱・梁と同色でこれを染色して全体に統一感をもたせた。

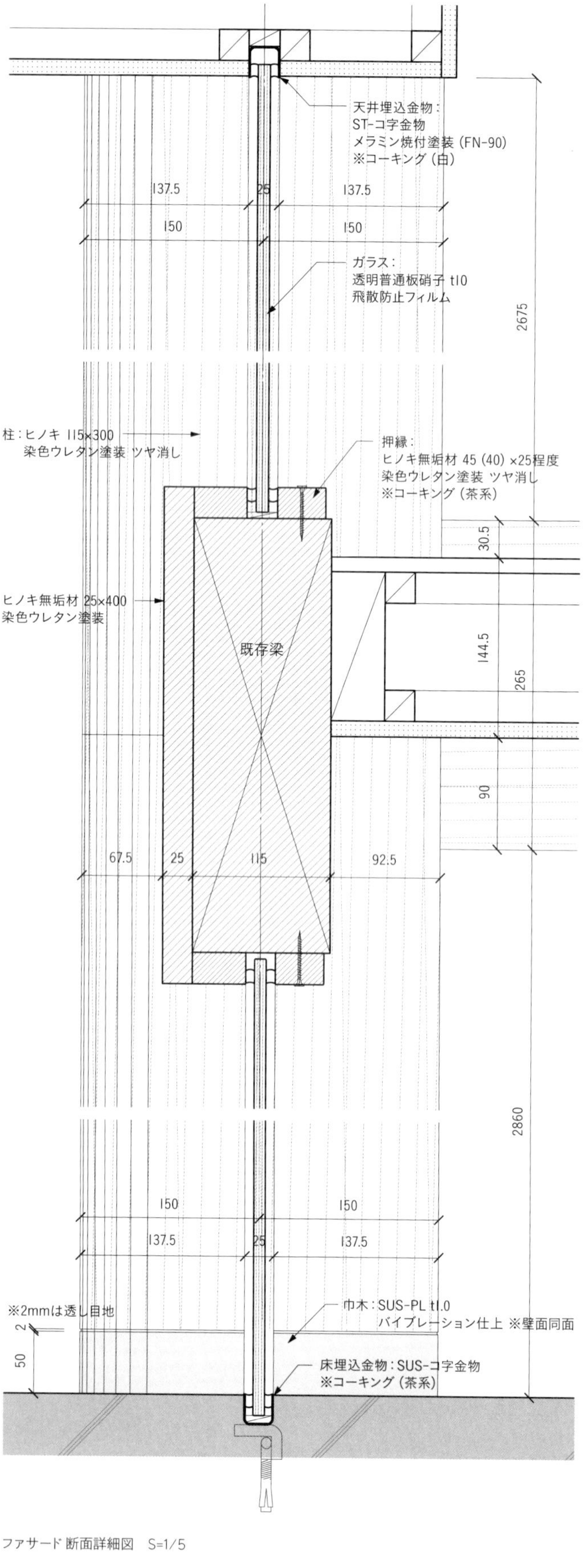

ファサード 断面詳細図　S=1/5

上｜ファサードは梁下・梁上ともにガラス張りに。開戸の取手やスタンディングカウンターにもステンレスを使用し、内部とのつながりを意識した

右下｜サインプレートや照明などの造作もステンレスで統一した

左下｜柱となるヒノキの集成材を取り付ける様子。腐食が進んでいたファサードの構造的な補強も兼ねている

# 照明計画と色温度

計画地は夕方になると港町らしい綺麗な夕日が見られる一方で、朝市が終わり午後になると人通りが少なくなる傾向にあった。そのため施主は今後まちの滞在時間を長くしたいとも考えており、照明計画にも通りの起点となるような計画が求められた。

今回のプロジェクトの特徴は、光の色味、つまり色温度が異なる照明を一つの物件で使い分けていることである。色温度は値が小さくなるほど暖かみが増し、逆に大きくなると光の白さが増していく。計画では、小屋組を照らすためのアッパーライトにもっとも値の低い２４００Ｋを用い、木部の暖かみを生かしている。一方、色温度が低いと作業性は下がってしまうことから、一番奥の醸造作業場には４０００Ｋの器具を使用。そしてこれらをゆるやかにつなぐように、タンクスペースには３０００Ｋのライン照明が、バースペースには２７００Ｋの照明が用いられた。また、小梁に直付けしたライン照明には、オリジナルで製作したステンレスの遮光カバーを取り付けた。色温度の異なる光が上部に漏れ、小屋組の照明に影響することを回避している。

住宅はもちろん、店舗ではとくに照明計画が空間全体の印象を左右するため、可能な限り専門性のある照明デザイナーと協働することが多い。今回も20年来の親交のある照明デザイナー(BRANCH LIGHTING DESIGN)と協働し、計画の意図を伝えてコミュニケーションを図ることで、全体のコンセプトにより強度をもたせる照明計画とすることができた。

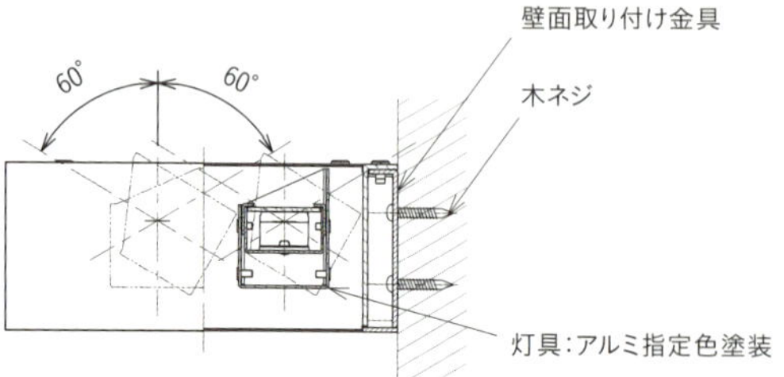


アッパーライト断面図

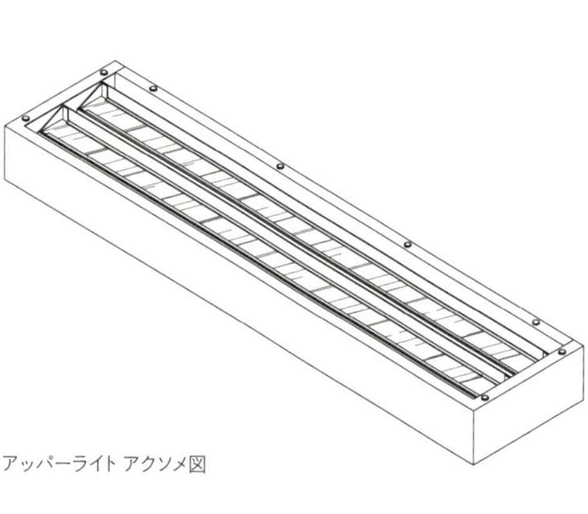

アッパーライト アクソメ図

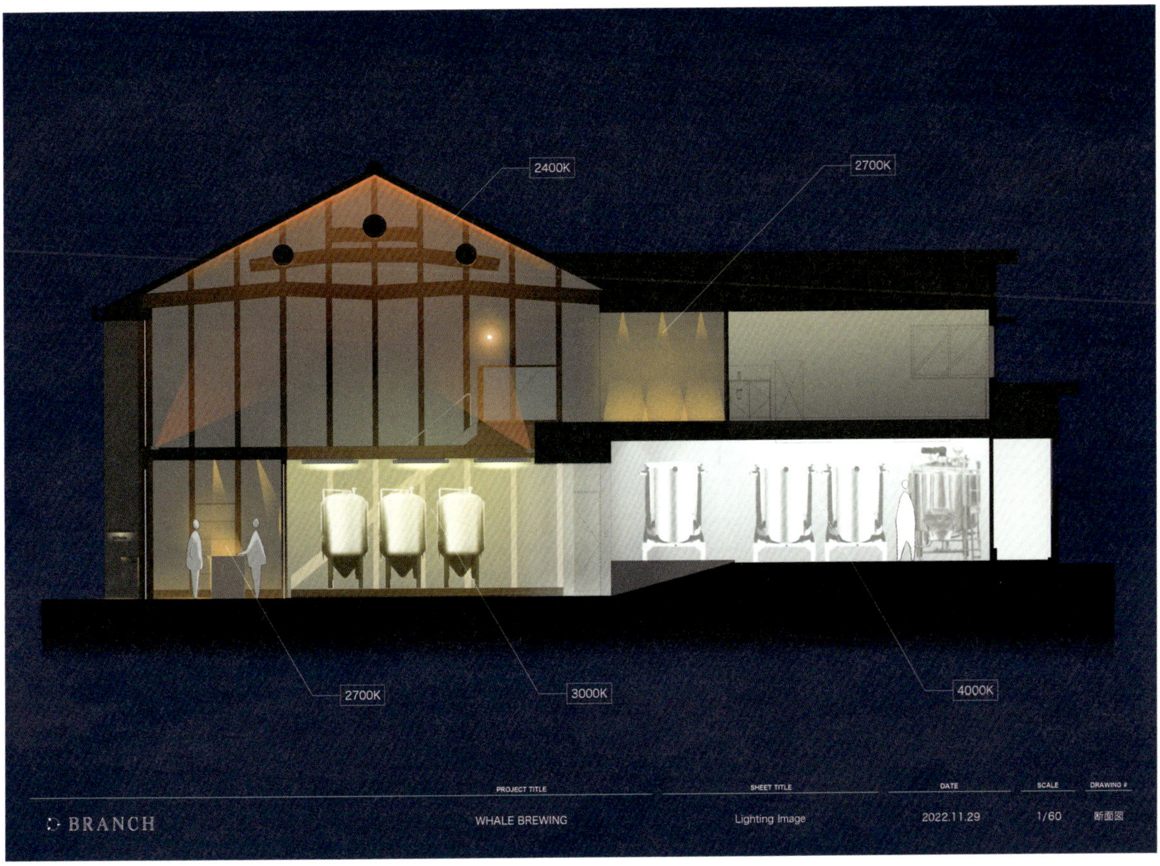


照明計画図（断面）

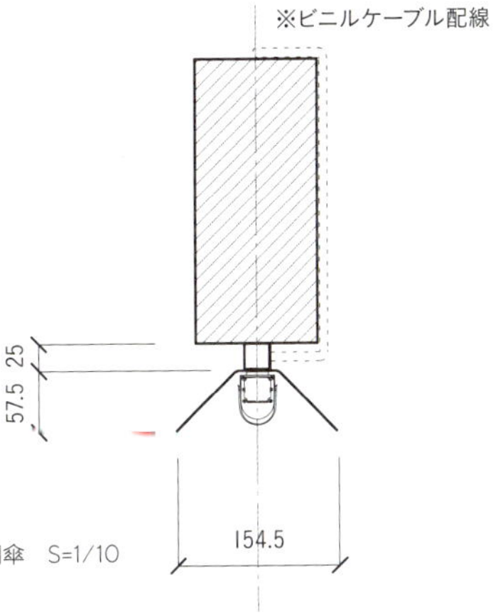


醸造場照明傘　S=1/10

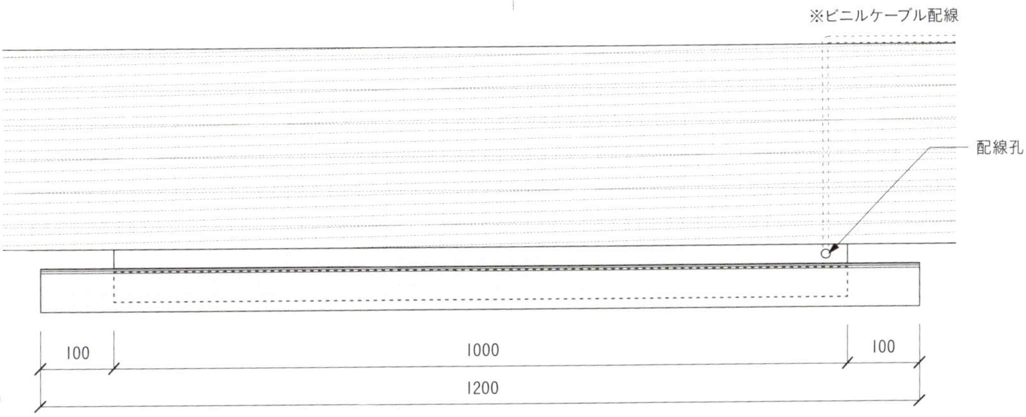


側面図　S=1/10

**上**｜露天が並ぶ「呼子朝市通り」と店舗ファサードを眺める
**中央**｜バースペースの全景。ガラス間仕切り越しに醸造スペースの雰囲気がバースペースへと滲み出す
**下**｜バースペースから2階へ向かう動線。階段は溶融亜鉛メッキ仕上げとし、ステンレスと雰囲気を合わせた
**左頁**｜2階作業スペースから店舗ファサードを眺める。既存の梁組の下にステンレスの醸造タンクが並ぶ

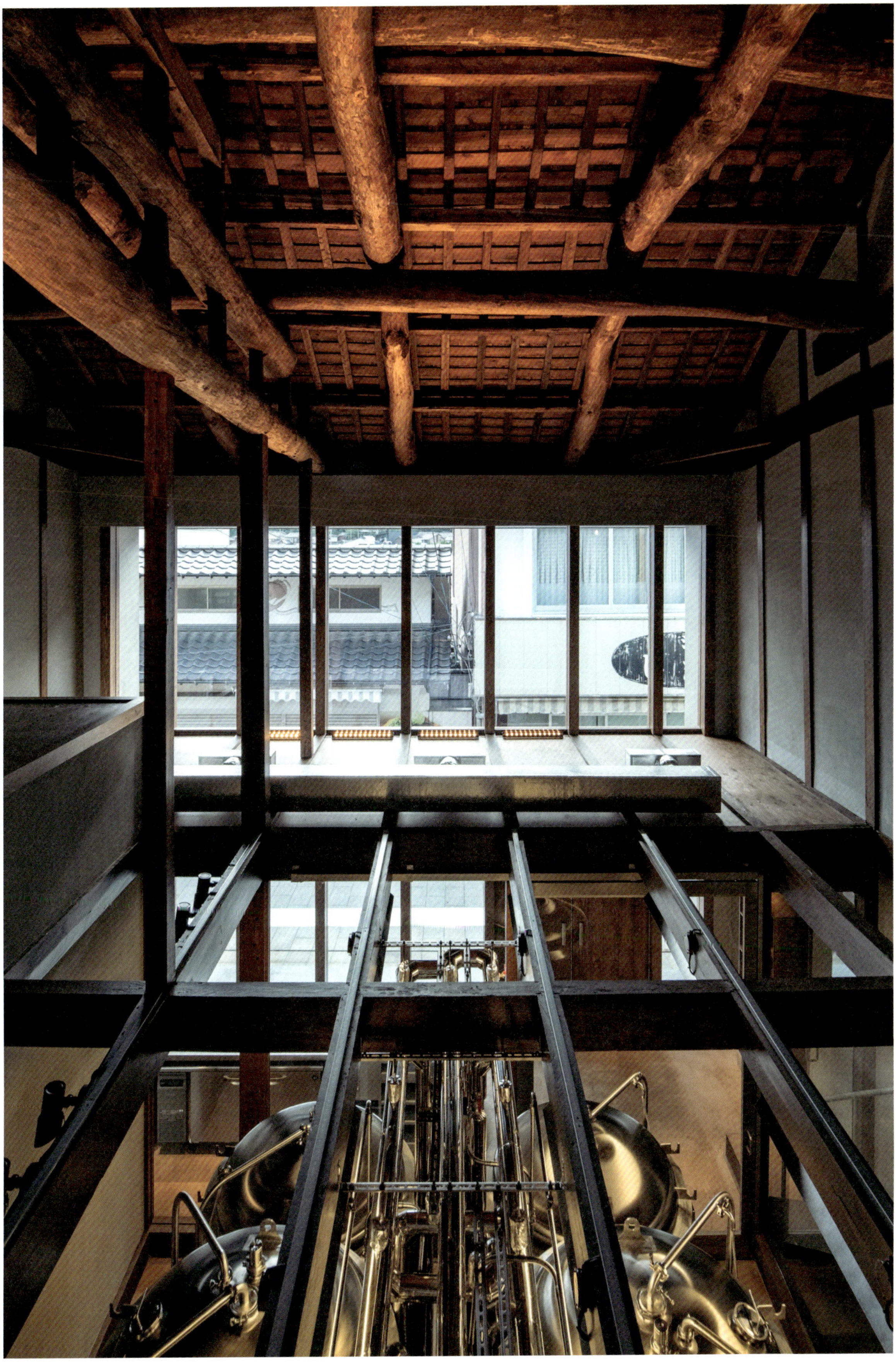

**上**｜アッパーライトに照らされ、高さ9mの大きな空間に梁組が浮かび上がる

**左頁**｜ファサードの夕景。バースペースや醸造スペース、2階の梁組など、それぞれで異なる照明の色温度が使い分けられている

Whale
Brewing

エリアのシンボルでもある「呼子大橋」に沈む夕暮れを眺める

6

# 古谷俊一

Shunichi
Furuya

古谷俊一（ふるや・しゅんいち）
建築家

–

1974年　東京都生まれ
1997年　明治大学理工学部建築学科卒業
2000年　早稲田大学理工学研究科建築専攻
石山修武研究室修了
2000年　IDÉE
2006年　都市デザインシステム
2009年　古谷デザイン建築設計事務所設立
2022年　みどりの空間工作所設立
現在、京都芸術大学客員教授

–

主な受賞に「深大寺ガーデンレストランMaruta」で日本空間デザイン賞2020 大賞、「深大寺ガーデン」で第18回環境・設備デザイン賞都市・ランドスケープデザイン部門 最優秀賞、「スイシャハウス・スイシャオフィス」で第2回日本建築士会連合会 建築作品賞 優秀賞、「大森ロッヂ新棟 笑門の家」で東京建築士会 住宅建築賞2023 住宅建築賞など

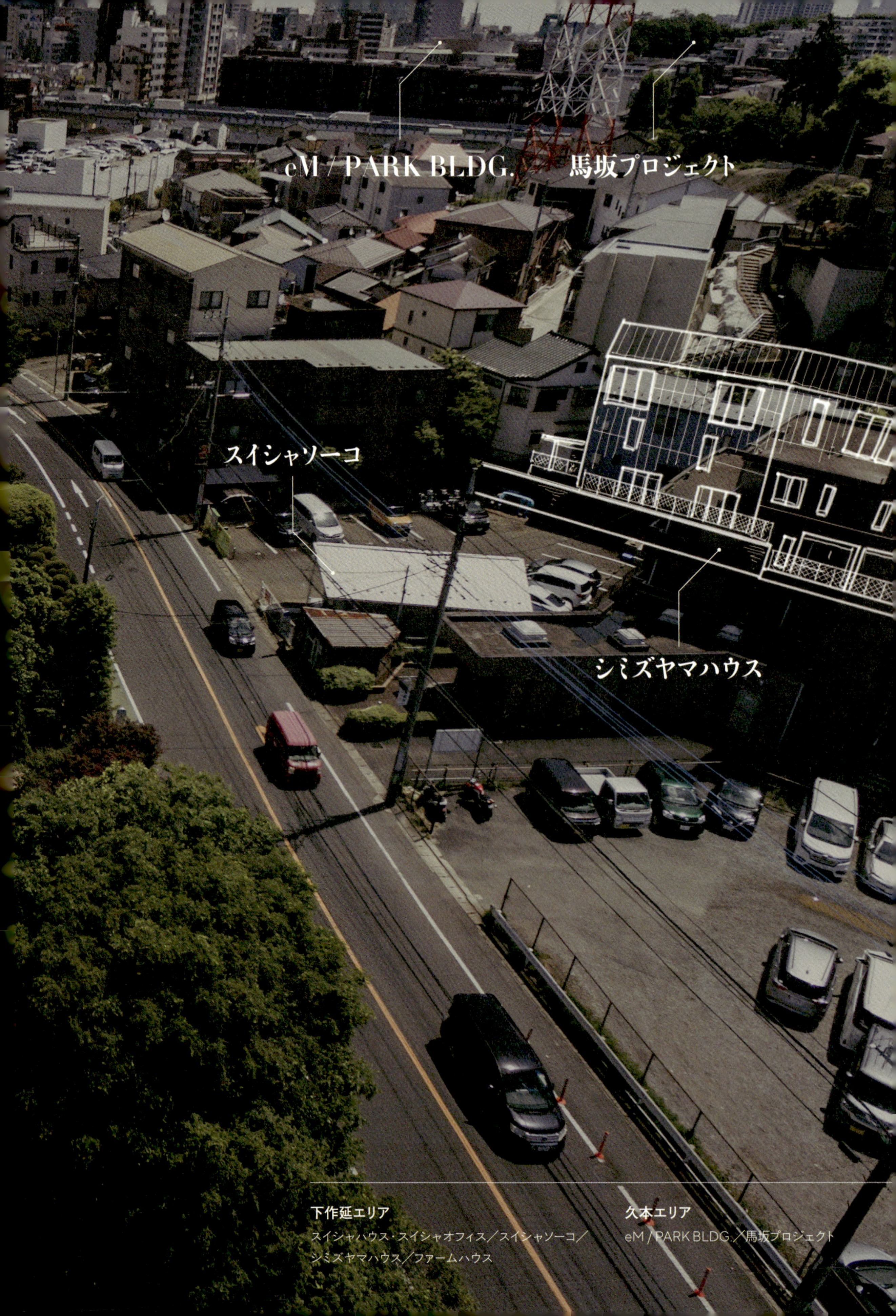


**下作延エリア**

スイシャハウス・スイシャオフィス／スイシャソーコ／シミズヤマハウス／ファームハウス

**久本エリア**

eM / PARK BLDG.／馬坂プロジェクト

# 7 ARCHITECTURES in MIZONOKUCHI (2021–)

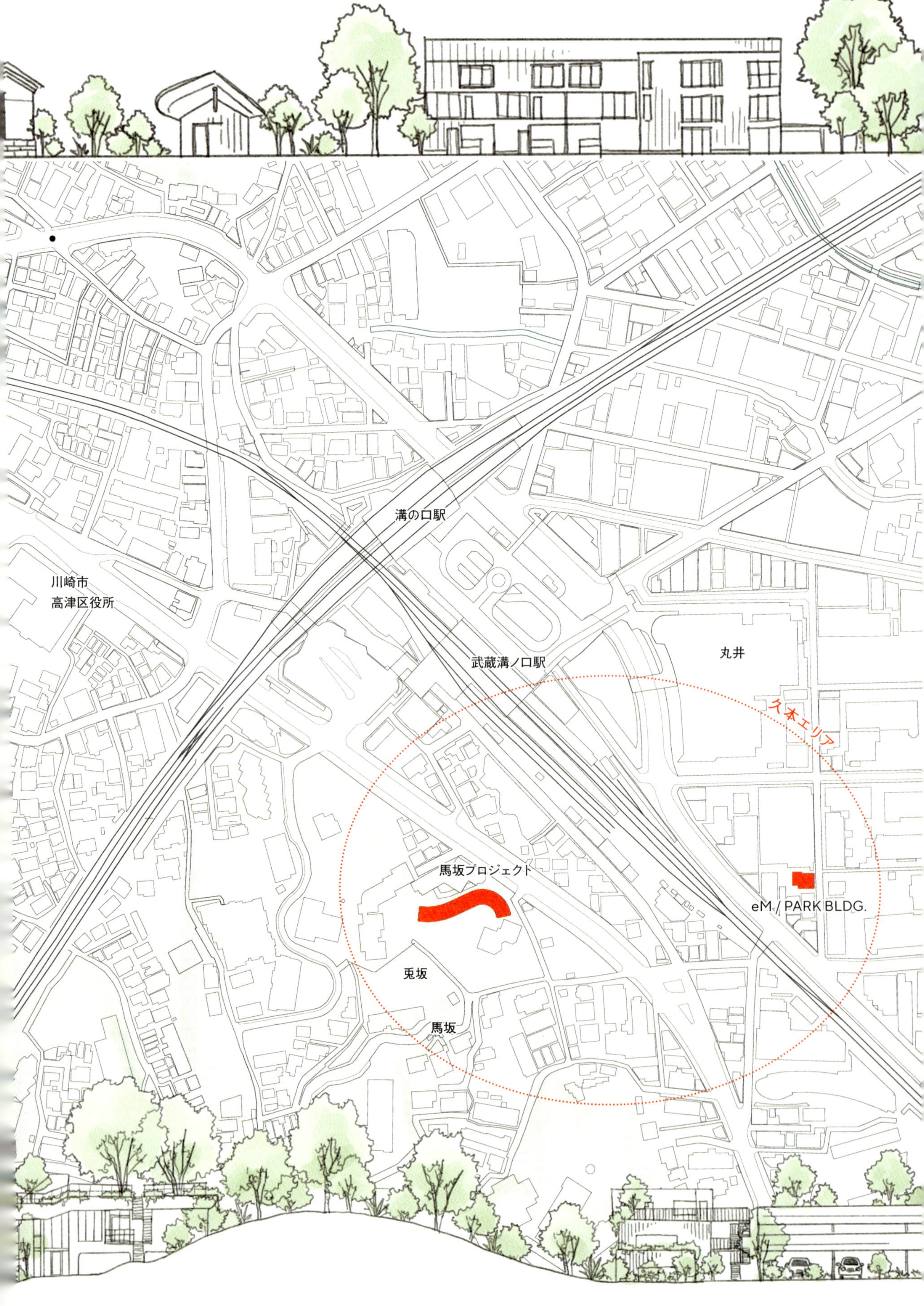
溝の口駅
川崎市
高津区役所
武蔵溝ノ口駅
丸井
久本エリア
馬坂プロジェクト
eM / PARK BLDG.
兎坂
馬坂

建築を設計するとき、街の文脈をどう読み取り取るかは大事な設計与件の一つである。連作となるとその街の構成要素の中に自身の作品があることになり、その意図を少なからずの面として同様に展開していくのか、同じことをしてもつまらないので、新しい建築コンセプトを紡ぎ出すのかとしばしばの葛藤がある。これは「大森ロッヂ」の「運ぶ家」(2015)、「インターバルハウス」(拙宅 2019)、「笑門の家」(2022)の3作でも経験してきていることである。

この溝の口駅周辺の二つのエリア(下作延、久本)では七つの建築プロジェクトが存在する。うち五つが竣工し、二つは進行中のプロジェクトである。本書では下作延エリアのプロジェクトを中心に、駅の反対側の久本エリアのプロジェクトも紹介したい。

今回紹介するプロジェクトはすべて収益物件である。住宅、店舗、オフィスとその土地の文脈とクライアントが考える街とのかかわり方をアレンジし、塩梅のいい落とし所を見定め、建築という形に昇華させていく作業(設計)はもはやクライアントと共同経営者かのようなシンパシーを感じながら進めていく作業であり、やりがいの詰まったダイナミックな時間の繰り返しである。七つのプロジェクトにおける設計プロセスを俯瞰しその面白さを感じてもらいたい。

### 下作延エリア

# スイシャハウス・スイシャオフィス・スイシャソーコ

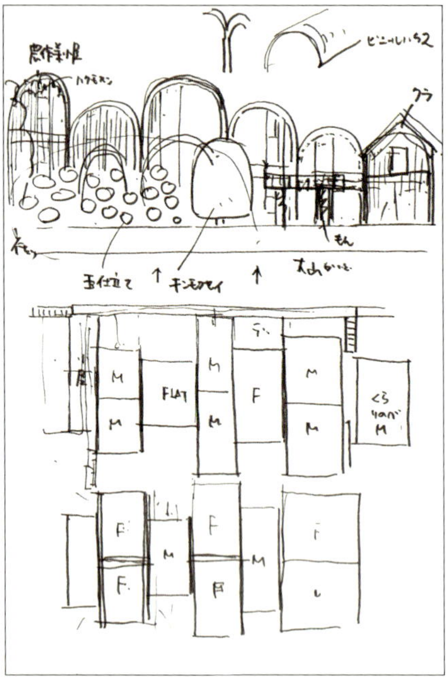


**C案の建ち方のイメージ**
金木犀の丸い刈り込みと同類の文脈を継承するアイデア。刈り込みはみどりを建築的にする。また大きくなれば物体としてのボリュームは建築と同等である

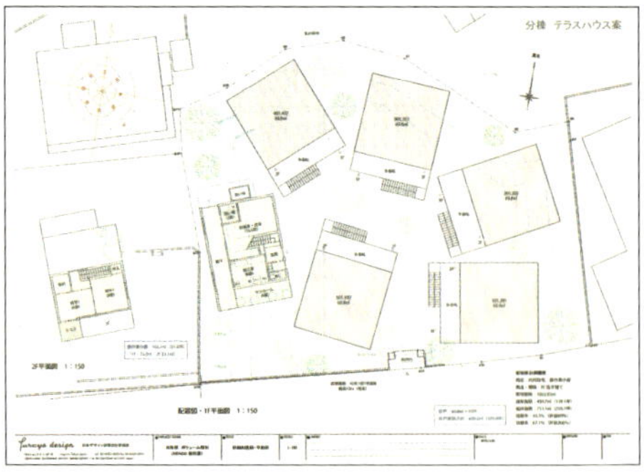


**A案**
既存樹を生かし大きな庭の中に戸建て型の賃貸を配置する案。農作業小屋もその中の一つ

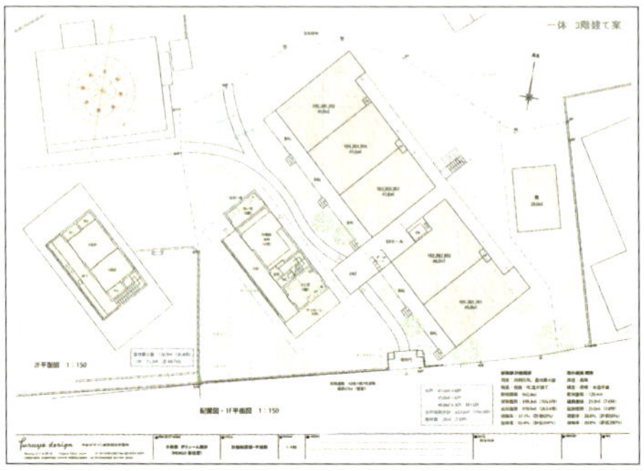


**B案**
集合住宅型のプランニング。容積を重視したプランニングが行きすぎると街並みは崩れる

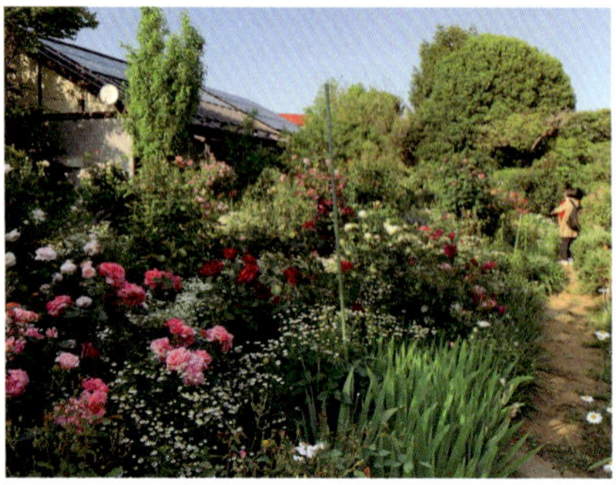

クライアントのバラ園

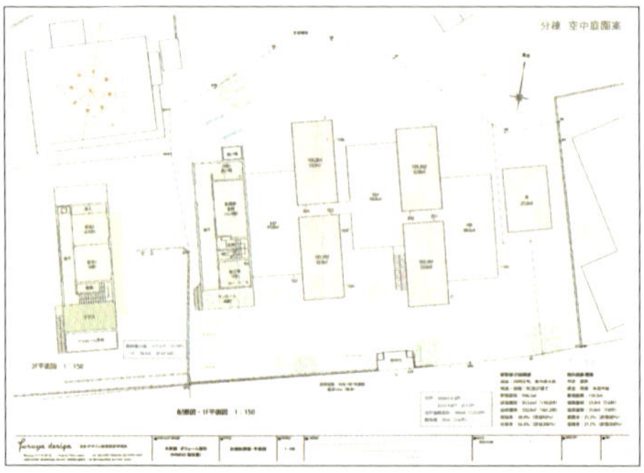


**C案**
現行案に近い形。南北のグリーンボリュームの雰囲気が貫通していくようなイメージをつくる。連結させてコストを抑える

［企画提案業務］

設計の依頼があるとまずは敷地の視察とともにクライアントとの話の端々ににじみ出る機微を大切に読み取りながら建築というものに投資するマインドの基礎にどのようなモチベーションがあるかを確認する。明確な建築のイメージがある場合と、餅は餅屋に任せたといって基本お任せ的な方とさまざまで、プログラム構築からご一緒する場合もままある。

「スイシャハウス」も同様で、賃貸物件という括りはある中で何をどれだけのボリュームをつくるといいかという議論からはじまっている。

・クライアントが大事にしていること
・この立地における賃貸市場の性格
・居心地のよい場所はどこか
・費用対効果（建設費や収支のこと）
・敷地のみどりとどうかかわるか
・どんな建築の形がこの場所に合うか
・街とのかかわり合いについて

上記のような事柄を現場の空気感、関係者の感性などを織り交ぜてぐるぐると思考を繰り返しそれぞれの調子が合う落とし所を見つける。

いくつかの案を思考していく中、もともとあった大きな古民家の位置に新築を建て、蔵の前にあった農作業小屋は新築棟に付帯とし、蔵は改修する方針がまとまっていった。

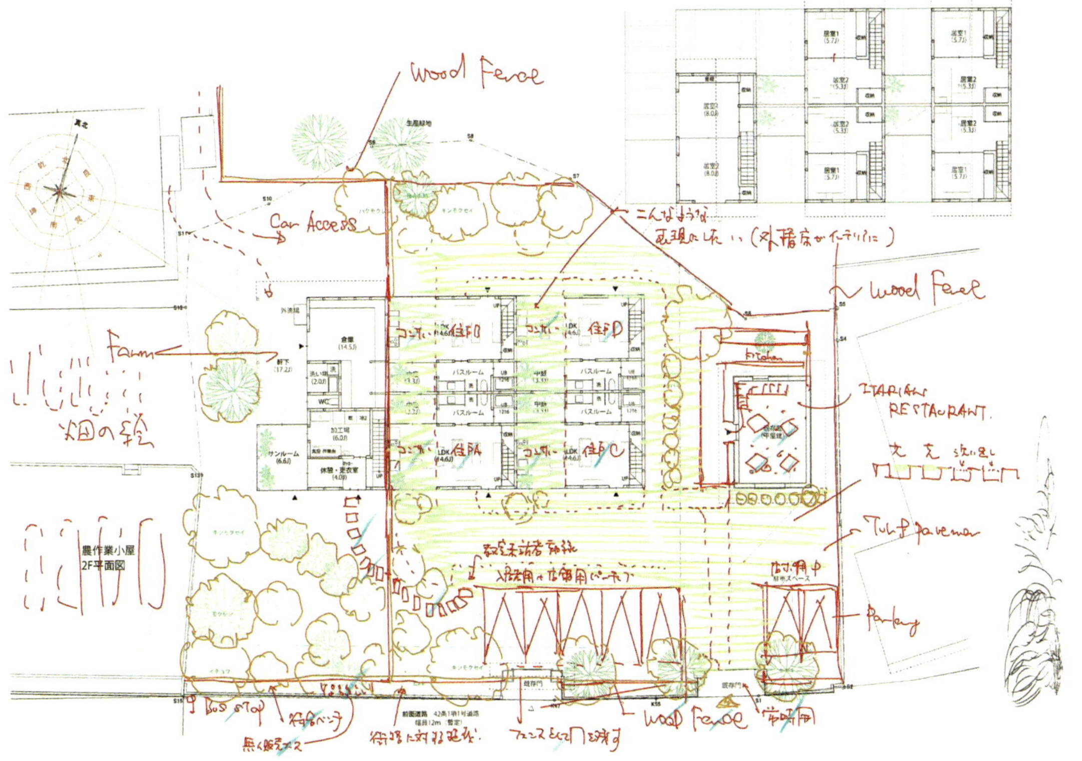


**プランイメージ**

プランニングがほぼ固まってくると、具体的な空間のイメージや局所的に仕上げやディテールなど、ズームイン、ズームアウトの思考が繰り返される。建築プランをどのように表現して、どのようにイメージ共有を図っていくのかも所内で検討される。中央の住民がスイシャハウス、右の土蔵の改修がスイシャオフィス

**道路より敷地全体を見た完成写真**

土蔵、門扉、塀(仕上げ材は変更)、金木犀、柘植、木蓮、山桃などの既存樹木といった、これまでの街並みを構成していた要素はそのままに新築建物は垣間見えるレベル。このくらいがちょうどいいと考えている

## ［基本設計］

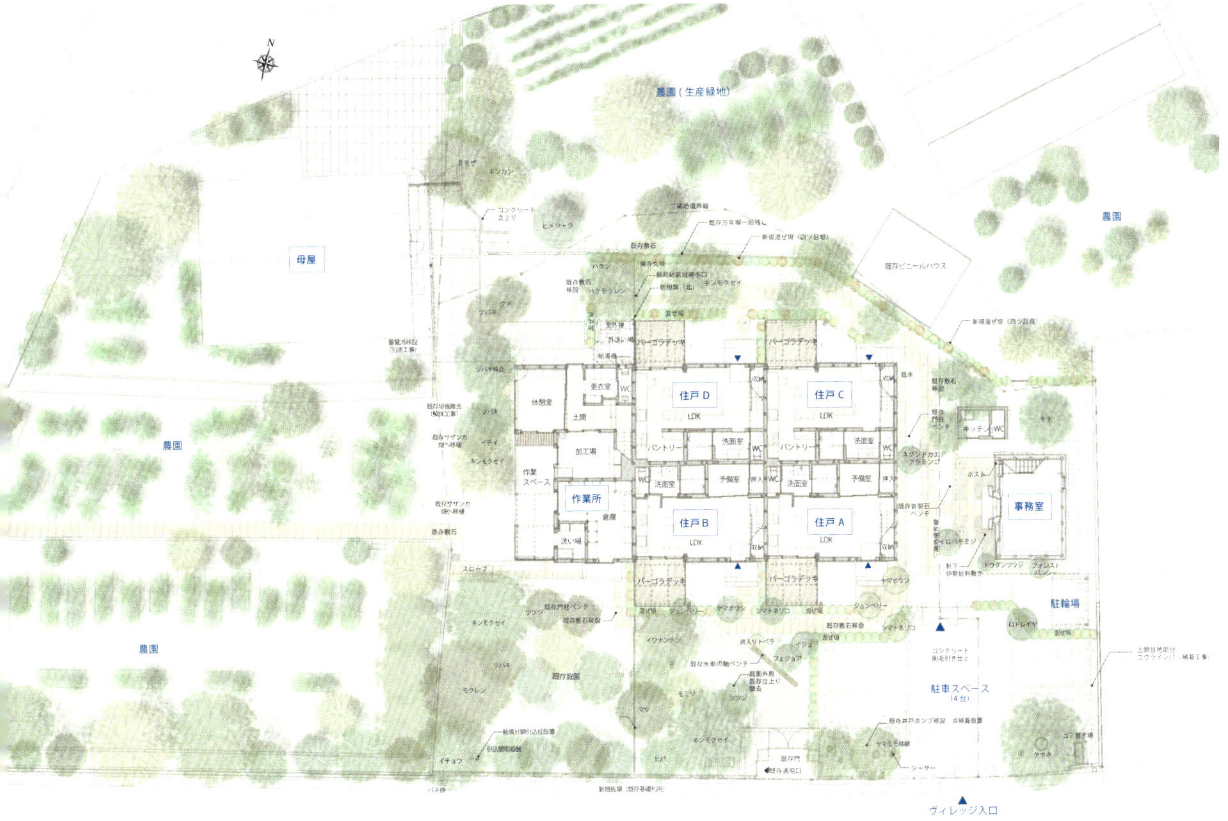


配置図

立面図

基本設計を進めていく上で怖いのは予算超過である。やりたいことを詰め込んで資材高騰の社会情勢も手伝ってダブルスコアということもある。可能な限り超概算をとるようにしている。平立断と仕様書を付しておおよその金額感の照準を合わせる。基本設計中はまだ企画設計を引きずっている。もっとこうするとよくならない？　などまとまってくると見えてくるものがたくさんある。ここではいかに既存のグリーンボリュームを室内に取り込むような開口部設計ができるか、指標となった土蔵のボリュームと完全に合わさなくてよいか？　でもピッタリあっているより大事なことたくさんあるよね。コスト重視で田の字型プランにしたけど防音対策どうしようなどなど。

また、見やすい図面を描くように心がけている。三次元のアウトプットが増えているが、依然見積りは二次元の図面である。建築の奥行きとイメージを線の強弱や面の表現で行い、キャプションや寸法のバランスやプロポーション、ひいてはフォントまでもがこれから建築をつくってくれる施工者の方々に伝える意思の一つだと考えている。

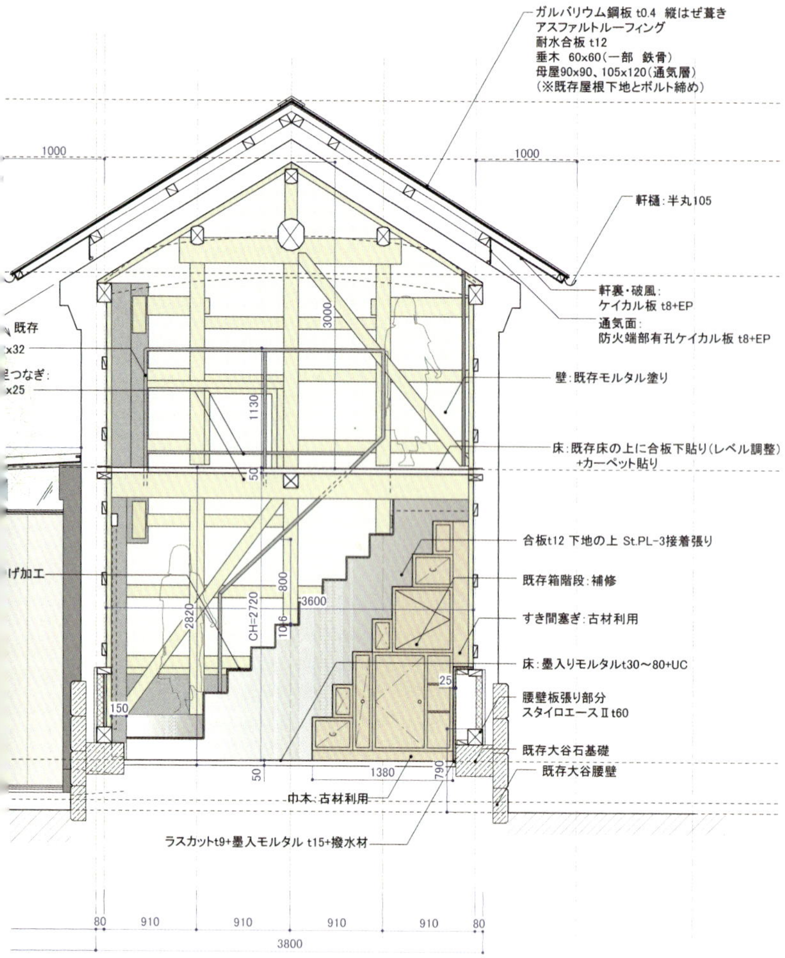


スイシャハウス（左）とスイシャオフィス（右）の断面図

# 実施設計について

時間があればこの実施設計の前に概算見積をとるが、昨今の実情は基本設計でほぼ実施設計に近い形まで詳細を詰め、その見積りの金額から離れていかないように実施設計と確認申請業務を進める。プロジェクトのスタックにつながるような金額の上昇感が現在はあるため、確認の出し直しなどのリスクもつきまとう気の抜けないタイミングである。

建築の特徴に屋根と外壁および温室フレームがある。屋根は土蔵の置き屋根工法を踏襲。見た目のシャープさと屋根通気機能の担保がこだわるだけの付加価値であり、鉄フレームと木垂木の組み合わせ、その接合部の詳細など入念に詰める。

外壁のサイディングはメーカーの開発商品のデモとして使用した。日本の街並みの大半をつくっている窯業系サイディングの未来を担う、経年変化する素材としてそのコンセプトに共感し採用をした。入隅、出隅、窓廻りなどの納まりをメーカーとけんけんがくがくやり合った結果の外観である。みどりのインテリアへの取り込み、半温室空間の創出など、農家や農地の中という性格からも親和性のある温室フレームを多用している。これらをつくり込む詳細図面の集積が実施図面となって設計の意図を施工者に伝え、施工図へとつながっていく。いつも所員には自分でつくるつもりで図面を表現するように伝えている。

[実施設計]

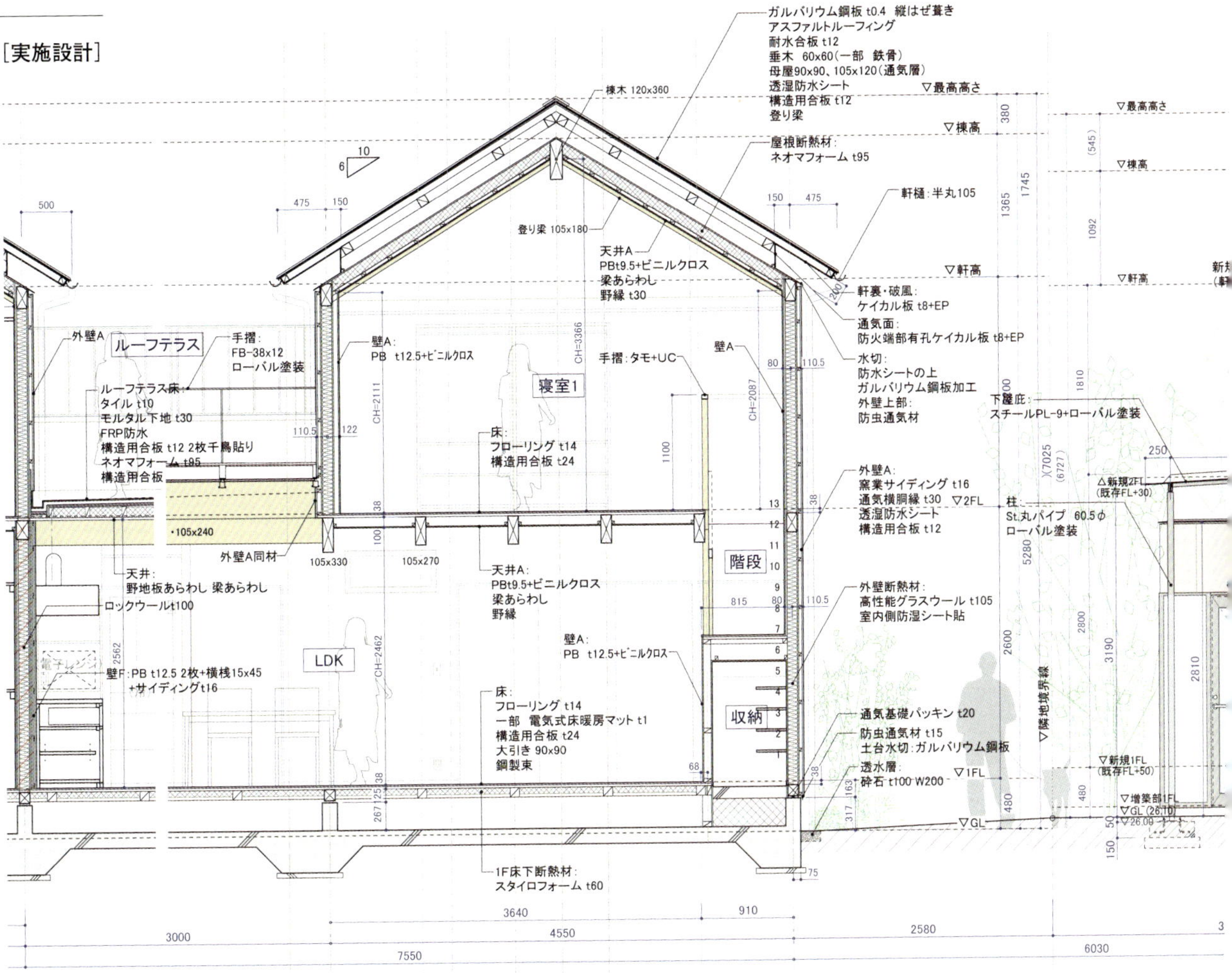


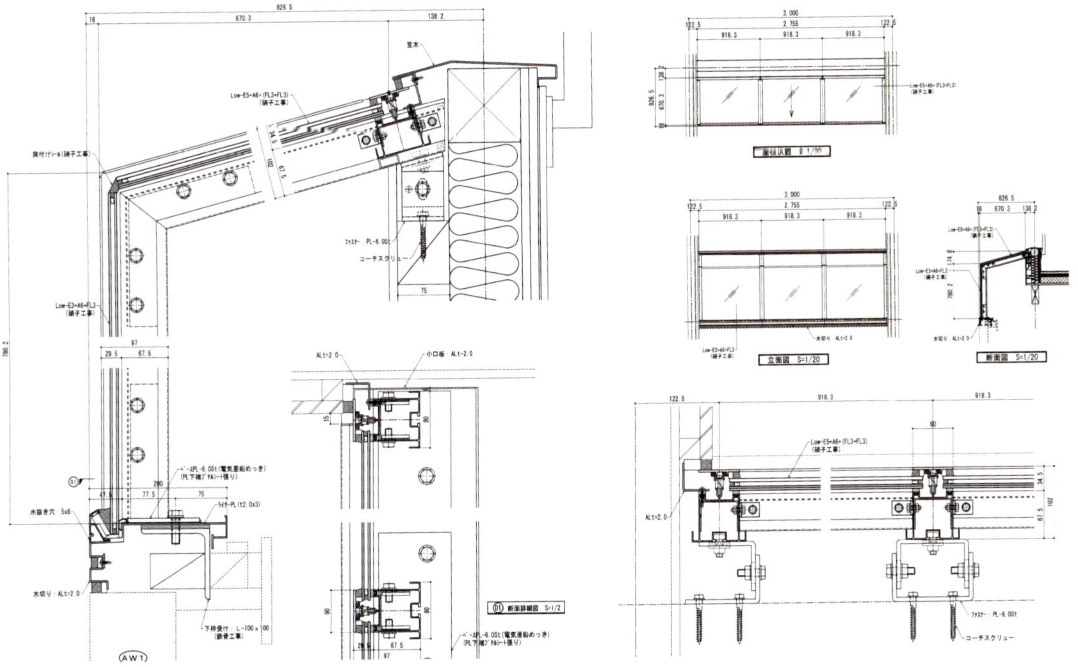


コンサバトリーで使用している温室メーカー製作のトップライト

# 設計監理について

実施見積を受け取ると、予算との乖離が必ず発生する。1～2割の減額設計をすることが常である。工法の簡易化、仕様の見直しなど行い、それでもままならない場合は面積の削減までメスを入れる。建築の芯がしっかりしていればおおよそはうまくまとまるケースが多い。案外その方が安いしいいね、みたいなことも多い。

地鎮祭は必ず建築吉日を選びクライアントの裁量により食事会を行ったりして親睦を深める。できるだけつくり手とクライアントをつなげて顔の見えるモノづくりの現場をつくっていきたいと考えている。

実施設計で作成した模型

酷暑日。涼しい土蔵の中で現場会議。手前は設備の相澤さん、左は栄港建設の中原さん。奥はスタッフの豊島。つくり手のアドバイスにいつも助けられている

建築の工事範囲に芍薬がかかるため、事務所スタッフが植替えを行っている風景。やれることはできるだけ自分たちの手で!

解体した元母屋。大きな平屋の間取りで土蔵同様に明治大正期の築。開口部を支える10m級の桁梁はスイシャソーコの棟梁として活用した

土蔵の前には農作業小屋があった。解体工事に際し青空現場会議を行っている風景。この景色は新しい建築になっても継承したいと考えた

柿のなる季節。上棟作業に多くの大工さんが力を合わせてくれている。「ご苦労さまです!」の一言は欠かせない

傾いている土蔵をジャッキアップして起こしている様子。この土地の歴史を刻んでいる建築はできるだけ残せていけたらと思う

残された土蔵。土の屋根の上に帽子のように置き屋根が載っかっているだけ。クライアントになったつもりで各業者さんと触れ合うよう心がけている

構造設計のKAPさんとの打ち合わせ。既存部との接合方法など現場で確認しながら協議を行い、工事がスムーズに進行するように努める

## 土蔵（スイシャオフィス）について

1901年築の土蔵も当初は解体の予定であった。クライアントと会話を重ねるうちにここにかつては水車が回っていて地域のシンボルになっていたという話を聞いたり、昔は蔵がそこかしこにあって、置き屋根が台風で飛んで、誰それさんちの屋根が田んぼに落ちてるね〜なんて話も耳にするに至った。「傾きを直したりきれいにするのは大変ですが残しませんか」と打診したところ、「賃貸できるなら」ということで改修設計を頑張ることができた。

土蔵（スイシャオフィス）とスイシャハウスの間。北側の住戸に向かうアプローチ。既存の石材や新規植栽を織り交ぜて土蔵が生まれ変わることをイメージした

1階内部。すべてを現行法規に適合させることは難しいが、収益物件として過去の意匠を残しながらも成立させることをめざした設計

2階内部。既存フレームを生かす。床のみ壁から縁を切り、パンチカーペットを敷き詰めている

土蔵はレストランかオフィスとして賃貸することを目標に設計をはじめた。新しく架け直した鉄板の庇の奥にはミニキッチンとトイレを増築している

## スイシャソーコ

計画中に倉庫利用を希望する借主の手が挙がり、急遽当該敷地対面の駐車場の一角に倉庫が計画された。駐車効率と荷物の出し入れの利便性を加味した配置計画とし、切り妻屋根の棟梁は古民家を支えていた桁梁（13m）を転用している。

木軸のみを残して土壁を切り欠き防火サッシを設置することで、外光の入る空間に仕立て直している。置き屋根は新築建物と同様の仕様で防火性能を担保した

# 植栽計画の話

建築の設計と植栽の設計を同列で考えている。われわれは建築と植物の合間にできる空間をつくることが重要であると考えているため、植栽図はインテリアの図面と変わらない設計対象なのだ。

写真（右下）はLDKよりテラスを介して斑入りマサキやベニカナメモチ、グミギルドエッジなどで構成された混ぜ垣や、農園のカキノキやキンモクセイを見通す様子である。イラスト（下）は同じ場所を外から見た様子である。外部のみどりを室内に積極的に取り込むためにトップライトと一体型のサッシ、いわゆるコンサヴァトリーとテラスおよび鉄パイプのパーゴラ、2階のルーフバルコニーなどが一役買っている。サッシがみどりの景観を積極的に取り込み、住まい手はパーゴラに日除けを施すなどの工夫をしてテラスを室内と同等に活用することをイメージする。このようにみどりが中に入り、人が外に出る関係をつくることが親密性を増大させる。

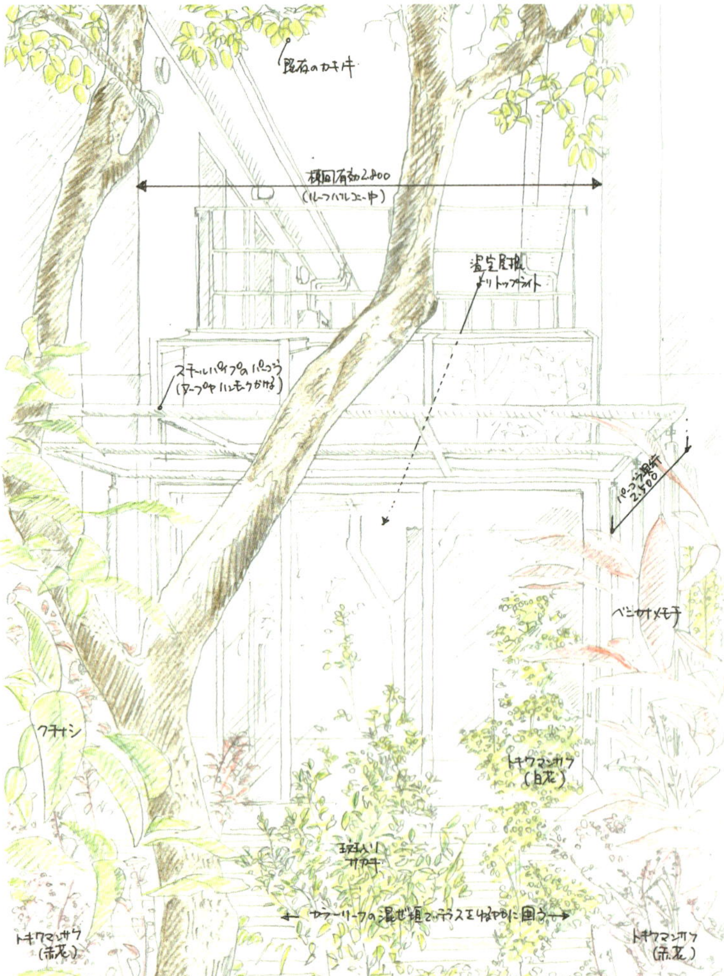

## 混ぜ垣のバリエーション

**キンモクセイ**
秋の知らせを花の芳香で伝える。落ちた小さな花が道路をオレンジ色にする

**トキワマンサク（赤）**
常緑樹で赤花と白花がある。初夏に糸のような花を咲かせ樹木全体を覆う

**グミギルドエッジ**
黄色い斑入りの葉が特徴的なカラーリーフで周囲に明るい印象をつくる。常緑で旺盛に育つ

**ゲッケイジュ**
葉と枝を編んだ月桂冠が有名。カレーに入れるローリエ

**ベニカナメモチ**
別名レッドロビン。新芽が赤く、徐々にみどりに落ち着いていく

**斑入りマサキ**
葉の縁に白い斑が入る。垂直に伸びる性質で狭い半日陰でも育つ

**オウゴンマサキ**
新芽がとくに黄色く、日が当たると黄金に輝く。お庭を明るくする

**マキ**
細い葉で和風のイメージをもつ。刈り込みに耐えるので形をつくりやすい

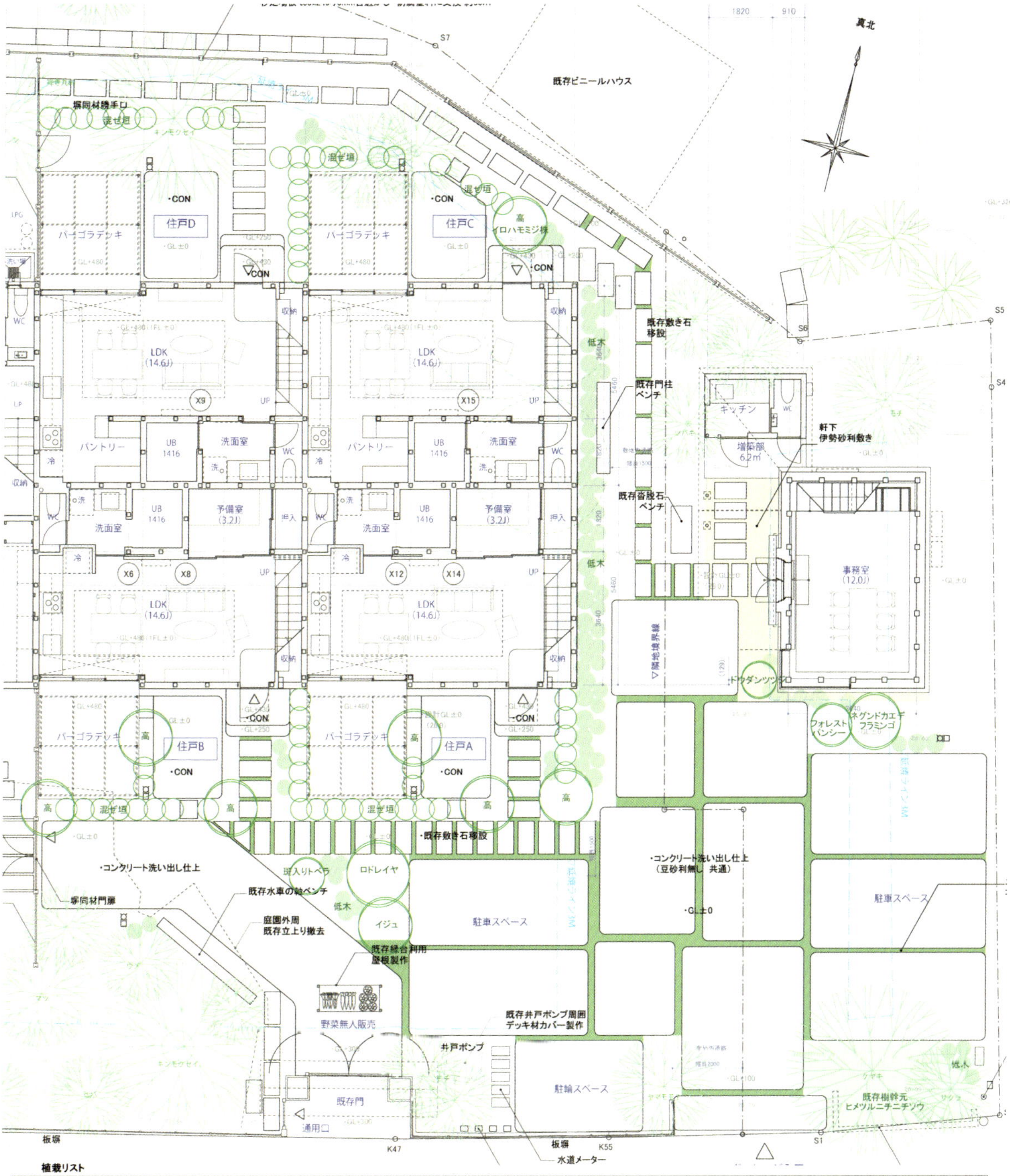


**植栽リスト**

**住戸まわり高木**

高

| | | |
|---|---|---|
| ヤマボウシ 株立 | h2.5m | 各2本 |
| ジューンベリー 株立 | 〃 | |
| シマトネリコ 株立 | 〃 | |
| イロハモミジ株立 | h3.0m | 1本 |

**混ぜ垣**

| | | |
|---|---|---|
| 斑入りマサキ | h1.8m | 各12本 |
| グミギルトエッジ | 〃 | |
| トキワマンサク(赤・白) | 〃 | |
| キンモクセイ | 〃 | |
| レッドロビン | 〃 | |

**蔵まわり**

| | | |
|---|---|---|
| ネグンドカエデフラミンゴ | 3.0m | 1本 |
| フォレストパンシー | 2.0m | 1本 |
| ドウダンツツジ(自然樹形) | 1.5m | 1本 |

**南側駐車スペース**

| | | |
|---|---|---|
| ロドレイヤ | 3.0m | 1本 |
| イジュ | 3.0m | 1本 |
| 斑入りトベラ | 1.0m | 1本 |

**住戸南側基礎廻り下草**

| | | |
|---|---|---|
| ユーフォルビア | 4号 | 各12pot |
| ローズマリー | 4号 | |

**住戸東側・他 低木**

| | | |
|---|---|---|
| アセビ | h700 | 各10本 |
| シャクナゲ | 〃 | |
| マルバシャリンバイ | 〃 | |
| クチナシ | 〃 | |
| マホニアコンフューサー | 〃 | |
| ユキヤナギ | 〃 | |
| コデマリ | 〃 | |
| レンギョウ | 〃 | |

**舗装目地 芝**

| | |
|---|---|
| コウライシバ | 約20㎡ |

**各所 下草類**

| | | |
|---|---|---|
| ギボウシ | 4号 | 10pot |
| クリスマスローズ | 3号 | 各24pot |
| アメリカイワナンテン | 〃 | |
| 斑入りアマドコロ | 〃 | |
| 斑入りヤブラン | 〃 | |
| ヒメシャガ | 〃 | |
| フッキソウ | 〃 | |
| 斑入りハラン | 〃 | |

**既存樹幹元**

| | | |
|---|---|---|
| ヒメツルニチニチソウ | 3.5号 | 96pot |

※新規植栽根まわりは培養土充填　※杉皮マルチ(サンデーマルチ) 50Lx15袋　※高木三又支柱 垣根横支柱

**砂利敷き** 伊勢砂利 3分 約8㎡

| furuya design 古谷デザイン建築設計事務所 | ■PRPJECT NAME | ■TITLE | ■SCALE | ■MEMO | ■DATE | ■NO. |
|---|---|---|---|---|---|---|
| | | 植栽図 | 1:100 | | 2020.04.02 | 別−01 |

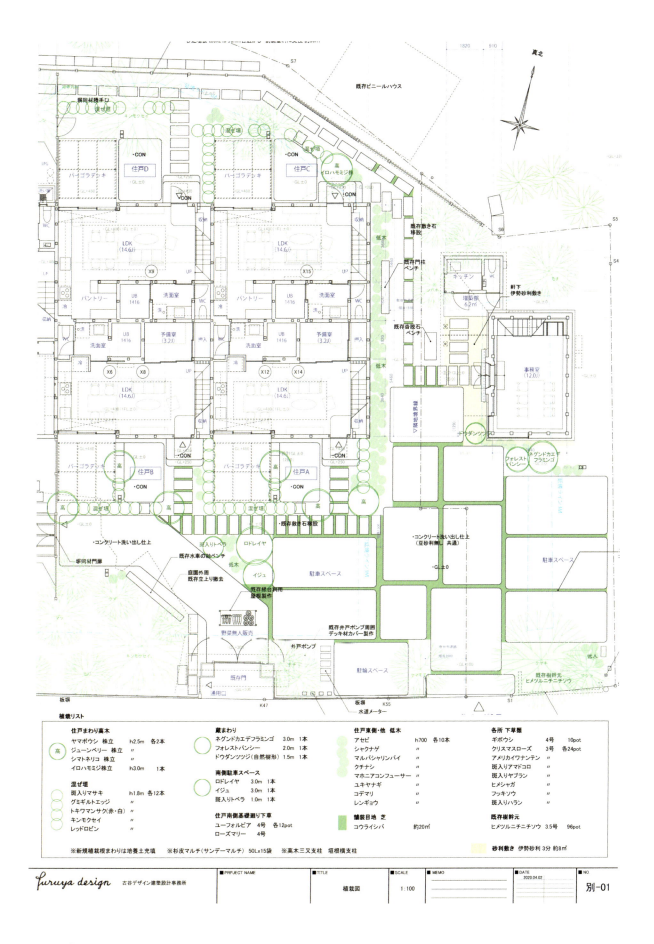

建築が完成すると内覧会を開催する。

企画発案から設計、工事監理と進めていくとあまりにも多くの出来事が起こり、あれ自分何がやりたかったんだっけと少し混乱するときがある。完成させるまで走り抜けて内覧会でたくさんの人たちにコメントをもらうと、あーそうかそう感じてくれるのかと安堵しつつ頭が整理される。自分がやりたかったことはこういうことだったのかもしれないと気づく。

（下記そのような思考の過程を経てたどり着いた作品発表時のテキスト）

神奈川県川崎市にある農園（生産緑地+宅地）の再編計画である。

農園内には大きな庭園木に囲まれた明治大正期の母屋と土蔵を中心に農作業小屋や温室などが散在していたが、その古い母屋と土蔵は長く形骸化している状態にあった。そんな折、収益物件の建築を柱に農園再編の依頼を受けたわれわれはオーナーが趣味で育てているバラや季節の草花とともに、こだわりの農作物が育てられている景色を目にすることになる。鳥の餌台がそこかしこにあり、愛猫や愛犬が敷地内を闊歩している幸せな光景であった。そこでわれわれはその生活の支えになっている農作業と草花や樹木を景観とし、そのライフスタイルをお裾分けしてもらえるような賃貸住宅をつくれないかと考え、置き屋根の土蔵に着目した。

1901年築の土蔵の佇まいを頼りに賃貸住宅4戸と農作業小屋が連なる建築を提案。それぞれのボリュームの間にはみどりのお裾分けを享受できる空間を設えることとした。それはコンサバトリーであり、デッキテラス、ルーフテラスであり、パーゴラであり、それらが一体となったLDKである。蔵は水廻りを増築しオフィスとして賃貸。敷地内の樹木はおおよそ元のままであり新しい建築がお邪魔した格好になっている。オーナーと住まい手のプライバシーは既存樹木や混ぜ垣によってゆるやかに確保され、気配や育った植物の佇まいを共有することができる。

外壁にはメーカーの実験材料を採択。セメントの白化現象を適度に引き出し経年変化をする大判の外壁材である。日本の街並みを形成しているサイディング材料の可能性を引き出し緑地と住宅の幸せな形を生み出すモデルケースとなりたいと考えた。

かつてこの地には水車が回り、農村の風景としてシンボル化されていた歴史があったという。灌水や脱穀などの生業を示す水車の回転のようにみどりと建築のリズミカルな景観が時を隔ててそのような存在になれていけるのだとしたら嬉しい。

# シミズヤマハウス

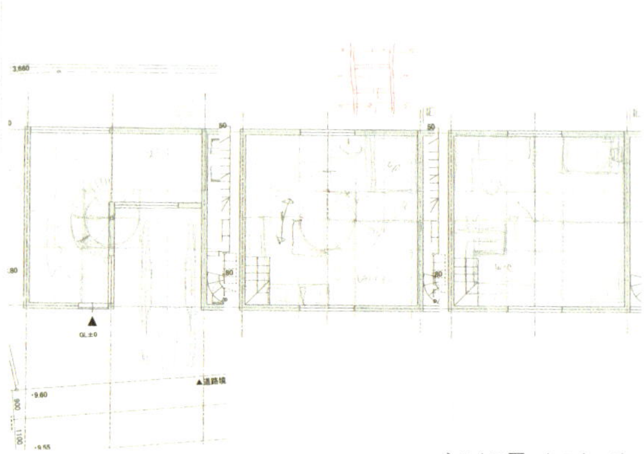

らせんに至ったスケッチ

南側外観。駐車スペース、バルコニー、開口部を連続させ街路に対してオープンな印象をつくる

住戸入り口。駐車スペースと玄関土間のレベルより下階と上階が空間的につながる

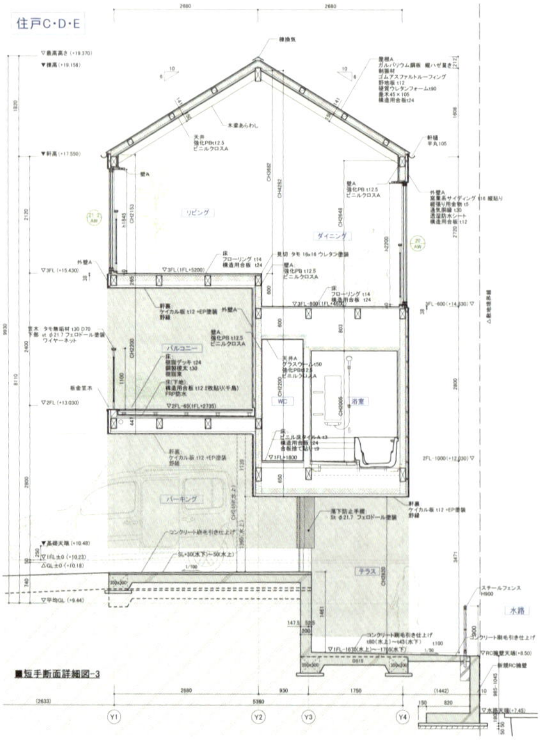


断面図

# トリプレットの長屋

スイシャハウス、スイシャオフィス、スイシャソーコは完成直後に賃貸が決まった。難しいと感じていた土蔵のオフィスもその価値を感じてくれる方がいて入居が決まった。

多くの賃貸物件を所有する同クライアントからスイシャハウスの対面にあるアパートの改修の相談を受けた。木造の二つのアパートは経年によりプランが経済劣化していた。プランを作成すると同時に擁壁の安全性について行政との協議も並行して進めた。改修なので申請は不要であるが、設計者としての安全性の担保を行う中、それらの工事費をかけることや改修設計の限界と新築案との差が埋まり、結果新築案に踏み切ることとなった。

屈折した細長い敷地形状と高低差の要件から二つのタイプのトリプレットをつなぐ長屋形式が導かれた。うち3戸は敷地高低差を活用して駐車場と半地下を設計し、空間の有効化を図った。中心のらせん階段が上階のスペースをつなぎ一体化、肥大化した踊り場をつなぐようなプランニング。うち2戸は近所の音大生をターゲットとした防音室を下層に計画、奥行きの薄い形状を生かして眺望の抜けを特徴化したプランニングを行った。双方ともに変容が見込まれる都市居住のライフスタイルに追従すべく、個室の概念は最小限担保しつつ、パブリックとプライベートの深度を階段の上下により選択できる。またスイシャハウスのコンセプトを踏襲。インナーテラスやバルコニーおよび掃き出しの窓の連続により閾の曖昧化を図り、居住性の向上に貢献する。結果としてその有り様が清水山の傾斜に沿った階段アプローチの延長のような、また街の外構スペースとのつながりを感じさせる内部空間を実現させるに至った。

敷地写真

# ファームハウス（仮称）

下作延エリアで進行中の計画

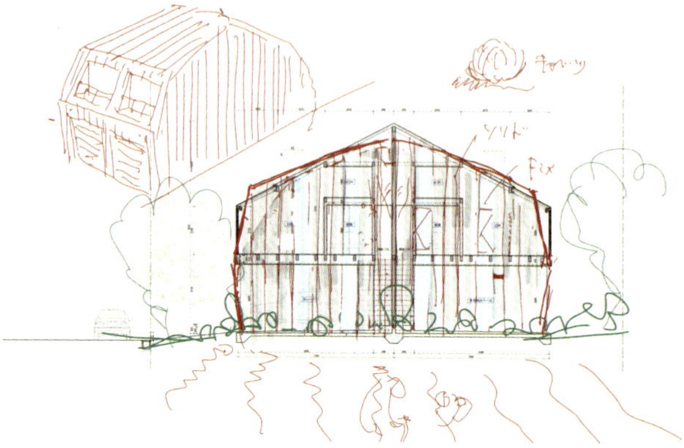

キャベツの姿をイメージした初期案のファーストスケッチ

## ガレージハウス型賃貸

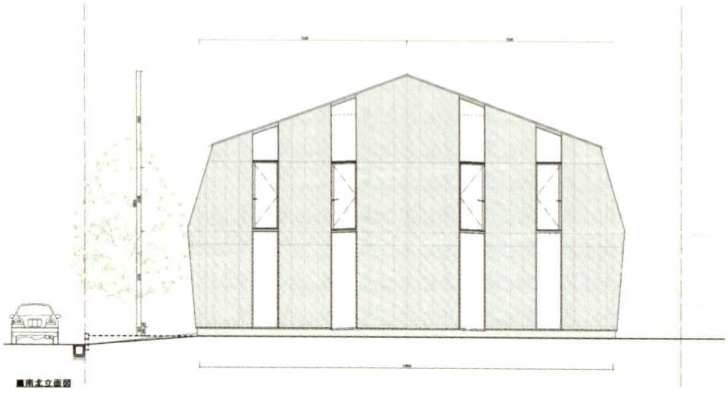

初期案のcabage house

スイシャハウスの敷地から川を挟んで対面の敷地。一体に広がるクライアントの所有地の一角にはイタリアンレストランがあり、丹精に野菜を育てている畑がある。周囲には趣味のバラが咲き誇る。その後ろには兼ねてから運営している賃貸住宅がある。

敷地は生産緑地解除を行い、その畑の半分を使用する。

スイシャハウスやシミズヤマハウスの文脈を意識しながらも、この敷地環境を読み解き、周囲の道路や空の抜け方、風の流れ、気の流れ（これは勘であるが）を身体的に理解し、畑の土の色を眺めながら合いそうな建築の立ち姿を想像する。

当初、インナーガレージニーズに着目し、ガレージハウス型賃貸を4戸企画した。畑を見下ろさず、周囲の樹木やバラを伐採せずに有効な容積を確保する案を作成した。畑に植るキャベツの姿をイメージしてcabage house案とした。

そうこうするうちに親戚の戸建ても建てたいという話が上がり、開発要件から同時建築が不可能なため、合体案の模索がはじまった。

ガレージや公私の閾、畑との関係を吟味した結果、1階スペースを成立させるのはコンクリートの高基礎とし、その表情は可能な限り畑土に近い表現をめざすこととした。

その少し固そうな土の筵の上に木造の建屋が載っかる形である。建屋は2階の機能に応じて小屋が架かり、なんとなしにスイシャハウスのリズムに寄せる格好になっている。

3作ともに時代が変わり所有者も変わるかも知れず、周辺環境と調和して馴染み愛され長く景色をつくっていく建築でありたいと願っている。

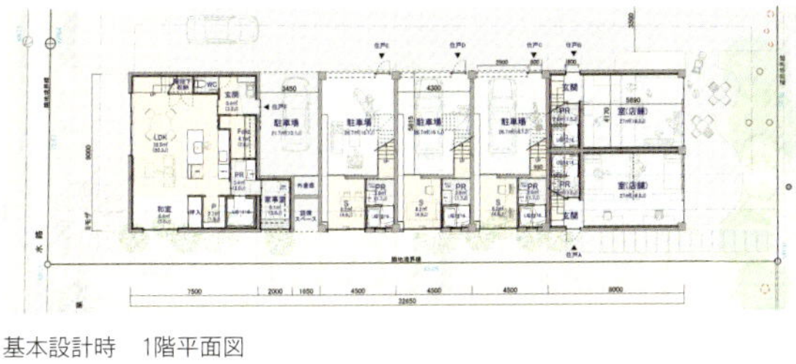

基本設計時　1階平面図

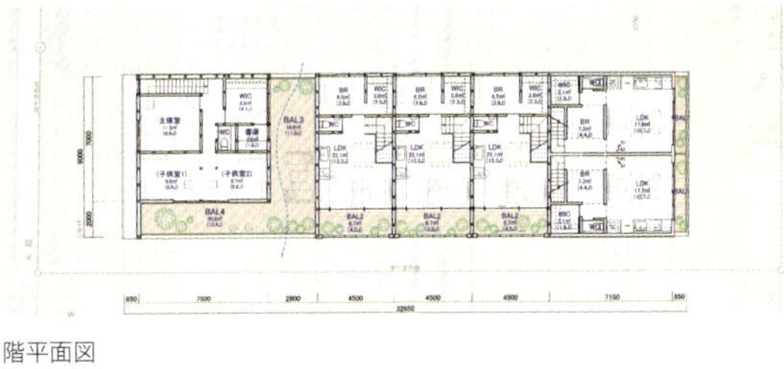

2階平面図

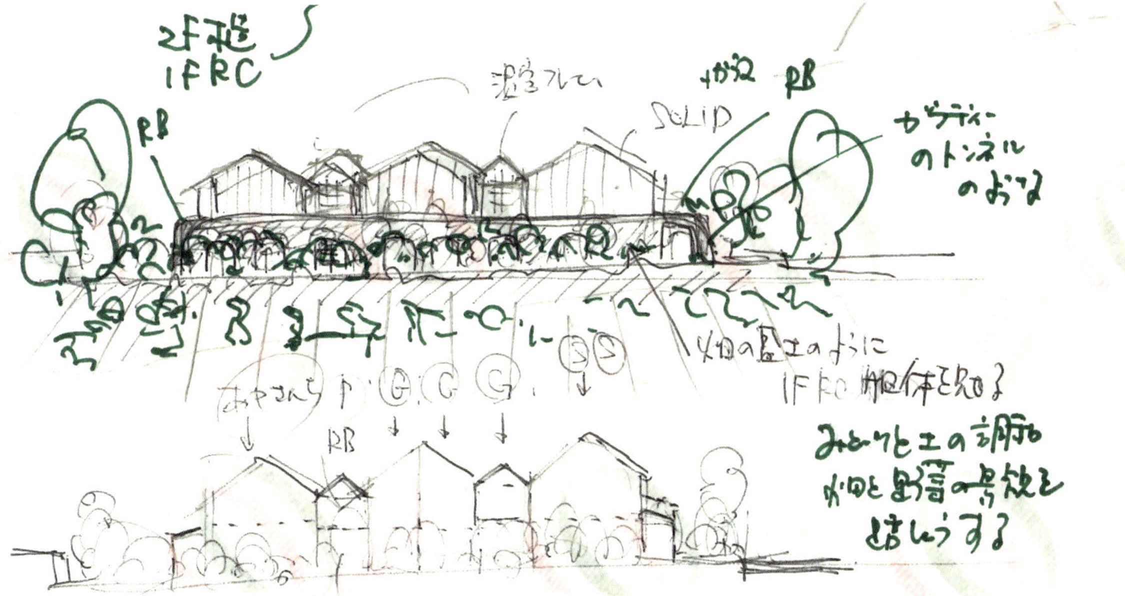


ファームハウスのファーストスケッチ

**提案模型　1/150**

周辺外構（ここでは畑やその周辺の樹木）の中に提案建物があることを表現することが多い。建築はそれまで何もないか、建て替わって街に急に新しい風景をつくるので、ともすると起こるハレーションが軽減されるようなイメージを提案とともにスタディしている。

久本エリア

# eM / PARK BLDG.

立体駐車場空地活用

ヴァンドーム前

立体駐車場3階

立体駐車場2階

立体駐車場1階

駐車場とeM/PARK BLDG.の間

エムビル前

［提案］

## 植木の流通が景観をつくる

敷地は右図にある決して大きくはないスペースであるが、北側の立体駐車場や周囲の建築はクライアントもしくはその親戚関係の所有する建築である。

猥雑で飲み屋街のイメージがある溝の口の雰囲気を変え、環境をよくしていきたいというオーナーマインドに触れ、われわれはこのみどりのない街並みに彩りを添えていきたいと考えた。緑化という言葉がもつとりあえずみどりで覆うという継続性がやや脆弱なニュアンスが含む言葉が実はあまり好きではない。

そこで空室の目立つ立体駐車場の屋上や周囲のオープンスペースを活用して造園屋さんの植木置き場にすることができないかと提案をした。それは言葉遊びでなく、実際にわれわれの事務所で運営をする勢いで提案をした。造園の設計施工の仕事が多く置き場的なものがあると有用であり、それが都市の緑被率向上につながるのならば一挙両得であろうと。置き方を工夫すれば値札をつけてその場で販売も可能であり、青空植木市が常時開催されている趣である。設計の提案をするときビルディングタイプにもよるが、多かれ少なかれこの自分事として楽しむ器量が必要になるケースが多い。前述でも触れたが、事業パートナー的視点である。

**オーナーマインドとの調整**
右図や下図のようなイラストの他に初期企画提案書にはこのようなプロジェクト運営にまつわる提案を入れることも多い。設計者の枠を超えてオーナーマインドに寄り添う姿勢を積極的に見せていく

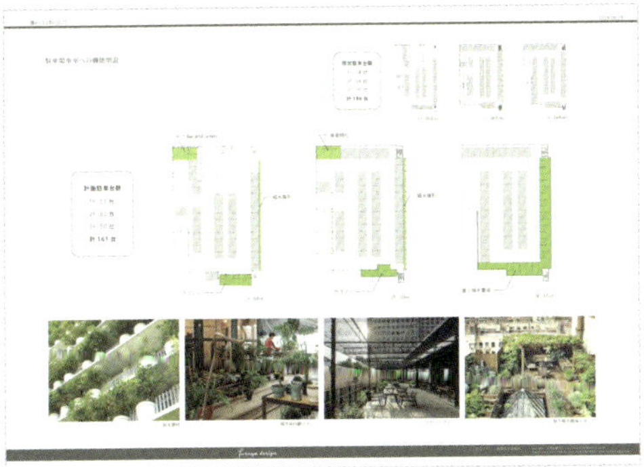

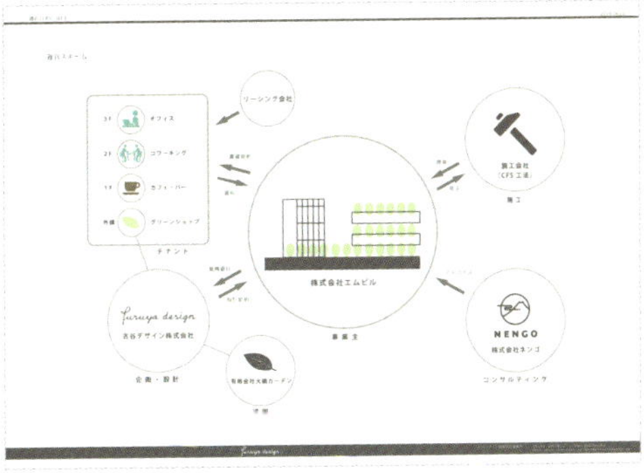

## ［企画・基本設計］

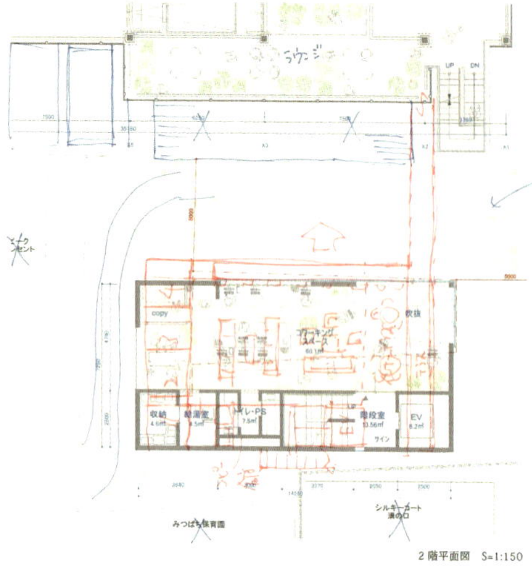


駐車場とつながることになった初期提案スケッチ

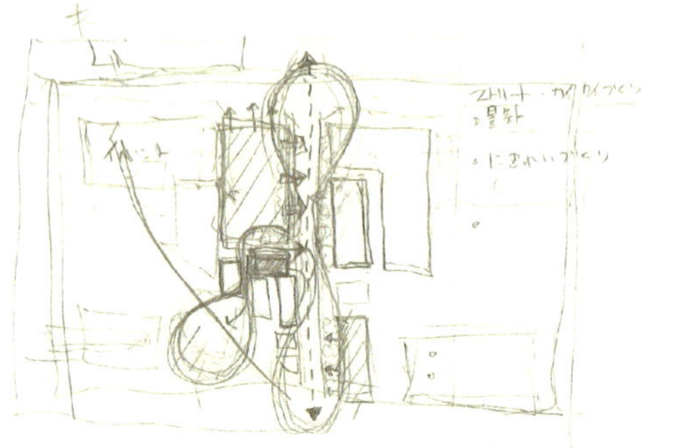

通り抜けや隙間みどりの発案スケッチ

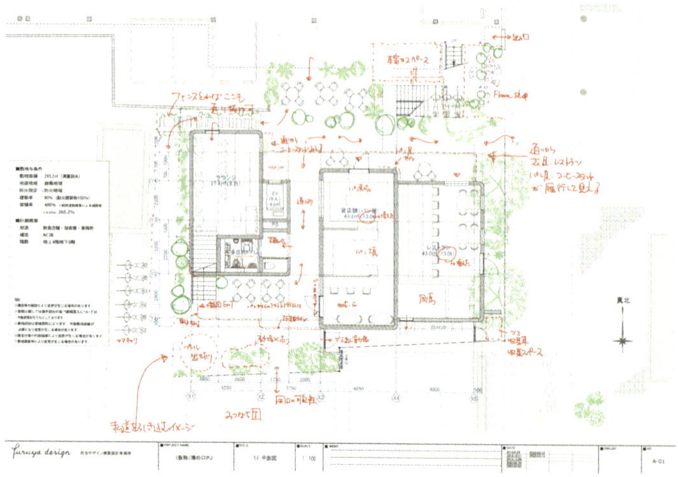

# 街のインフラ的建築をめざして

北側に接する立体駐車場の敷地を建築の庭と見立てて建築を設計することができないかと考え、駐車場が不適格にならない範囲で鉄骨階段横のスペースを当該計画の申請上の敷地とし、そこへ新築建物の外部階段を計画した。

また敷地境界を下敷きにしてテラスを計画。車寄せとしても機能するとともにアスファルトに並んだ車を植物と見立てお茶をすることも可能である。

また敷地の近隣にある保育園が入居を希望していたこともあり、まとまった2階スペースの確保の命題がある中、設計すべきボリュームを分節し、奥の路地への抜け道により細い軒下空間を創出した。

1階には3店舗、2階は保育園、3階には保育園事務スペースおよび2店舗を構成する企画をイメージした。

これら必要ボリュームをだるま落としのようにずらして生まれる軒下や隙間を活用し、道路や生み出した抜け道に界隈性をつくり出すことに注力している。前述の緑化ぎらいからむしろ電柱や縁石の隙間の土壌にせっせと育つ植物たちへの敬愛の念とコンクリートで覆う都市への警戒と皮肉も込めて隙間のみどりをつくり出している。建築は逆梁構成として梁とスラブにより生まれるくぼみに土を入れみどりを植え込む。

建築を建築たらしめる直角の出隅を極力排し、バラ板型枠によって生まれる小刻みな出隅、入隅の連続が植物と相まって街の景色の一員となる。

抜け道の入り口。建築のずれたボリュームの隙間にみどりが生える。商業施設ではあるが開口は非常に抑えて設計している。

## ［実施設計］

建築の応力伝達が複雑化したこともあり、3階ボリュームの重量軽減が望ましいことから3階は鉄骨造となった。インフラ化のコンセプトからいわゆる建築を構成する既製品的なものが目に入らないよう軒天に掘り込んだ穴に電球を仕込んだり、金網フェンスをサインにしたりなど工夫している。

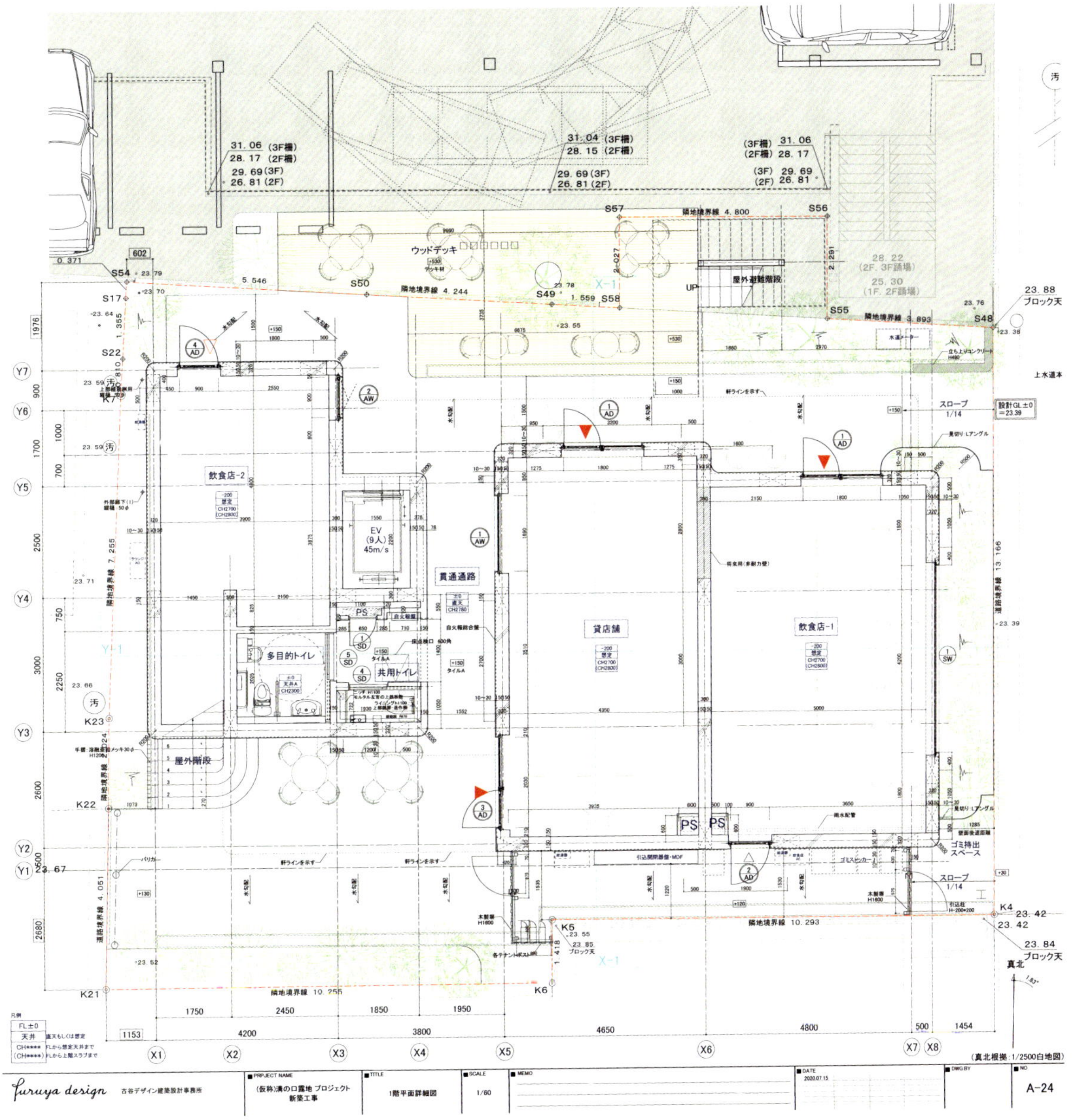

模型写真

溝の口の景観の中にもともとあったかような外観をめざしてバラ板の型枠が立ち上がっていく

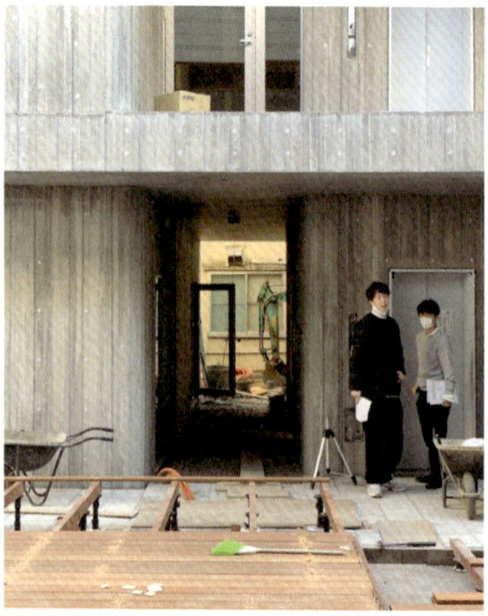

担当のスタッフ二人。彼らが自分ごととして取り組めるかどうかがプロジェクトの品質に直結する

駐車場とのつながりを助長するためフェンスの盛り替え工事をオーナーとともに

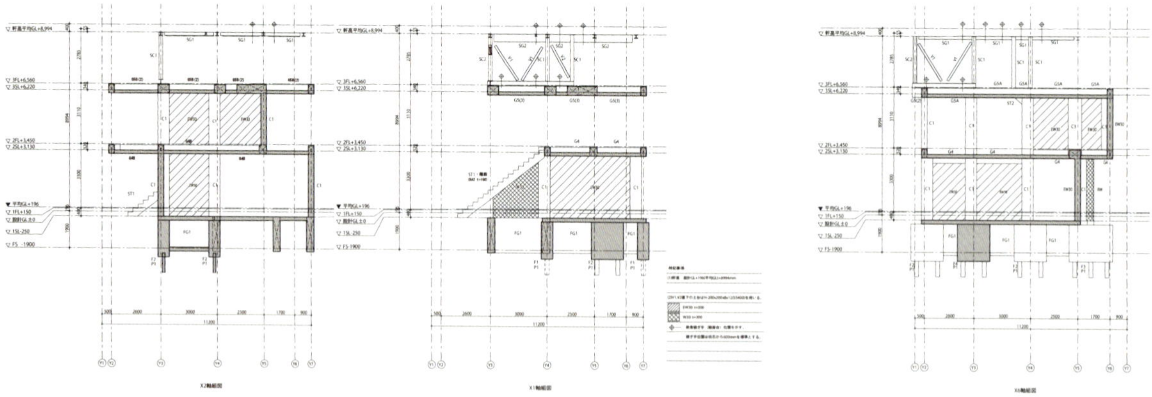

構造軸組図

**接道部のファサードを見る**

開口を低めに抑え、建築というよりは隣の駐車場と同文脈のインフラのような現れ方を狙った

**通り抜け部の外観を見る**

2階までのコンクリートボリュームを3階鉄骨ボリュームが複雑に交差し、軒やバルコニーおよび植栽マスを発生させる

[リーシング]

# オーナーとの意見交換

テナントビルを設計するとき、どんな店が入るかわからないのに建築のデザインを決めるのは苦しいことだと思っている。

できればこんなキャラクターのお店が入ると事前にわかった上でデザインを進めたい。ただ入居する側もどんな建物になるのかわからないのに入ることを決めることもできにくい。独立する前のコンサルティングの会社でリーシング営業を経験したことから、勝手ながら左図のようなリーソングキットを作成し、建築中の焦点合わせも兼ねて言語化をしてみる。そういう作業を設計者がすると周囲は少し驚くが、ただ設計をよくしたいだけなのである。ただこのプロジェクトには敏腕なコンサルタントがついていて、なんとこのキットが印刷されるころには3階の一区画を残しすべて決まっているというオチつきの話である。しかもコロナ禍にもかかわらず建築中に飲食テナントをすべて決めてくるという荒技である。

荒技というと語弊があるので少し説明をする。クライアントとコンサルタントは溝の口に地縁のある飲食店オーナーの店に地道に通い（時には設計者も）お酒を飲み意見を交わし、一緒によくしていきたいという思いを伝え、実現させている。「建築がいいから」といってくれる関係者の方々には感謝しかない。

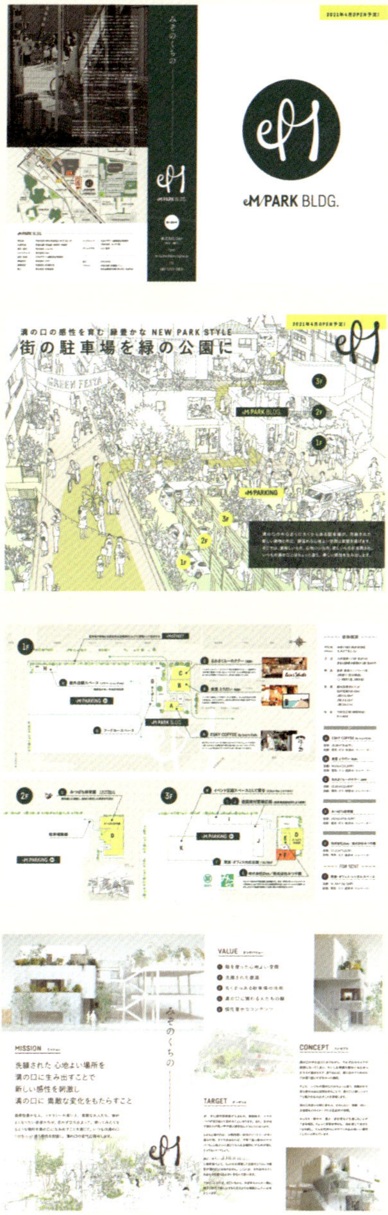


**リーシングキット**
プロジェクト終盤に差しかかり、設計者サイドの方向性確認のためにも役立つ

オーナー半運営のスペースで建築イベントを開催した

竣工後はテナントに入るお店をハシゴして最後はテラスで喋り通す

## 久本エリアで進行中の計画

# 馬坂プロジェクト

RF平面図

森の一部が建築となる。森の隙間に建築を植え込むような感覚で建築をつくりたいと考えている。

多くの都市ではみどりを削って建築がつくられてきた歴史があり、建築とみどりの関係は明らかに建築が主で、みどりが従だとする価値観が横行している。環境志向の現代であってもその志向は変わらず、あってなんとか建築にみどりを纏わせることでその代償を演出しているように見えなくもない。

建築は時間とともにその場所に馴染み、時にみどりなどの周辺環境と混ざり合い、建築単体ではじまったものがいつしか街の景観の一部として存在するようになる。それはいいかえれば建築の後景化やインフラ化といえ、良好な街並みや環境を周囲に与えているように感じる。

### ［樹木と建築の関係］

植物は大きいものであっても小さな草花でも見る角度や高さによってその表情、趣がまったく異なるものとなる。ゆえに視点場を変えることによってその植物の価値をより享受できることになるといいかえられる。ここでの生活者は屋上庭園も含めると3層の視点場を所有している。それぞれ地上との結節、天空の景観、人工地盤との結節という公私の濃度が異なる居場所を各自調整しながら生活を楽しむことができる。ツリーハウス的視点の屋上スペースはそれら各戸の屋上庭園も含めて公共通路とともに一体となり、一般の通行が可能なように設計をされる。都市に残された大きなグリーンボリュームに興味をもってお邪魔できるのである。

建物配置を現地でローピングし建築施工者、造園施工者とともに樹木の根張り状況を確認した。また施工動線の確保やその後の植樹の計画も合わせて共通認識をもつよう会話を重ねている

## [馬坂プロジェクトにおけるオーナーの思い]

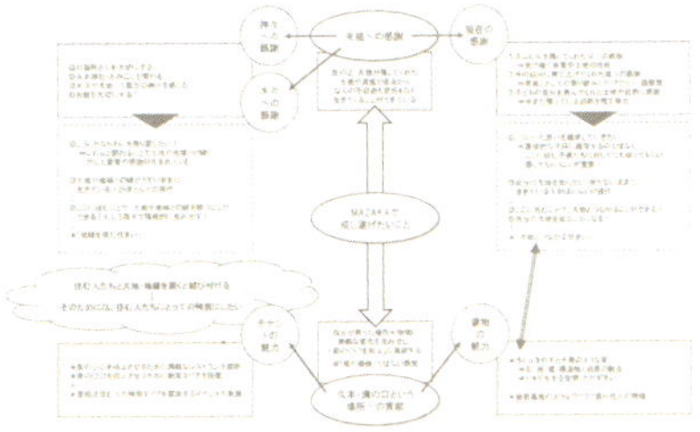

樹木プロット図。既存樹の間を縫うように建築の配置を検討

オーナー自身は現在ここより少し離れた都心寄りに居を構えている。幼少期にこの森で育った原体験と社会でのご経験、現在の家族との暮らしをしていく中で客観的にこの場所を捉え、自分たちだけの価値として留めることなく、より都市生活者がこの価値を享受できる場所に変えていきたいという思いが詰まっている。デザインに対する指示はほぼない。この思いと経済性の迎合点を探り当て、こういった開発の先行事例を指し示すものとして建築設計が貢献できることを考えている。

本計画は溝の口のほぼ駅前の好立地でありながら大きなみどりが残され、代々大切に継承されてきた土地が敷地である。われわれは20m級の大木がいくつも残るこの敷地の価値を目減りさせることなく、オーナーの望む経済性を担保しつつ建築を成立させることを思案し続けている。

それは前述のようにかつてからその場所にあったかのような感覚の建築であり、周辺環境に溶け込んだニュートラルな希薄化した建築である。その建築のもっとも大事な機能は既存の森の価値を再構築するものであり、樹木すらもその建築に寄り添うことで生きる間を形成する。

### 建築の公共化

建築は敷地の傾斜に倣い、また樹木の間を縫うように計画されている。人通りの多い道路沿いに店舗を計画。その屋上へは誰もがアプローチできる。店舗の奥にはメゾネット型の住宅を蛇行に沿って計画し塔屋を介して屋上にアプローチすることが可能となっている。よって屋上は公共的な通路とプライベートスペースの結節点となりうる。

この計画の主たる目的の一つは私有建築の半公共化である。敷地周囲には兎坂と馬坂という名の通りがある。丘を越えて奥の敷地に至る交通手段が冠されたということのようだ。現在周辺道路の整備により知る人ぞ知る未舗装の通り抜け道として存在する。本計画の屋上通路もこの抜け道と同じ機能を付与。建築のエンドにも店舗を計画しそのアプローチとしての機能も追加付与する。オーナーの地域貢献と住まい手の敷地に対する愛着を増幅し、森の中の棲家は植物とともに成長をする。

### 継承性

計画地にはオーナーの生家が隣り合っている。そこには祠があり、現オーナーの幼心にも土地の神々に対する畏敬の念があるという。それはいまでも認識するという座敷童の存在や、木々に囲まれた生活を幼少期に体験する重要性についての会話から読み取ることができる。地主としてこれらの土地の力やみどりの資産を味わえる収益物件を構築し、その収益により経済性を担保することでみどりを保全し、さらには敷地奥側の裏山の価値まで探ろうとする。

このようなオーナーマインドと共鳴すべく、設計者は建築の力を最大限発揮させなければならないと考えている。建築が威張るでもない埋没しきるでもない絶妙な塩梅を探り当て、歴史や継承の文脈の中にハレーションを起こさないようそっと据え置く。住まい手の住みこなす力の援助もいただきながら、その場所が親密なここにしかない価値を生み出すことを願う。

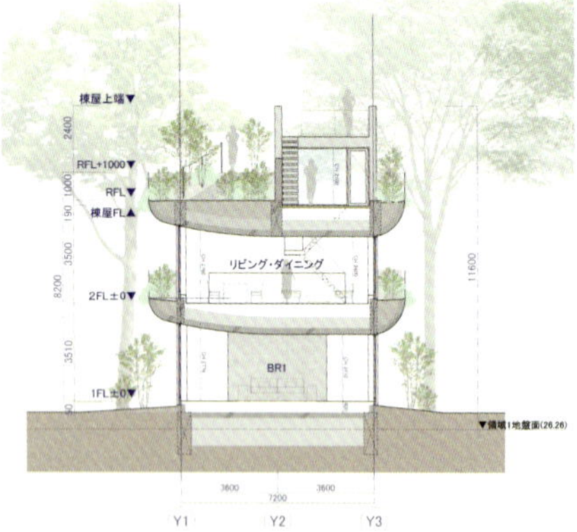


**湾曲スラブ**

樹幹を縫って配置された建築の屋根は適切な土厚を担保するため湾曲した連続スラブを検討。屋上の土壌と地上から育つ樹木の樹幹がシームレスにつながるとともに、落ちた種から実生の樹木が育つこともイメージしている

昨今の工事費高騰により湾曲スラブを屋上限定とし、垂直性の高い建築プランに移行。左右の森の抜け感が助長される

## [建築・ランドスケープ・インテリアのスタディ]

事業収支を鑑みたコスト調整と建築家の思考が行き来するたびに創出される別案

前面道路よりなんの抵抗もなく屋上の庭園にアプローチすることができる。馬坂、兎坂に続く第三の坂をデザイン

地面を切り裂いたようなデザイン。150角のコンクリート柱を連続して立て込み間にガラスを落とし込むデザイン

# 設計プロセスまとめ

## 企画

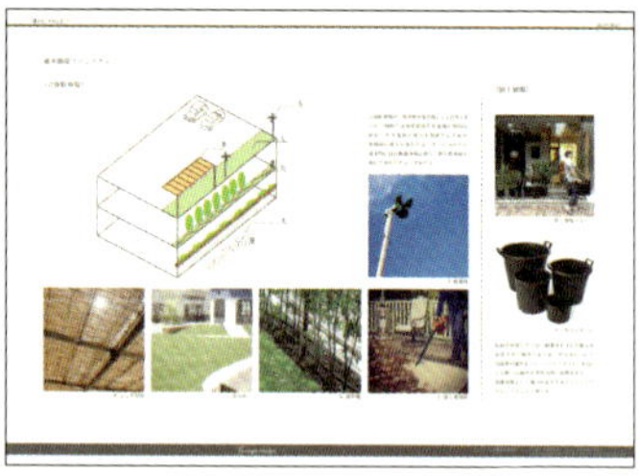

コンセプト、建築、運営などを幅広く提案

## 基本設計

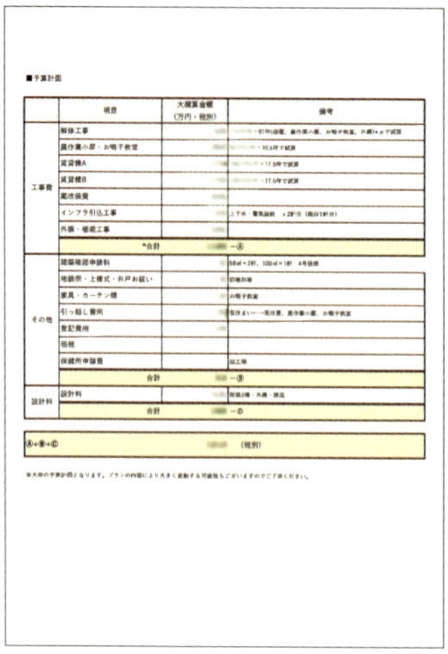


予算計画書

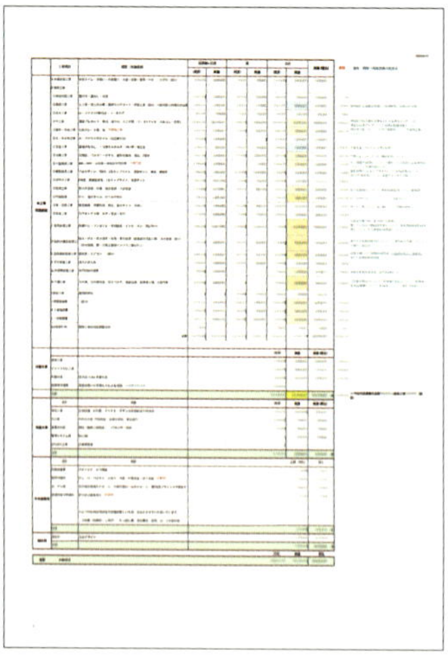

見積書

## 実施設計

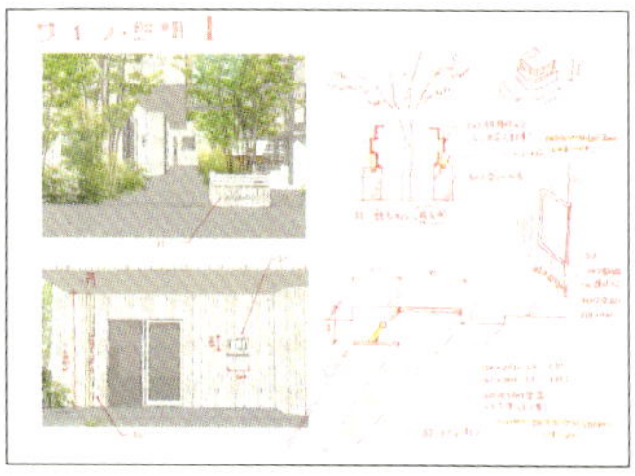

照明計画

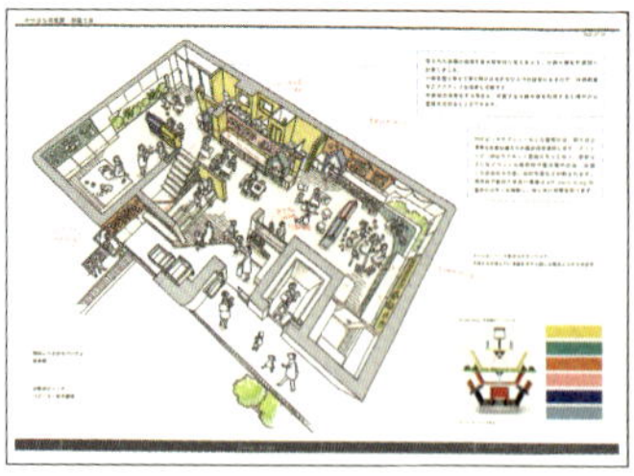

内装設計

植栽マスを設計

企画提案の後になるべく早くお金やスケジュールの話をざっとでも行うようにしている。提案で盛り上がりいざふたを開けると高すぎて…ということが多い中で非常に重要である。また古谷デザインの特徴であり、最終仕上げに欠かせない家具や植栽の予算の確保も同時に行う。これらは建築の全体像を施主を含めたプロジェクトチームで共有感を持続しながら進めていくために重要であるとともに、それらの売上が設計事務所運営にとって非常に重要である。

# 独立後15年を経て

独立して15年になる。最初のうちはみどりのことは古谷くんという感じで植栽の設計施工やマンションのモデルルームのコーディネートなどが主で、確認申請が必要な建築をつくるような仕事は5年くらいなかったように思う。最初は住まいの近所の知人宅からはじまってそのクライアントの上司のご自宅と経験し、建築の設計のすさまじい業務量とわけのわからなさに右往左往していた。大森ロッヂのオーナーと親交を深めていたことがあり、「運ぶ家」の設計チャンスをいただいたのが8年前。同時期に渋谷の丸井の改修や東京クラシッククラブのお仕事の縁をいただき、いきなり設計事務所になった感がある。どうやって仕事が来るのですか、とよく聞かれるがおおよそ紹介である。

家具屋や不動産コンサルの会社経験からオーナーマインドに寄り添うことや最終的に興味のある家具やみどりの提案ができることは古谷デザインの大きな強みだと思っている。

難解で複雑な建設にまつわる出来事を真意はずらさない形でできるだけ簡

eMでのイベント

作品の発表

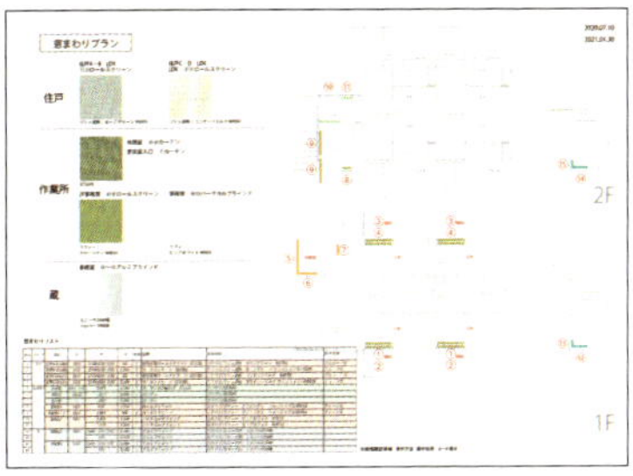

カーテンなど窓廻りの提案

植栽の提案

略化し、起きている出来事に対して可能な限りクライアントにも同じマインドになってもらえるように努める。あくまでも建てているのはクライアントで、設計者はあくまでもその代理ですと。だから理解するのを放棄しないでくださいといい続けている。

　当初建築家の思想と発注者のマインドの乖離にも敏感で、言葉遣いも気を使っていた。それも数をこなすうち（スタッフの成長が大きいが）にピントが合ってきて、まあ任せるよ（本当の意味で）といってくれる方も増え、のびのびと設計をしてそのおおらかさが建築に反映され、居住性や収益性も向上させるという好循環を経験することも増えている。

　設計中にいつも考えていることで締めたいと思う。設計者も頭の中にはさまざまな与件が同時多発的に発生する。作品としてやりたいこと、予算、オーナーキャラ、経済市況、社会貢献性、つくり手の気持ちなどなど枚挙にいとまが無い。それらのベクトルが同じくらいの力で中心に向かって押し合い櫓が組み上がるみたいに均整が取れて構造が成立するみたいなイメージ。一言でいうと、塩梅といい加減だろうか。とにかくこの苦行を楽しむ力に変える性向こそが設計力ではなかろうか。

7

# 山﨑健太郎

Kentaro
Yamazaki

山﨑健太郎（やまざき・けんたろう）
建築家

–

1976年　千葉生まれ
2002年　工学院大学大学院工学研究科
　　　　建築学専攻 修士課程修了
2002年　株式会社入江三宅設計事務所
2008年　山﨑健太郎デザインワークショップ設立
現在、工学院大学建築学部建築デザイン学科教授

–

主な受賞に「糸満漁民食堂」で2015年日本建築学会作品選集新人賞、「はくすい保育園」では建築部門で日本人初となるiF DESIGN AWARD2017年金賞、「新富士のホスピス」で2021年度JIA優秀建築賞、「52間の縁側」で2024年日本建築学会賞（作品）、2023年度JIA日本建築大賞、2023年度グッドデザイン大賞 内閣総理大臣賞など

# 52間の縁側 (2022)

# 建築によって忘れてしまったものを思い出す

「52間の縁側」は、高齢者のためのデイサービスである。クライアントの石井さんは、これまでに認知症などのシリアスな問題を抱えていたとしても、ありのままその人らしい日常の暮らしを送れる介護を実践してきた。この設計にあたっては、認知症や障害があったとしても、年老いていくことが日常と切り離されずに過ごしていけるような環境の実現をめざして計画された。

敷地は南北に細長く、崖条例により建物を建てられる範囲が限定されていた。悪条件ではあったが、奥行き2・5間をもった縁側のような床を一直線に設け、メインストラクチャーである木架構と、さまざまなアクセスが可能な開かれた縁側で、地域に対する構えをつくろうと考えた。そこに街の人が利用する「カフェ・工房」「高齢者が過ごすリビング」「離れのような座敷と浴室」の三つの機能に外部スペースをはさみ込むように配置している。大きな構えとしての架構に対し、負けるように小さな壁やボリュームを挿入することで、人のための小さな居場所を

散りばめていった。とくに、挿入された建築要素の境界、つまり窓辺を丁寧に設えた。たとえば、カフェとテラスの間の窓辺にはデイベッドを設け、厚みのあるニッチに体を預けられるように寸法や建具の種類、素材の選定を行うことで、一人だけれど、他者と一緒に過ごせるような「居方」を生み出している。

この場所は、地域のNPOや石井さんの仲間の協力により、さまざまな人たちにとっての居場所となっていく予定だ。他者の手を借りたい近隣の一人親家庭や、不登校などの子どもたちにとっての居場所になればとみんなが考えている。ここに集まる高齢者、障害者、子どもたち、地域の人々、これから彼らのかかわりが少しずつはじまろうとしているのだ。地域にじんわりと馴染んでいくために、庭の池や竹穂垣は、地域の人たちにも協力してもらい、一緒につくってきた。にぎやかなワークショップでの出来事ではあったが、さまざまな人たちがこの場所で居合わせ、過ごす様を垣間見ることができた。この建築は橋のようにも、お寺のようにも見えてくるのだ。みんなが縁側でおにぎりをほおばる姿を眺めていると、この建築は、近代日本がなくしてしまった大切なものを思い出させてくれる。

# 集められた記憶の断片
## ——私にとっての設計プロセス

正直にいえば、設計作業を後から説明することがよくある。竣工時に説明を強いられることに、ある種の後ろめたさのような気持ちもある。何かが頭の奥にずっと引っかかっているみたいで、なかなか言葉にすることができないでいる。建物ができあがってからも設計が続いているとでもいえば聞こえはいいだろうが、とにかく、何かがずっと引っかかっているのだ。でもあるときだけ、すっと霧が晴れたように視界がクリアになる瞬間がある。それは、たとえば旅先で見た風景や偶然出会った絵画、それに本に書かれたある一節だったりする。

これから見てもらうページに集められた写真や絵画は、私の頭の中の引っかかり、記憶の断面を取り出してみたものだと思ってほしい。実際にできあがった建築とその思考に直接的に、あるいは細い糸でかろうじてつながっているものたちである。だから読者がそれぞれに誤読や深読みをしてもらって構わないし、むしろそのように楽しんでもらえたらうれしい。なぜなら、この関係性こそ、このプロジェクトを通じてさまざまな人たちと無意識の意識をすり合わせてきたプロセスそのものではないかと思っているからだ。

私にとって設計プロセスとは、いわゆる設計業務における設計、つまり私がこのプロジェクトの個別性にどっぷり入り込んでいる過程と、私の人生の一部を過ごしている時間、いいかえれば建築を通して広い世界に触れている過程の、入れ子のような構造のことを示してみたい。

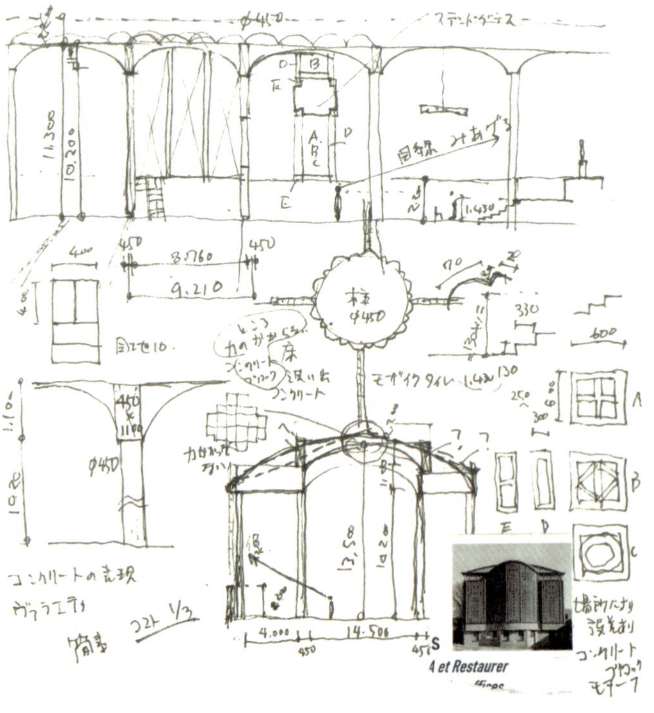

**アトリエ**

人が取り囲めて、大きな模型を置けるだけの大きなテーブルを用意し、世界に無数に存在する書籍から必要なものを本棚に並べ、大きな模型たちとモックアップ、材料サンプルなどを置いておける必要な広さの部屋を借りること。自分の身体を通して、イメージや記憶、形、物を「外部化するための器」としてのアトリエ

**旅先のスケッチ**

素晴らしい建築に出会ったときに、なるべく忘れないようにスケッチをしたり、実測をするのが習慣になった。それでも忘れていってしまうのだから、そのときの描き留めたい衝動で筆を走らせるのが一番よいと思っている

**竣工前の広島ピースセンター**（所蔵：広島市公文書館）

「平和は訪れて来るものではなく、闘いとらなければならないものである。平和は自然からも神からも与へられるものではなく、人々が実践的に創り出してゆくものである。」（丹下健三・藤森照信『丹下健三』新建築社 2002）

# 希望の込められた建築
# 日常的な喜び・象徴

52間の縁側には、かかわる人たちの「安心して老いていくことができる地域社会」という希望が込められている。そうでないと、この建築を取り巻く出来事を理解することができなかった。それはすなわち、建築とは何かが問われているのだ。

記憶の端緒から考えはじめてみる。

**日土小学校**

自然で、簡素で、静寂であること、このことが学校などの人が集まる環境には一番よいのではないか

**沖縄南城市の**
**奥武島にある階段状護岸**

地元の子どもたちにとっての聖地。小さなビーチと本島と離島の間の小さな海

**葛飾北斎「富嶽三十六景 江戸日本橋」**

（出典：国立国会図書館ウェブサイト）

江戸の中心は、城ではなく富士山。江戸の人々にとって富士山は、「死」と「生まれ変わり」の象徴だった

**田丸橋**

生活道であり、物産倉庫であり、農作業の休憩所であり、せせらぎで遊ぶ子どもたちを見守る屋根付き橋

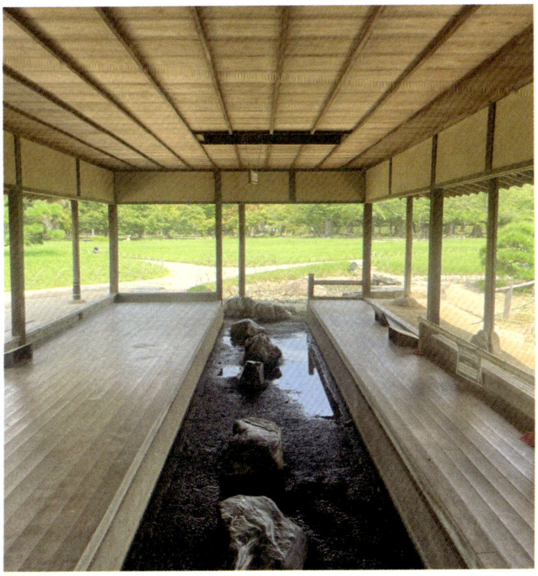

**後楽園流店**

1間と1.5間の空間のもつ広がり

**バナラシ**

ヒンドゥー教の聖地。階段上のガートは、洗濯や沐浴などの生活の場であり、あるときは祈りを捧げる宗教の場。死体はガートで焼かれ、その亡骸はガンジス川に流される。生と死、聖と俗が混じり合うカオス

**築地松の美意識**

ここに見る美意識は二つある。一つは、冬の強い西風から住まいを守るL字型の防風林が平野に広がる地域性が現れた造形。もう一つは、地域全体でこの手入れをされた無意識の共同性

# アーキタイプを見つける

アーキタイプとは、ある民族や人種の経験の反復から起こる集団的無意識。建築においてはその様式や基本単位のことである。人間の暮らしや慣習と建築との普遍的なかかわりの手がかり。失ってしまった共同性の形式。このプロジェクトらしいはじまりの形を探さなければならない。

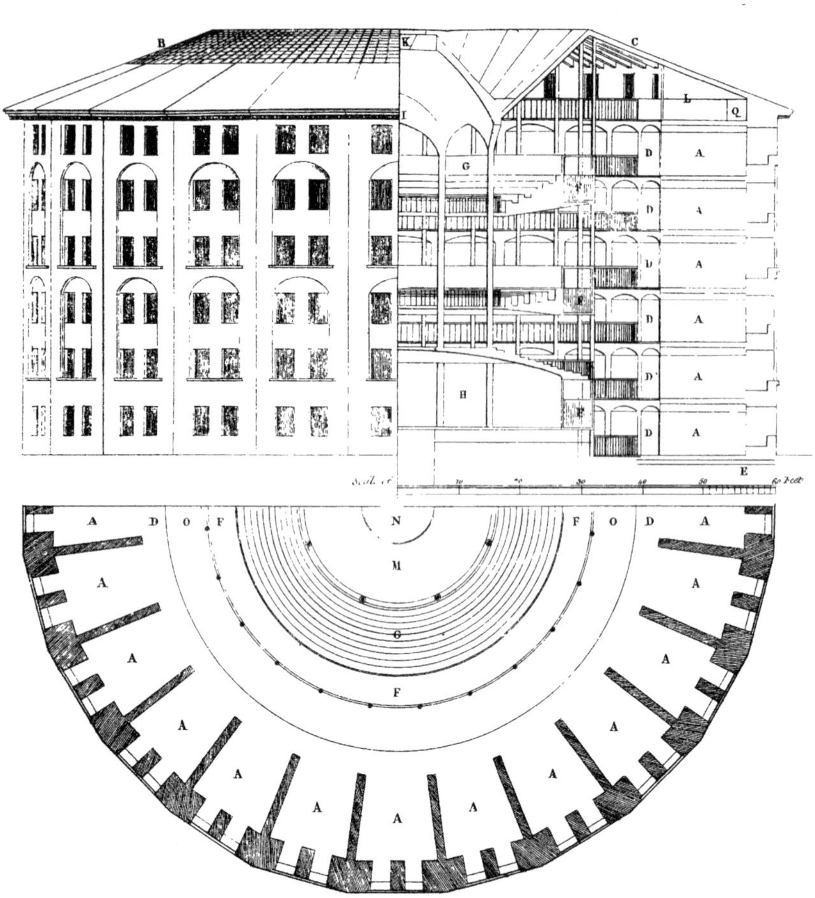

**ジェレミ・ベンサムによるパノプティコンの構想図** (1791)

(出典：“The works of Jeremy Bentham” vol. IV, 172-3, 1843)

円形状の監獄と中央の看守。管理システムの起源。図中のAは独房、Nは監視員の詰所

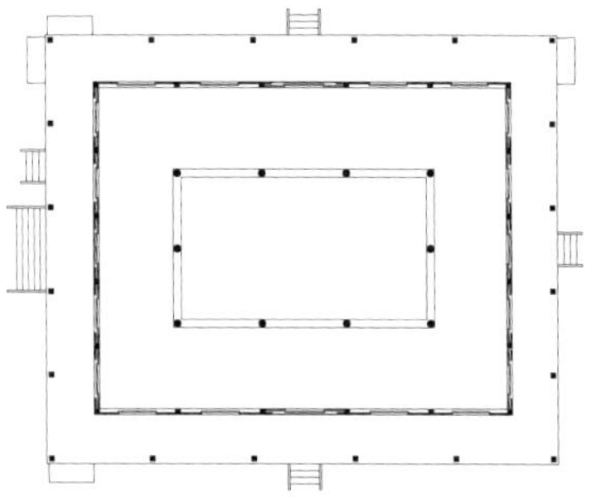

**閑谷学校** (1670)

中央の身舎に講堂と周りを列柱が囲う寝殿造。緊張感のある秩序だった列柱と選ばれた若者たちの鍛錬の場

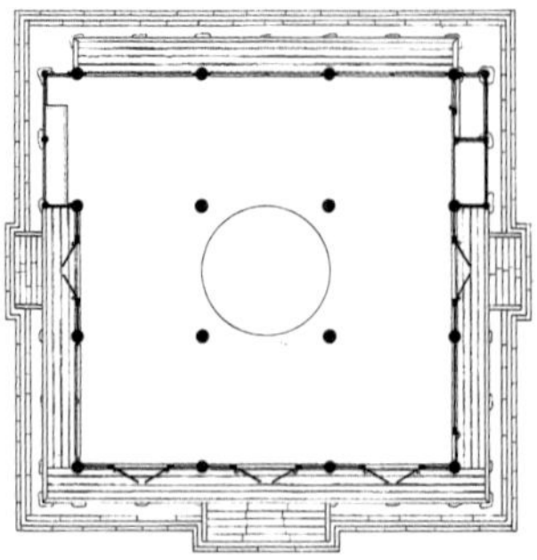

**浄土寺浄土堂** (1192)

(出典：日本建築史図集 新訂版［第1版］)

中央の内陣とその周囲の外陣の平面形式は、内陣の仏像の周りを僧侶が念仏を唱えながら回遊する

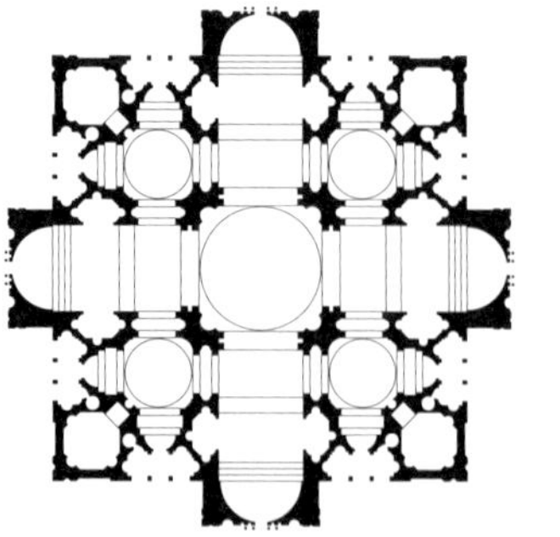

**ブラマンテのサン・ピエトロ計画案** (1506)

ゴシック・キリスト教からローマ・カトリックへの再生として「壮大な神殿」としての原型。ラテン十字ではなく、ギリシャ十字の集中平面形式。ミケランジェロはブラマンテの計画案を下敷きにした

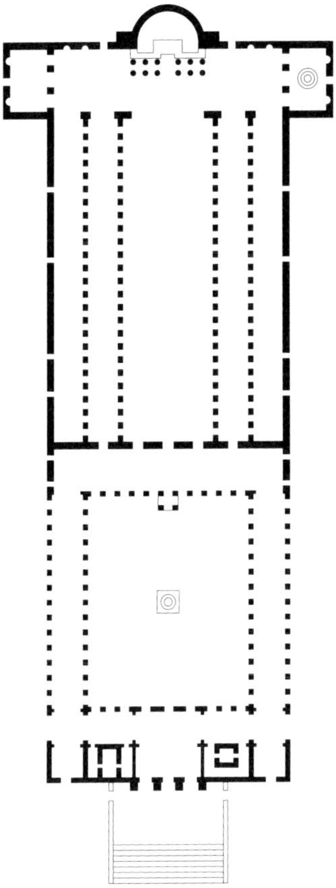

**旧サン・ピエトロ**（4世紀）

先に進むにしたがって、聖性が次第に高まっていく

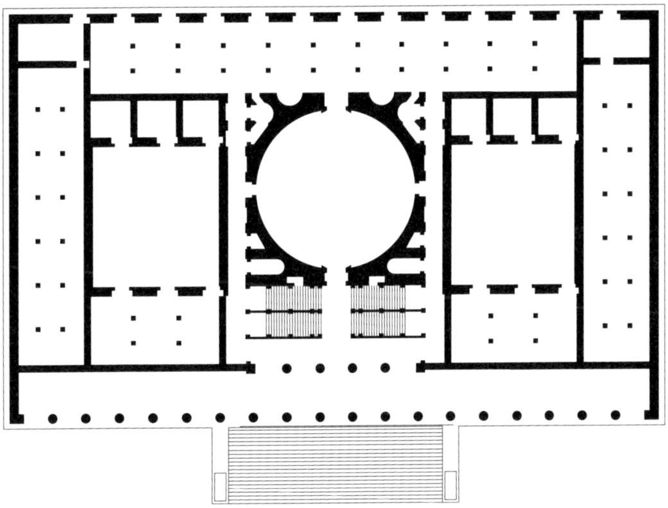

**アルテス・ムゼウム**（1824-1828）

新古典主義を代表するフリードリッヒ・シンケルの設計したアルテス・ムゼウムの平面図。近代美術館の規範。ル・コルビュジエのチャンディガールやジェイムス・スターリングのシュッツガルト州立美術館の原型

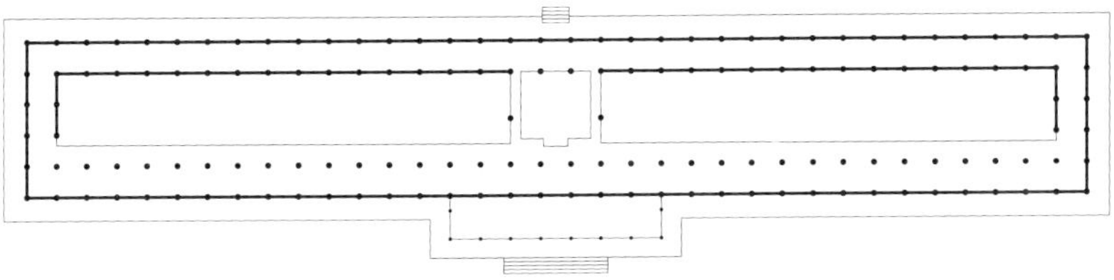

**蓮華王院本堂**（三十三間堂、1164）

身舎に中尊千手観音、左右の仏壇に各500体の千手観音を安置。宗教建築では珍しい横長宗教建築

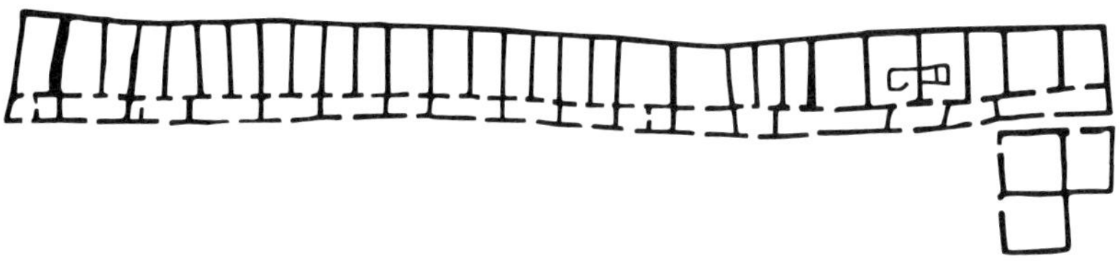

**河南省淅川県の**
**ロングハウス**（B.C.5000- B.C.3500）

ひたすら横に長い住まい。ロングハウスとしての原型。何家族もが一棟の中に暮らしている

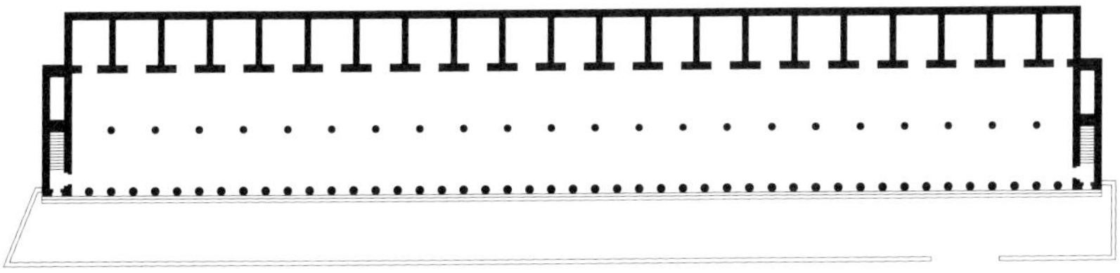

**アッタロスのストア**
（B.C. 159-B.C. 138）

2列の列柱ストアは商業の場。アゴラのファサードを形成し、ポルティコの原型

**52間の縁側 イメージパース**

塀もなければ、玄関もない。外でもなく内でもない。高齢者は保護される対象ではない。地域にとって大切な一員である

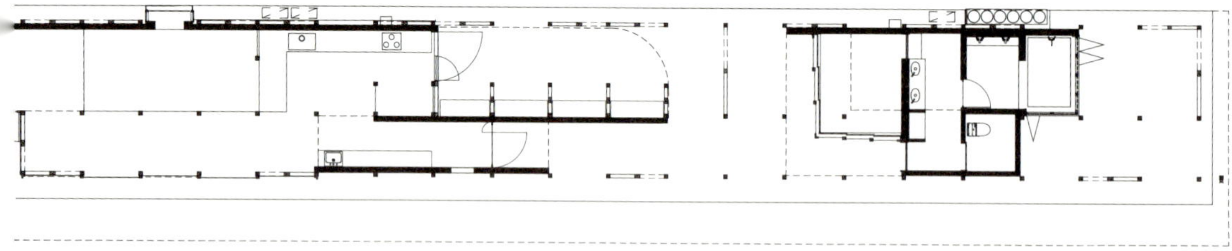

52間の縁側のイメージパース

## もしもこの人たちが江戸庶民だったとしたら

デイサービスの代表、NPO、近所の農家たち、鶏やヤギを飼っている保育所、鍛冶屋の女性。なぜかこのプロジェクトにはいろんな人たちがかかわってきていた。行政でも事業主体でもないサードパーティといえばよいのか、もっと簡単に〝仲間〟と呼べばよいのか。集まって話をしていても、難しい体制表をつくるのでもなく、事業計画をつくるでもない。成長というより安定。循環社会と幸福の追求。お金（＝サービス）や制度に頼るのではなく、困ったときは助け合えばよい。こんな話ばかりしている愉快な人たち。

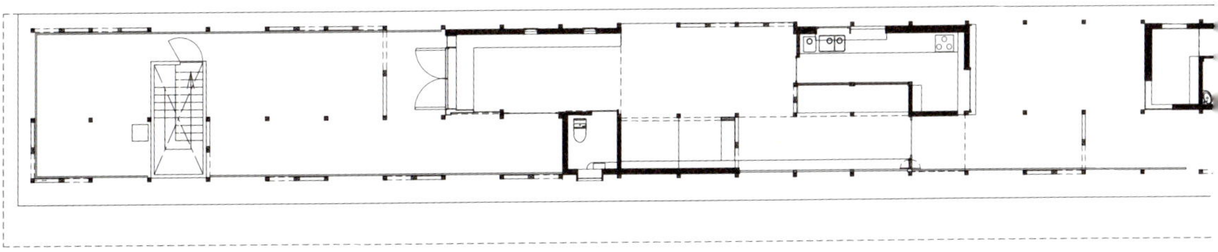

**52間の縁側 平面図　S=1/250**

縁側という原型。高齢者や居場所のもてない子ども、かかわりをもちたい地域住民が近寄りやすいこと。
「愛とは，お互いに見つめ合うことではなく、一緒に同じ方向を見つめること。」（サン＝テグジュペリ）

### 52間の縁側のプラン

# 玄関のようでもあり、寝転んでもよく、ごはんを食べてもいい

介護サービスを受ける人と提供する人の関係ではない。ここを訪れる人たちはみな並列で対等な関係性が望ましい。施設は、用途という区分、悪くいえば分断。平面図からは室名を取ってみる。外でもなく、内でもないような曖昧さがあること。この曖昧さを保ったままで、平面を計画することはできるのか。

平面を決めるために手がかりは、現代の江戸庶民たちにフィットするアーキタイプにあるはずだ。みなが切実な問題に向き合って解決しようとする姿より、同じ方向を見つめて問題を受け入れていく姿を想像していた。

## Tectonics

Tectonicsとは「結び目」を意味する。結び目はギリシャやローマの時代から建築表現の重要な要素である。結び目の表現から逃れることはできなし、ここにこそ設計者自身の表現が現れる。この建築に似合うのは、普通さ、正直さ、実直さ。それは同時に装飾のようにも見えてほしい。

**プリミティブ・ハット**
初源的で普遍的な
モノの成り立ちから学ぶ

**大善寺本堂**（出典：『日本建築史図集 新訂版（第1版）』）
これは機能的であるのか、それとも装飾的であるのか

**新庄の蚕糸試験場**
この耐震フレームは、当時海外から輸入されたトラス技術を地元大工が見様見真似でつくったもの。構造的な合理性に欠けるが、魅力的だ

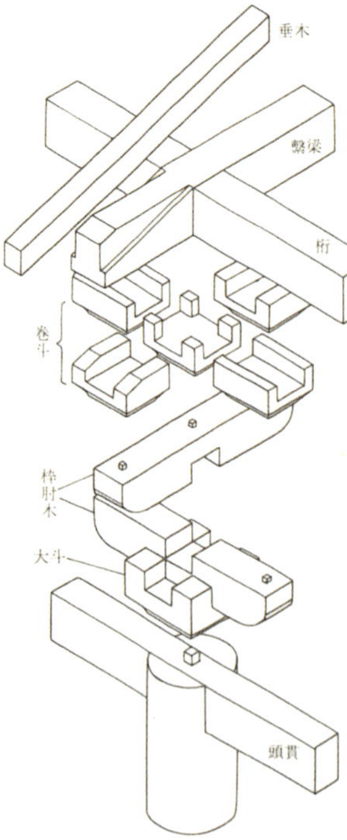


**出三斗分解図**
（出典：鈴木嘉吉『奈良の寺2』岩波書店 1974）
分解図のもっている美学にいつも惹かれている

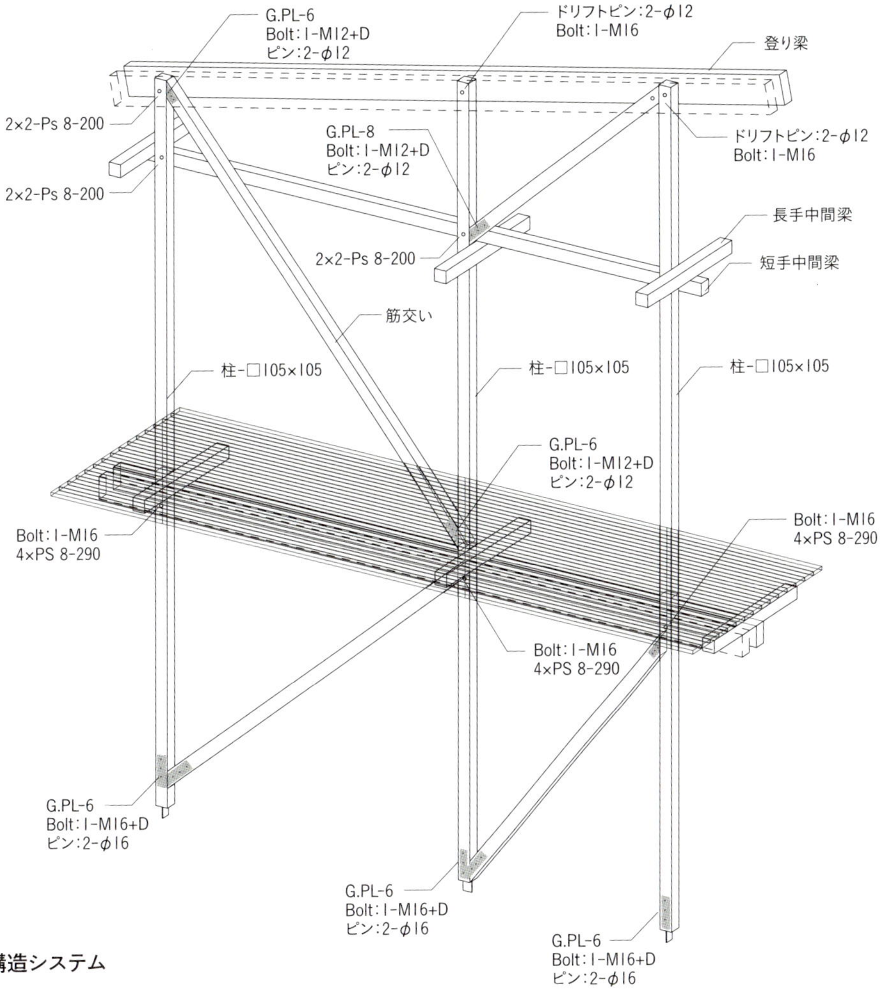


52間の縁側　構造システム

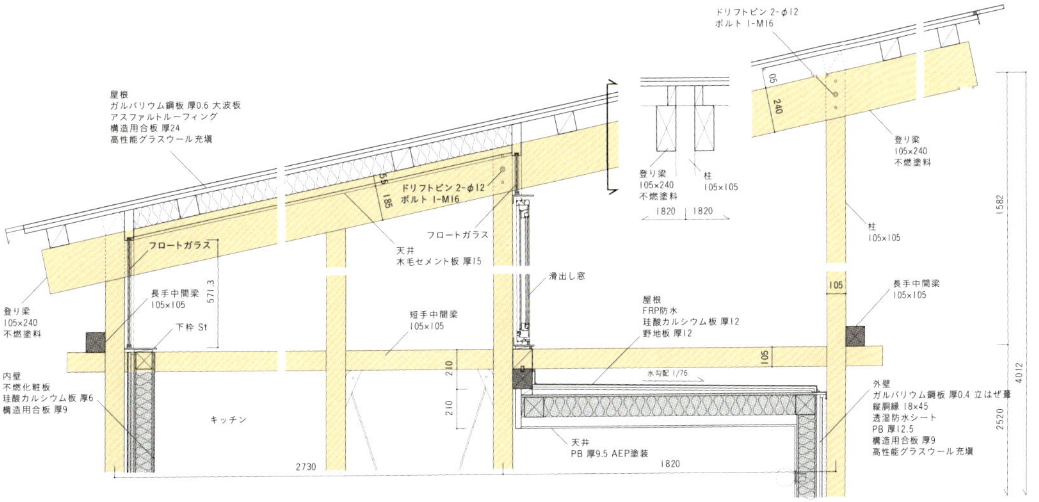


52間の縁側　矩計図

**神聖さと生々しさ**（模型写真）

メインストラクチャーにリノベーションのように手が加えられた入れ子。暮らしが入り込む入れ子

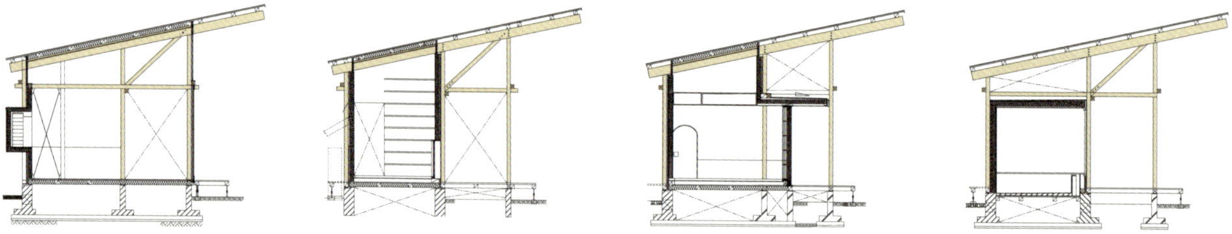

この建物でもっとも神聖なものは、
この構造体である、という意志

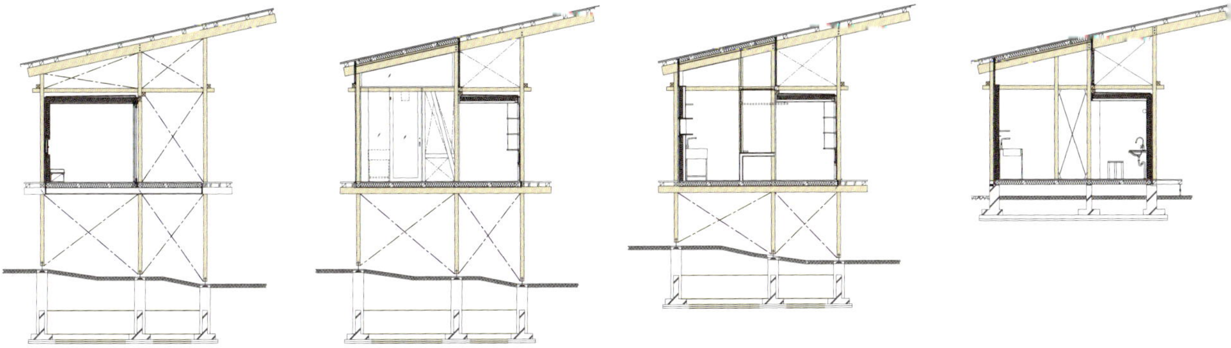

**52間の縁側　断面図**

構造体には手を加えないと決めると、それぞれの場所の入れ子断面は異なるものになった

# 「居方」という環境の単位

ある環境に誰かが一人でいるときに、それが孤独で寂しそうでなく、かっこよく佇んでいる姿に出くわすことがある。私は、その誰かをまったくの知らないのだが、なぜだか親しみを感じ、また優しい眼差しを向けていることに気づく。彼（彼女）がいることが、私にとって豊かな環境の一部になってくれている。空間や居心地、プレイスという概念よりも「居方」という環境の単位が必要だ。

**パリの橋**

街に身体を預ける人々。だからパリは美しい

**エドワード・ホッパー**
**「ナイトホークス」**（1942）

美しい街並みをつくることはできるが、心に残る街角をつくることはできるのか

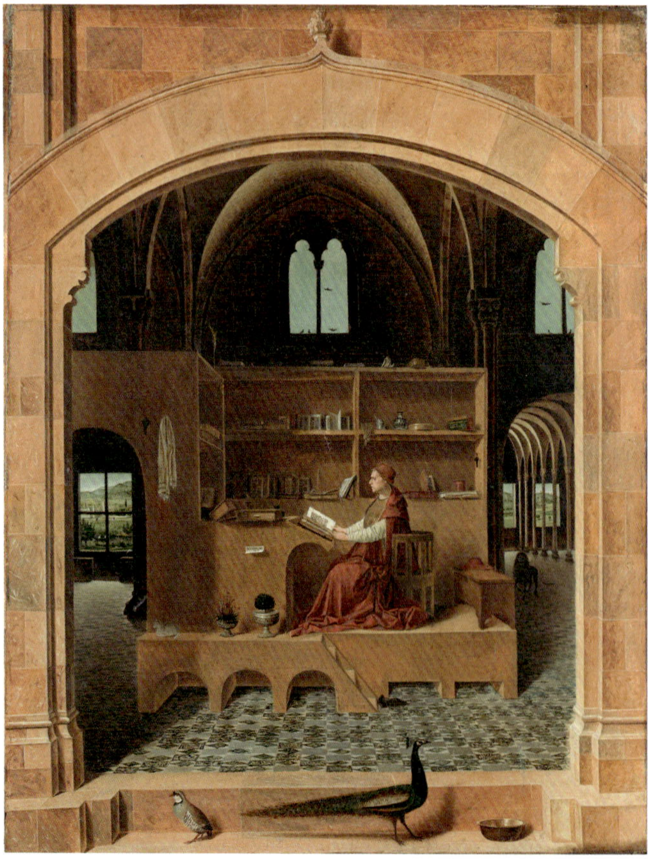

**アントネロ・ダ・メッシーナ**
**「書斎の聖ヒエロニムス」**（1474頃）

大きな教会の中の読書のための設え。教会の中に差し込む光は一日中移ろい読書を助けたり妨げたりする。気晴らしにこちらを振り向けば、大きな開口から外の景色を楽しむことができる。書斎は床から切り離され私性は強められた。万人にとってではない彼のための読書空間

**バルセロナの広場**

みんな思い思いに過ごし、歌を歌い、一人で佇み、子どもと遊び、絵を描き、恋人と過ごす。カフェがあり、ギャラリーがあり、人種も年齢もさまざま。外壁にピカソの絵

**パレ・ロワイヤル**

一人で座っているこのご婦人のことをだんだん他人とは思えなくなってくる

**ジョルジュ・スーラ**
**「グランド・ジャット島の日曜日の午後」**
(1884-1886)

鈴木毅先生から「居方」という概念を教えていただいた。そのきっかけになった絵画。鈴木先生はこの絵の描かれた人物の目線に矢印を入れ、その矢印が一つも混じり合っていないことを表記した。みな集まって過ごしていても、一人ひとりで過ごしている

98

# 聖なる場所

地域の中で潜在化した一人ひとりにとって確実に大切な場所。必然的な場所の成り立ちと神話のような見立て。社会的な人とのかかわりではなく、自然や神々との交信の場所が一人ひとりの直感にもとづいてその場所の意味がつけられた。

**鎮守の森、日本**（撮影：益子義弘）

東北の方へ出張に出ると新幹線や車の窓から見える風景。散居村の中に杉の垂直性と赤い鳥居の人工と自然の中間のような佇まいは、人の営みと樹木の自活の調和、それによって生まれる安心感がある

**垣花樋川、沖縄**

島の人たちにとって水の調達は、最大の課題。崖の水みちを見つけ、水場をつくり、その流れは田畑に配られる。たまたま集まってきた水の溜まった場には、樹木の生い茂る斜面の平場でありながら、日差しが降り注ぐ

**斎場御嶽**

台風の最中に訪れたことがあった。御嶽の中に入ると驚くほど静かで穏やかだった。琉球石灰岩の岩盤とそこに自生した植物たちに守られた気分になるもの、自然なことだと思う。この日ほど、御嶽を神々たちの神殿に見立てるのにふさわしい日はなかった

# 祝祭性

地域の中で顕在化している聖なる場所は祝祭性をもっている。どこからともなく人々が集まり、建物を取り囲み、まとわりつく。人々にとっての無意識の共同性が何かのはじまりを待ち望み、希望を込める。

**屋根普請**（提供：イマジンネット画廊）

屋根の葺替えに職人たちに加え、多くの村人たちが手伝いに集まってくる。
地域資源である茅の循環と人々の結びつきである「結」が合わさった営みの風景

## ブリコラージュ

ブリコラージュとは器用仕事、いってみれば日曜大工のことである。神々たちの話を民衆に伝える神話もサービスにしない介護もブリコラージュ。ブリコラージュが得意な人たちに道具を渡せれば、見事に器用仕事が行われる。レヴィ＝ストロースは『野性の思考』の中で近代科学とは異なった「具体の科学」を、ブリコラージュを使って説明している。

**「糸満漁民食堂」の**
**石積みワークショップ**
(2013年3月)

沖縄県糸満市のプロジェクトの仲間たちがつくった味わい深い野面雑積みの壁。ピラミッドをつくるような「労働」ではなく、自分たちの象徴をつくろうとする「活動」

**琉球石灰岩**

建築が場所に帰属するための材料は、現代においても調達は容易であった

**映画「七人の侍」**
**ラストシーン**
(©TOHO CO., LTD.)

野武士を追払い、四人の侍が死んだ。農民たちは歌って踊って田植えをするシーンでこの映画は終わる。もっとも逞しく強かなのは、彼らであるという黒澤明からのメッセージを設計者の私は受け取った

**淦《あか》取り** (所蔵：日本民藝館)

糸満の民藝には心惹かれていたことを思い出す

**52間の縁側**
**ヤギ小屋とヤギ**
**（2023年12月）**

ある日突然ヤギがいた（写真左奥）。今治から車で連れてきたのだという。ヤギ小屋がないことに気がつき、3日ほどでつくったようだ。手近な材料選定、つくりやすさ、スピード感、申し分ない出来映えである

**52間の縁側 生垣ワークショップ**（2022年9月）

手をかけたくなったり、加えたくなるような弱々しい架構や生垣

**鳥の巣箱**（2024年7月）

**後付けのブランコ**（2024年7月）

# 出来事としての建築

52間の縁側では、企画・構想だけでなく設計や建設の段階にも不測の事態が何度も起こった。たとえば、プロジェクト前からかかわりがあり併設するカフェを運営する予定だったNPOは、事業計画の難しさから参画を断念せざるを得なかったし、コロナ禍やウッドショックはスケジュールや建設費に大きな影響を与え、計画の一部見直しを余儀なくされた。そのツケを返すように、ワークショップで地域の手を借りて継続的な庭づくりを進めることができたし、地域と介護スタッフとのコミュニケーションを担うマネージャーが誕生するという、よい意味での偶然が続いた。

　現時点ではここで過ごす高齢者たちが地域とともに暮らすという、52間の縁側にかかわる人たちが理想とする未来にはまだ到達できていないだろう。しかし、最初から難しいチャレンジであることは、みな心のどこかでわかっていたはずだ。計画にはリスクがあり、そのリスクを背負いながらもみなが諦めずに少しずつできることを積み重ね、建物の完成を迎えられたことにむしろ私は驚いている。どうして彼らはこんな不確実な計画に勇気をもつことができたのだろうか、と利用者や関係者の暮らしが日増しに豊かになっていく様子を見ながら不思議に思っていた。私が思うよりも彼らはしたたかで逞しかったのだ。

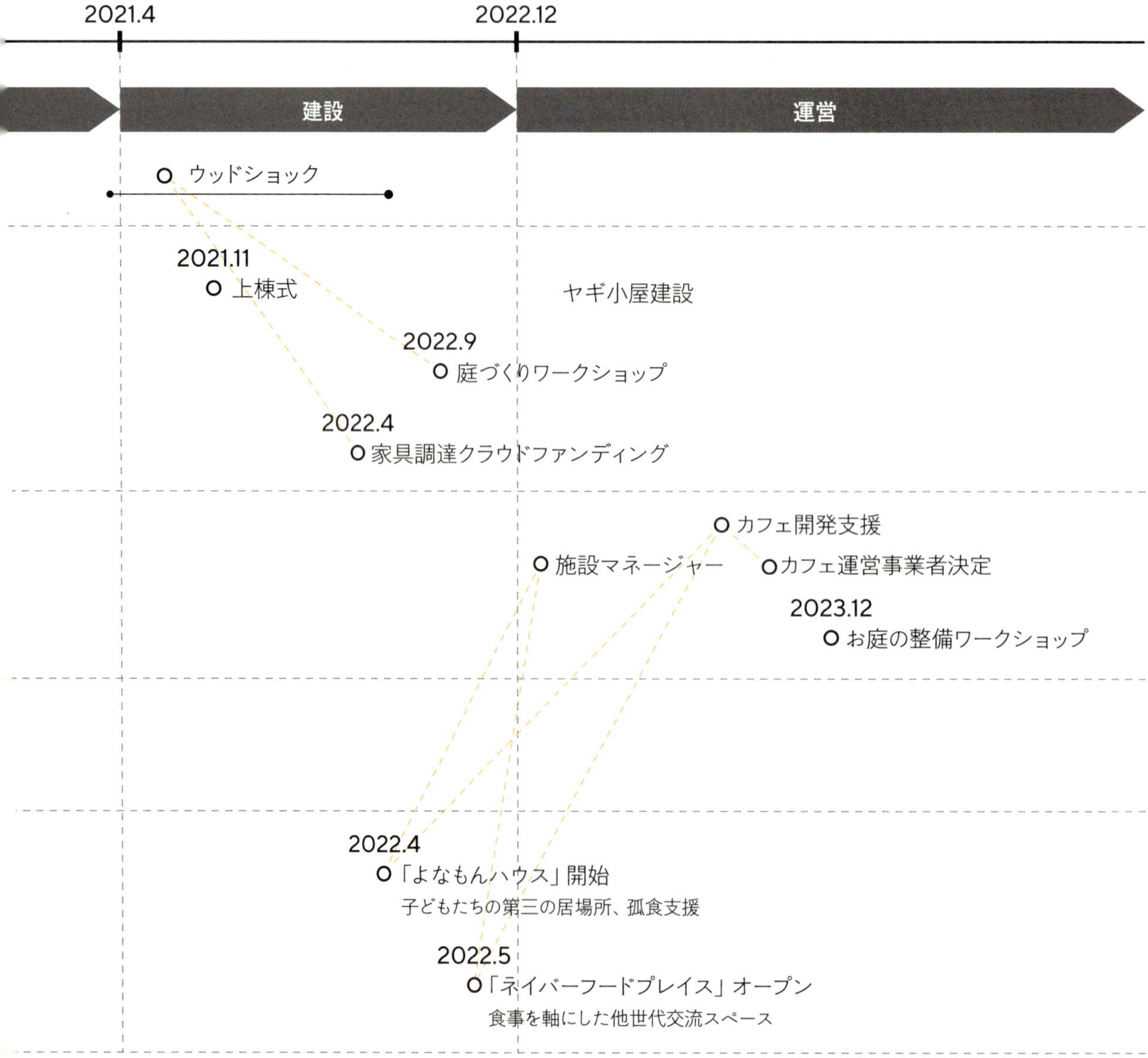

ある日、ここでカフェ事業をやってみようという男性が現れた。これは関係者にとっての小さな希望である。さまざまな人、物、場所と連鎖して大きな風景となっていく可能性を孕んでいるからだ。建築とは、大きな出来事の小さなはじまりに過ぎないはずだ。

| Place | Activity | Affordance | **Contingency** | Building |
|---|---|---|---|---|
| 1：場所<br>2：地域、土地、広場<br>3：立場、境遇、環境 | 1：活発なこと、活動していること<br>2：活発な動作<br>3：［ある目的のために人が参加する］活動 | 環境が人間をはじめとする動物に対して与えている価値や意味 | 1：偶然性、偶発性、不確実性<br>2：不測［不慮］の事態、偶発事件<br>3：付随［従属］的な出来事［事柄］ | 1：ビルディング、ビル、建物、建造物<br>2：建築［建造］すること |

環境の単位（参照：人間環境学会）

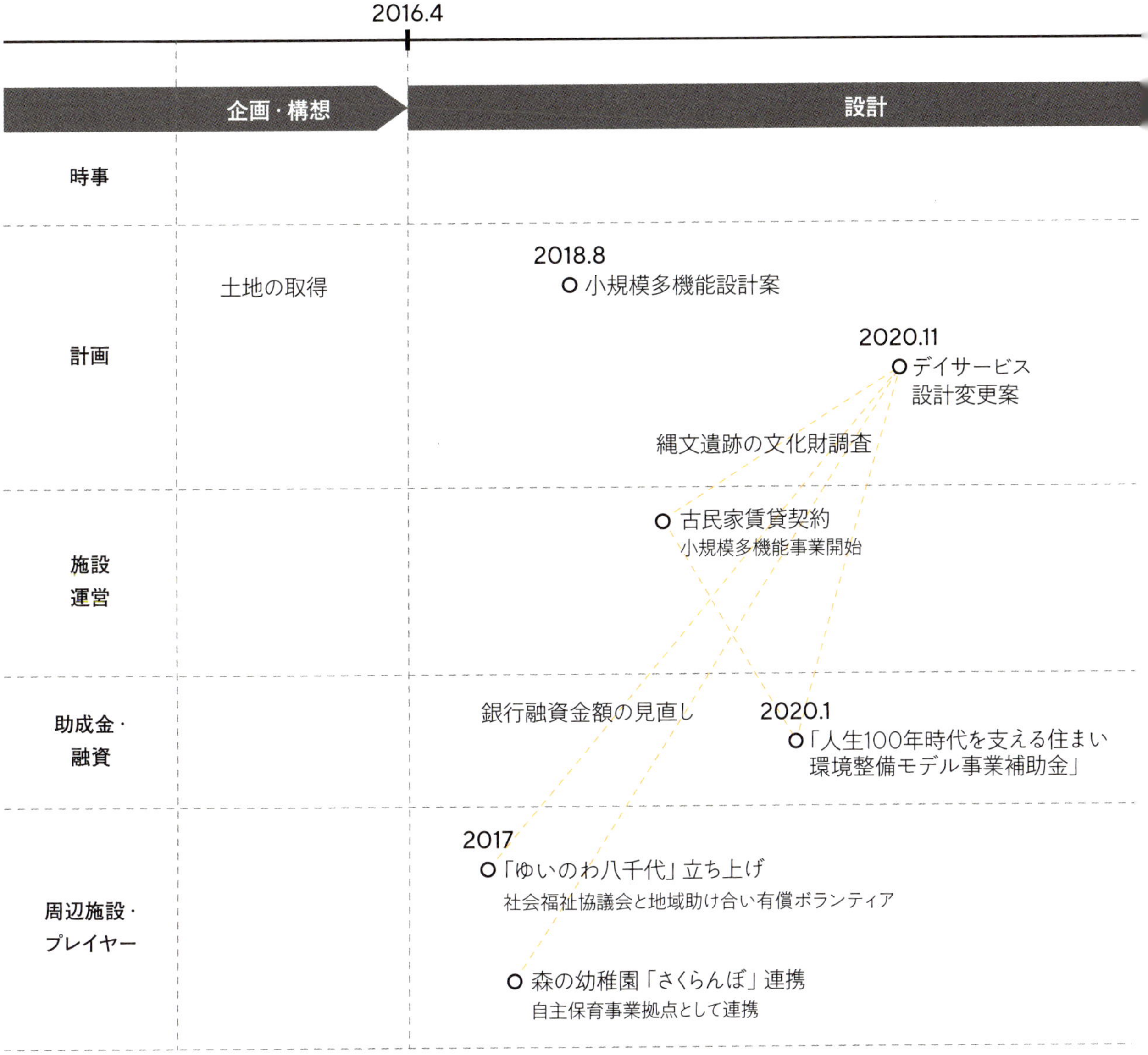


52間の縁側 年表

## 大きな流れの中に入り込む

建築が豊かになっていく感覚を、あるときはアトリエで、またあるときは現地で感じてきた。そのときに「設計者」という小さな個人が、物事にどうやって関与し続けられるかをよく考える。

ウッドショックによる木材調達費を賄うために、地域住民とのワークショップで外構工事を行おうとした。設計では大きな池を描いていたが、素人がスコップを手に穴を掘ることは苦役に近い。池を諦めてしまえばよいのだが、簡単にそうするわけにもいかないので、自分でスコップを手にしばらく早朝の現場に通っていた。地域社会のために、施主のために、という気持ちも少しはあったが、それが原動力のすべてではなかったと思う。自分でも本当に馬鹿馬鹿しくなるのだが、でもそのときは夢中だった。さすがに不憫と感じた人たちが協力してくれて、仕上がったときの爽快感は忘れられない。そしてすぐに水が溜まらないという次の問題が起こった。わずかに進んだと思う一方、やるべきことは続いていくことを実感

した。

プロジェクトのイメージを求めるために、旅に出る。模型をつくって敷地に建物を馴染ませていく。モノとモノの取り合いに格闘する。常にやるべきことに向かって夢中になっていくときに、ふと〝私〟という意識が消失する。長い時間の流れの中に入り込み、なかば無意識に物事を決めているときがある。私が設計のプロセスで抱くのは、そういう感覚なのだ。

## 白川の住居

| | |
|---|---|
| 所在地 | 兵庫県神戸市 |
| 主要用途 | 専用住宅 |
| 設計 | タトアーキテクツ（担当：島田陽　内納耀平） |
| 構造 | tmsd 萬田隆構造設計事務所 |
| | （担当：萬田隆　曲萌夏　西野祐介） |
| 外構・造園 | fabricscape（担当：山本紀代彦・森永一有） |
| 施工 | コハツ（担当：衣川隆博） |
| 大工 | 安田工匠（担当：片桐誠二） |
| 主体構造 | 木造 |
| 基礎 | べた基礎 |
| 階数 | 地上3階 |
| 軒高 | 7435mm |
| 最高高さ | 7500mm |
| 敷地面積 | 227.89㎡ |
| 建築面積 | 56.10㎡（建ぺい率39.80%　許容50%） |
| 延床面積 | 113.54㎡（容積率49.20%　許容100%） |
| 設計期間 | 2020年7月～2021年11月 |
| 工事期間 | 2021年12月～2022年7月 |

## house H / studio H

| | |
|---|---|
| 所在地 | 京都府京都市 |
| 主要用途 | 住宅兼デザインスタジオ |
| 設計 | 木村松本建築設計事務所 |
| | （担当：木村吉成　松本尚子　芦田晴香*） |
| 構造 | 満田衛資構造計画研究所 |
| | （担当：満田衛資　江畑和弘） |
| キッチンアドバイス | LADER（担当：橋本司） |
| 施工 | いまむら工務店（担当：今村大介） |
| 基礎 | 粟津組（担当：粟津大喜） |
| 大工 | いまむら工務店 |
| | （担当：広瀬忠男　野呂昌宏　谷口勇也） |
| 板金 | 丹保板金工業所（担当：丹保喜博） |
| 材木 | 中利木材店（担当：長谷川弘太） |
| 鉄工 | 工房一創（担当：小西康信） |
| 木製建具 | KURA WOOD WORKS（担当：辻蔵人） |
| カーテン | fabricscape（担当：山本紀代彦） |
| 主体構造 | 木造 |
| 基礎 | べた基礎 |
| 階数 | 地上2階 |
| 軒高 | 7000mm |
| 最高高さ | 7452mm |
| 敷地面積 | 1098.61㎡ |
| 建築面積 | 77.44㎡（建ぺい率16.73% 許容30%） |
| 延床面積 | 99.51㎡（容積率21.67% 許容80%） |
| 設計期間 | 2019年5月～2020年12月 |
| 工事期間 | 2021年3月～2021年11月 |

## 弦と弧

| | |
|---|---|
| 所在地 | 東京都 |
| 主要用途 | 事務所兼用住宅 |
| 設計 | 中山英之建築設計事務所 |
| | （担当：中山英之　三島香子　藤瀬麻里* |
| | 松本巨志*　山口紘奈*　堀部圭佑*） |
| 構造 | 小西泰孝建築構造設計 |
| | （担当：小西泰孝　朝光拓也*） |
| 施工 | 深澤工務店（担当：深澤正之　深澤伸行） |
| 主要構造 | 鉄骨造 |
| 杭・基礎 | 鋼杭 |
| 階数 | 地上2階＋地下1階 |
| 最高高さ | 7587mm |
| 敷地面積 | 142.26㎡ |
| 建築面積 | 68.67㎡（建ぺい率48.27%　許容50%） |
| 延床面積 | 157.59㎡（容積率110.78%　許容150%） |
| 設計期間 | 2011年9月～2014年6月 |
| 工事期間 | 2014年7月～2017年3月 |

* 元所員（以下同様）

## House in Hokkaido

| | |
|---|---|
| 所在地 | 北海道 |
| 主要用途 | 専用住宅 |
| 設計 | 五十嵐淳建築設計事務所 |
| | （担当：五十嵐淳　樋口瑞希） |
| 構造 | 長谷川大輔構造計画（担当：長谷川大輔） |
| 施工 | 橋本建設（担当：廣田孝久　小野裕礼（大工）） |
| 設備 | 堀川管工設備工業（担当：野宮涼生） |
| 外構・造園 | 創和工業（担当：荒木靖） |
| 建具 | 板敷建装（担当：板敷信義） |
| 主体構造 | 木造 |
| 基礎 | 布基礎 |
| 階数 | 地上2階 |
| 軒高 | 4300mm（1階）　5600mm（2階） |
| 最高高さ | 5874mm |
| 敷地面積 | 383.6㎡ |
| 建築面積 | 221.93㎡（建ぺい率57.85%　許容60%） |
| 延床面積 | 265.10㎡（容積率69.10%　許容200%） |
| 設計期間 | 2021年8月～2023年3月 |
| 工事期間 | 2023年4月～2023年10月 |

## スイシャソーコ

| | |
|---|---|
| **所在地** | 神奈川県川崎市 |
| **主要用途** | 貸し倉庫 |
| **設計** | 古谷デザイン建築設計事務所 |
| | (担当：古谷俊一　豊島香代子　棚橋楓太*) |
| **構造** | KAP(担当：萩生田秀之) |
| **施工** | 栄港建設(担当：中原一芳　福井咲) |
| **主体構造** | 木造 |
| **基礎** | べた基礎 |
| **階数** | 地上1階 |
| **軒高** | 2705mm |
| **最高高さ** | 4340mm |
| **敷地面積** | 394.91㎡ |
| **建築面積** | 37.07㎡(建ぺい率9.39%　許容60%) |
| **延床面積** | 34.16㎡(容積率8.65%　許容200%) |
| **設計期間** | 2020年7月〜2021年1月 |
| **工事期間** | 2021年1月〜2021年4月 |

## シミズヤマハウス

| | |
|---|---|
| **所在地** | 神奈川県川崎市 |
| **主要用途** | 長屋 |
| **設計** | 古谷デザイン建築設計事務所 |
| | (担当：古谷俊一　豊島香代子　中山あかね) |
| **構造** | 多田脩二構造設計事務所 |
| | (担当：多田脩二　遠藤啓志) |
| **施工** | 栄港建設(担当：齋藤大作) |
| **大工** | 齊藤工務店 |
| | (担当：齊藤光俊　齊藤政美　齊藤薫 |
| | 蛯名正人　蛯名光人) |
| | 大工藤(担当：工藤和人) |
| **プレカット** | 山長商店(担当：真鍋淳弘) |
| **主体構造** | 木造 |
| **杭・基礎** | 鋼管杭・べた基礎 |
| **階数** | 地上3階 |
| **軒高** | 8762mm |
| **最高高さ** | 9930mm |
| **敷地面積** | 259.94㎡ |
| **建築面積** | 144.75㎡(建ぺい率55.69%　許容60%) |
| **延床面積** | 387.43㎡(容積率133.72%　許容160%) |
| **設計期間** | 2021年8月〜2023年6月 |
| **工事期間** | 2023年7月〜2024年3月 |

## Whale Brewing 呼子クラフトビール醸造所

| | |
|---|---|
| **所在地** | 佐賀県唐津市 |
| **主要用途** | ブルワリー |
| **建主** | 河太郎(内装)、アミナコレクション(建築) |
| **設計** | ケース・リアル |
| | (担当：二俣公一　下平康一) |
| **照明** | BRANCH LIGHTING DESIGN |
| | (担当：中村達基) |
| **ブランディング・グラフィックデザイン** | TETUSIN DESIGN |
| | (担当：先崎哲進　久松徹　大久保舞花) |
| **施工** | オブ |
| **主体構造** | 木造 |
| **基礎** | べた基礎 |
| **階数** | 地上2階 |
| **軒高** | 5960mm |
| **最高高さ** | 9330mm |
| **敷地面積** | 150㎡ |
| **建築面積** | 140㎡ |
| **延床面積** | 194㎡ |
| **設計期間** | 2022年4月〜2023年12月 |
| **工事期間** | 2023年2月〜2023年6月 |

## スイシャハウス・スイシャオフィス

| | |
|---|---|
| **所在地** | 神奈川県川崎市 |
| **主要用途** | スイシャハウス　長屋、工場(作業所) |
| | スイシャオフィス　事務所 |
| **設計** | 古谷デザイン建築設計事務所 |
| | (担当：古谷俊一　豊島香代子　棚橋風太* |
| | 中山あかね) |
| **構造** | KAP(担当：萩生田秀之) |
| **設備** | ZO設計室(担当：伊藤教子) |
| **外構・植栽デザイン** | 古谷デザイン建築設計事務所 |
| **施工** | 栄港建設(担当：中原一芳　福井咲) |
| **大工** | 隆栄建築(担当：林隆二) |
| | タケフジ(担当：斉藤一久) |
| **石工事** | 木所石材店(担当：木所道明) |
| **植栽** | 生田造園(担当：漆原英樹) |

(以下、スイシャハウス)

| | |
|---|---|
| **主体構造** | 木造 |
| **杭・基礎** | 鋼管杭・べた基礎 |
| **階数** | 地上2階 |
| **軒高** | 6645mm |
| **最高高さ** | 7025mm |
| **敷地面積** | 872.89㎡ |
| **建築面積** | 236.55㎡(建ぺい率27.10%　許容60%) |
| **延床面積** | 365.71㎡(容積率41.90%　許容200%) |
| **設計期間** | 2019年12月〜2020年7月 |
| **工事期間** | 2020年7月〜2021年2月 |

## 馬坂プロジェクト（進行中プロジェクト）

所在地　神奈川県川崎市
主要用途　共同住宅、飲食店舗、物販店舗
建主　エムビル

設計　古谷デザイン建築設計事務所
（担当：古谷俊一　秋真人　茂木大樹　伊藤丈治）
構造　KAP（担当：萩生田秀之　中村優　坂田真）
施工　栄港建設（担当：渡井孝浩）

主要構造　鉄筋コンクリート造
基礎　べた基礎
階数　地上2階
最高高さ　11715mm
軒高　9048mm
敷地面積　2361.53㎡
建築面積　441.53㎡（建ぺい率18.70%　許容60%）
延床面積　675.93㎡（容積率28.63%　許容200%）
工事期間　2024年11月～2025年12月（予定）

## 52間の縁側

所在地　千葉県八千代市
主要用途　老人デイサービス
建主　オールフォアワン

設計　山﨑健太郎デザインワークショップ
（担当：山﨑健太郎　中村健児　中村久都*）
構造　多田脩二構造設計事務所
（担当：多田脩二　深澤大樹）
設備　Y.M.O.（担当：山田浩幸）
照明　ぼんぼり光環境計画
（担当：角舘まさひで　竹内俊雄*）
ランドスケープ　稲田ランドスケープデザイン事務所
（担当：稲田多喜夫）
家具　山﨑健太郎デザインワークショップ
（担当：川島由梨）
施工　ベステック・オフィス（担当：上田将博）
建具・造作家具　深谷木工所（担当：深谷光司）
特注家具　社会福祉法人地蔵会　空と海（担当：奥野瑠一）
古家具リペア　TINTe（担当：黒水礼貴）
造園　庭まさ（担当：後藤将仁）

主体構造　木造
基礎　布基礎
階数　地上1階+地下1階
軒高　5390mm
最高高さ　5975mm
敷地面積　1585.85㎡
建築面積　424.24㎡（建ぺい率26.75%　許容60%）
延床面積　493.30㎡（容積率31.10%　許容200%）
設計期間　2016年3月～2021年12月
工事期間　2021年1月～2022年11月

## ファームハウス（進行中プロジェクト）

所在地　神奈川県川崎市
主要用途　長屋

設計　古谷デザイン建築設計事務所
（担当：古谷俊一　豊島香代子　中山あかね）

主要構造　鉄筋コンクリート造+木造
基礎　べた基礎
階数　地上2階
軒高　5600mm
最高高さ　6850mm
敷地面積　801㎡
建築面積　261.9㎡（建ぺい率32.70%　許容60%）
延床面積　495.9㎡（容積率59.55%　許容200%）

## eM/PARK BLDG.

所在地　神奈川県川崎市
主要用途　保育園、飲食店舗、貸店舗、事務所
建主　エムビル

設計　古谷デザイン建築設計事務所
（担当：古谷俊一　秋真人　茂木大樹　宮脇久恵）
構造　KAP（担当：萩生田秀之　小南幸子　田中章仁）
設備　ZO設計室（担当：柿沼雄三）
外構・植栽デザイン　古谷デザイン建築設計事務所
（担当：古谷俊一）
施工　栄港建設（担当：渡井孝治・川上智弘）
内装（保育園）　渡辺工務店
みつや園（担当：三家恵吾）
グラフィックデザイン　山口英典
テナントリーシング　Den（担当：藤田将友）

主要構造　鉄筋コンクリート造+鉄骨造
杭・基礎　鋼管杭
階数　地上3階
軒高　8994mm
最高高さ　9744mm
敷地面積　305.41㎡
建築面積　182.32㎡（建ぺい率59.69%　許容100%）
延床面積　393.88㎡（容積率124.18%　許容265.2%）
設計期間　2019年10月～2020年8月
工事期間　2020年8月～2021年3月

# クレジット

## 1 中山英之

**写真撮影**　茂住勇至　p.36
岡本充男　p. 37

*特記なき写真・図版は 中山英之建築設計事務所による。

## 2 五十嵐淳

**写真撮影**　佐々木育弥　pp.48-49、pp.58-83

*特記なき写真・図版は 五十嵐淳建築設計事務所による。

## 3 島田陽

**写真撮影**　阿野太一　pp.86-87、p.89下、p.91上、p.104左上・下、p.106上、p.107中央・下、p.109、pp.110-111（4枚とも）
新建築社写真部　p.89上（3枚とも）、p.91下

*特記なき写真・図版は タトアーキテクツによる。

## 4 木村吉成+松本尚子

**写真撮影**　新建築社写真部　pp.114-115
hal udell　p.117上（敷地4枚）、p.128、pp.130-131（3枚とも）、pp.134-135（すべて）

*特記なき写真・図版は 木村松本建築設計事務所による。

## 5 二俣公一

**写真撮影**　門司祥　pp.138-141（すべて）、pp.158-159
水崎浩志　p.142上、p.147中央右、p.149（3枚とも）、p.151上・右下、p.152、pp.154-157（すべて）
河太郎　p.142右下、p.147上（2枚）

**図版提供**　BRANCH LIGHTING DESIGN　pp.152-153（照明図面）

*特記なき写真・図版は ケース・リアルによる。

## 6 古谷俊一

**写真撮影**　山内紀人　pp.162-163、pp.167-168、p.170、pp.172-173、pp.174-175上、pp.176-177（すべて）、pp.180-181、p.182（一番上を除く3枚）、p.183（2枚とも）、p.187、pp.189-190、p.192下（2枚）、p.193（下右）、p.199（すべて）

**図版提供**　KAP　p.192（構造図面）

*特記なき写真・図版は 古谷デザイン建築設計事務所による。

## 7 山﨑健太郎

**写真撮影**　黒住直臣　pp.202-205、p.217、pp.220-221、p.224、pp.232-233
岡本章大　p.207、p.216
山﨑健太郎　p.208中央・下、p.209左列中央・同下、p.218上、p.219上・中央、p.222右・左下、p.225、p.227（4枚とも）
多田脩二構造設計事務所　p.214下
大城 亘　p.226上
NPO法人わっか　pp.228-229

*特記なき写真・図版は 山﨑健太郎デザインワークショップ による。

デザイン　北岡誠吾
企画・編集　三井 渉（グラフィック社）

# 設計《せっけい》プロセスの現場《げんば》

2024年10月25日　初版第1刷発行

著者　中山英之・五十嵐淳・島田 陽・木村吉成+松本尚子
二俣公一・古谷俊一・山﨑健太郎・今村創平

発行者　津田淳子
発行所　株式会社グラフィック社
〒102-0073　東京都千代田区九段北1-14-17
tel. 03-3263-4318（代表）　tel. 03-3263-4579（編集）
https://www.graphicsha.co.jp/

印刷・製本　TOPPANクロレ株式会社



ISBN 978-4-7661-3934-1　C0052　2024　Printed in Japan

# 好 評 既 刊 本

## 構造デザインの現場

［著］
多田脩二、山田憲明、小西泰孝、満田衛資、大野博史、萩生田秀之、三原悠子+荒木美香、村田龍馬、小澤雄樹

–

革新的な構造はいかにして生み出されているのか。その創造の現場に迫る。イメージから合理的な架構を見つけ出し、構造システムや部材断面の検証、ディテールの決定に至るまで、8組の構造家が自ら解き明かす。

–

ISBN：978-4-7661-3835-1

## 建築・住宅デザインの現場

［著］
高野保光、芦沢啓治、新関謙一郎、手嶋保、藤本寿徳、熊澤安子、杉下均+出口佳子、中山大介

–

上質な住まいや居心地はいかにして生み出されているのか。その創造の現場に迫る。住宅設計の名手たちが集結。新作から幻の未発表作まで。珠玉の設計集。

–

ISBN：978-4-7661-3836-8